AF484192

SALATIEL ROSALES

LA CATÁSTROFE DEL TITANIC Y OTROS ARTÍCULOS (1907-1926)

ERANDIQUE

COLECCIÓN

LA CATÁSTROFE DEL TITANIC Y OTROS ARTÍCULOS (1907-1926)
SALATIEL ROSALES

©Colección Erandique
Supervisión Editorial: Óscar Flores López
Diseño de portada: Andrea Rodríguez
Administración: Tesla Rodas—Jessica Cordero
Director Ejecutivo: José Azcona Bocock
Primera Edición

Tegucigalpa, Honduras—Febrero de 2026

PLÁTICAS DE UN OLANCHANO
TRASCENDENTE

R. OQUELI

Bastan tres nombres —los tres originarios de una sola región de Honduras—, para ayudar a desvanecer esa impresión de que a los hondureños se nos ha entumecido el cerebro; de que aquí la imbecilidad es ecológica. El trabajo intelectual de Salatiel Rosales Galeas, durante el primer cuarto de siglo; el de Alfonso Guillén Zelaya hasta 1947; el de Medardo Mejía Pagoaga hasta la fecha, constituyen sorprendentes capítulos que merecerán la debida atención, cuando se escriba la historia del pensamiento surgido en estas comarcas.

Gracias a la inagotable apertura mental y cordial de Julio Rodríguez Ayestas, la Universidad Nacional Autónoma de Honduras publica esta antología de una obra muy vivaz, casi coloquial. Nacido en San Francisco de la Paz, en 1884, según lo afirma su antólogo, Rosales puede compararse en algunos aspectos con José Antonio López Gutiérrez (1850-1922).

Los dos utilizaron la prensa para divulgar ideas de autores que hasta entonces no habían atraído el interés del público lector; ingleses y alemanes, por ejemplo. Ambos intentan romper el sopor ambiental con prosa matizada de ironía y fulgor conceptual. Enlazándose también por el elogio que el sexagenario don José Antonio le hizo desde Santa Tecla en 1910: "Para hacer justicia debo declarar que en Honduras se levanta hoy un escritor, que es una esperanza para aquel país".

Al fallecer en la Casa de Salud del Periodista de México su coetáneo Paulino Valladares, quien también habría de morir el mismo año de 1926 en Panamá (y Policarpo Bonilla en Nueva Orleans), escribió: "Era de los pocos que en nuestra tierra amaba la meditación y se entregaba a serias y concienzudas especulaciones. Sus lecturas no pudieron ser más extensas y variadas. Salatiel lo leyó todo y su gran tendencia de literato pensador hizo que no rehusara de cuanto podía embellecer su espíritu. Ora se le encuentra como un discípulo kantiano apegado a su sistema y lleno de una devoción exaltada. Ora es el exégeta analista y pulcro en sus investigaciones. A veces se daba tonos de literato jovial que cuadraban en él afablemente. Así era y por eso se le estimaba como escritor de reposo y amanerado".

Para Medardo Mejía, "nadie escribía con más novedad en el país... el artículo lleno de vida, de acierto, de sugerencia, de proyección, con una fuerza, gracia y sapiencia que llevaba en el puño. Del artículo, con tema escogido, de realización artística y profundidad filosófica, casi nadie sabe en Honduras. Solo Salatiel tenía su secreto". Dichos artículos fueron escritos para diarios y revistas hondureños, guatemaltecos y mexicanos.

En uno publicado en La Prensa, de Tegucigalpa, en 1910, advierte sobre la necesidad de que los aspirantes y escritores vayan "empapándose en los mejores estilos, nutriéndose de ciencia, llevando en el cerebro leyes, ideas, teorías, fórmulas, en una palabra, un bagaje que sea una hermosa reserva para el porvenir". "Si habéis nacido para manejar una pluma, esperad, preparaos primero, abasteciendo vuestra mente, ensayando en secreto vuestros vuelos, que día vendrá en que, como la fruta del árbol y como el pájaro del nido, estaréis maduros para la pluma". "Hay que tener siquiera el orgullo de llevar un postulado en la cabeza, de saber enunciar bien una ley". Y para los poetas formula una regla especial: "llevar dos alforjas, una de sueños y otra de ideas; deben tener en fin, una clara visión del mundo, una concepción racional del Universo".

En Salatiel encontramos una apreciación clara de lo que es el estilo literario y su práctica consecuente. Consiste en "domar las secretas rebeldías de la frase, que parece esconderse recia y huraña en las más ignotas profundidades del espíritu. De aquí nacen esas luchas terribles, esos combates a muerte, sórdidos y silenciosos, entre el hombre y la palabra, entre el escritor y el verbo que se defiende zahareño y salvaje de su testarudo conquistador". "En estas luchas... no siempre sale victorioso el hombre".

El viajero que va desde San Francisco de la Paz a San Esteban relata así el final de una jornada: "Una choza. No aparece nunca y ya la noche, la noche de la selva americana comienza a hacernos sentir su presencia terrible. Avanzamos, estimulando con la espuela a la bestia morosa que una nube de moscas hostiga, y cada vez vamos teniendo la sensación de que aquello es ilimitado y que no habrá ya un albergue humano que nos libre de la selva invicta... ¿Qué son en medio de esta selva solemne y grandiosa nuestras ideas, nuestras concepciones, nuestros menguados poderes espirituales? Nada. Y cómo nos sentimos pequeños, reducidos, anonadados casi, en el seno de esta naturaleza virgínea que no han esclavizado todavía las civilizaciones. Busquemos el reposo, descansemos la cabeza sobre ese tronco longevo. Esta noche, Dios mío, los árboles, los viejos árboles insomnes, serán nuestros compañeros de vigilancia en el regazo de la noche invicta".

Aprecia la literatura según la perspectiva histórica de los consumidores de dicho producto. Admirador de Anatole France, comprende que la guerra del 14, que había llevado a remover incluso muchas vísceras dentro de la juventud hispanoamericana, conllevaba nuevas valoraciones. "El estilo de France, hecho de ritmo y gracia, tenía que ser insoportable para los que regresaban de las trincheras con un temblor esquiliano en la médula. Los que venían de la enorme tragedia no querían sonrisas maliciosas ni amables escepticismos... Querían pathos, escalofrío humano, abismo, extravagancia, profundidad, desgarramiento de entrañas".

Para los jóvenes, "ya no deberían ser el equilibrio, la cordura y la serenidad de los más viejos maestros, sino más bien esa vesania que no reconoce normas y que debía traducirse bien pronto dentro del campo estético en la manera de sentir, de pensar, de escribir. La guerra mató lo que quedaba de sentimentalismo, de claro de luna en la literatura. Mató también el stendhalismo...".

El olanchano pensador se atreve a teorizar sobre la misma guerra lejana y hasta llega a predecir sobre qué espacio se desarrollará la segunda gran conflagración. "Los pueblos más civilizados del mundo están en estos días, a la postre de tantos siglos de decantada cultura, matándose con una ferocidad que no tiene nada que envidiar a las más espantosas de que haya recuerdo en la tierra". "Las matanzas de hoy son matanzas económicas, comerciales. Ya no se va al campo de batalla a defender una quimera mística, ni por fútiles puntillos de honor, sino a disputarse tierra y mercados". "Hoy los combates son navales, y el mar se traga los despojos de las carnicerías; mañana, cuando la aviación sea perfeccionada, las grescas serán arriba, y los hombres, precipitándose de las regiones de lo infinito, serán destripados miserablemente en la superficie de la tierra". "No pensemos, pues, que el mundo camina hacia la paz, como creen los optimistas, sino que camina, que evoluciona hacia una guerra más perfeccionada, más desastrosa y más cruel".

En 1910 opina sobre Rusia: "tiene madera para un poderoso Estado, protoplasma de sobra para constituir una gran nación... un coloso cuyo brazo está paralizado por falta de un cerebro que le ponga en acción". En su tesis de licenciatura de Derecho, el 7 de febrero de 1914, arremete contra el imperialismo norteamericano decidido a repetir el ejemplo de Roma. Pero cree imposible que "el pueblo americano reproduzca al pueblo romano. El pueblo romano tenía en la sangre el instinto bélico que heredó de sus antepasados; fue un pueblo de soldados, de legítimos guerreros que se batió siempre cuerpo a cuerpo y que se cubrió de gloria en cien generosas campañas; mientras que el rudo hombre del Norte es solo por su sangre un comerciante, un salchichero, un testarudo empresario que dispone de acorazados para consumar con impunidad sus reprobables vandalismos".

Como varios de los universitarios hondureños que aplaudieron los inicios de la revolución soviética, el Salatiel de 1922 asegura rotundamente (su estilo propio no era de las dubitaciones ni las matizaciones) que "el bolchevismo no ha resultado en Rusia ni en parte alguna, y que Nicolás Lenin, su profeta, después de su estruendoso fracaso se ha convencido de la inutilidad de su credo y ha decidido —para salvar a Rusia— echarse en brazos del capitalismo". Cuatro años después de la muerte de Salatiel, otro olanchano, Pedro Valderramos Zelaya, va a sostener en su tesis de licenciatura que, pese a todos los pronósticos en contra, el socialismo iba a triunfar en Rusia y también en diferente forma en otras partes del mundo.

Otras apreciaciones, como su juicio sobre el papel de la mujer en la sociedad; sobre la separación entre el trabajo manual e intelectual, o los surgidos al calor del entusiasmo que le provocaron algunos gobernantes del terruño o de México, resultan también endebles. Pero abundan en Rosales análisis coherentes, atisbos incisivos que muestran cómo sabía calar hondo en la apreciación de gentes y situaciones. Sigue siendo interesante su enfoque sobre Juan Ramón Molina, cuya prosa admiraba, a la vez que lamenta que su gran talento no estuviese "sometido a los cánones de una saludable disciplina". Denuncia la relación morbosa que se estableció entre el poeta y su sociedad, que lo humilló en vida y lo exaltó al finalizar esta, sustituyendo el injustificado menosprecio por "la injuria cobarde de la póstuma deificación".

Cita en temprana fecha a Paul Éluard, elogia a Rodó ("La más noble silueta del continente"), a Pancho Villa ("nuestro Cid Campeador"), "la agitación continua del brazo y de la mente" de Martí; comenta la muerte de Mark Twain y el hundimiento del Titanic, así como acierta en el vaticinio de que el éxodo de Rafael Heliodoro Valle y Alfonso Guillén Zelaya sería fecundo.

Su tema favorito fue el origen y formas de la vida. Al abordarlo, en formulaciones concisas o en desahogos líricos, siempre transmite ese temblor de humanidad que él mismo, siguiendo a Shakespeare, no desdeña en llamar "la tibia leche de la ternura humana". "La Física y la Química nos explican todos los fenómenos, hasta los del pensamiento". "Aceptamos el principio de evolución, como lo han formulado Darwin, Spencer y Haeckel. Lo aceptamos para todo el cosmos". "Venimos de formas inferiores. Venimos del cuadrúpedo, del ave, del anfibio, del pez".

"Llevamos un sedimento de animalidad persistente, del cual no hemos podido despojarnos en muchos siglos de cultura, a pesar de que en nuestra historia, arrancando de las más lejanas edades, se nota un proceso de desanimalización continua, una humanización gradual, una serie no interrumpida de conquistas ganadas penosamente, día por día, a la bestia primitiva". El hombre "sigue siendo, bajo una falsa moral, que no es sino una refinada máscara de hipocresía, la misma bestia agresiva y violenta de los períodos iniciales de la evolución humana". Hay una añoranza de los abuelos lejanos, "ignorados, perdidos de esa densa noche que envuelve la filogenia de las especies... ¿quién fue el abuelo anónimo cuya alma, sorda y latente, ha peregrinado a través de las generaciones para llegar hasta nosotros?".

"Terminé yo mis estudios de Jurisprudencia con la licenciatura, y me entró el anhelo de viajar un poco. Se nace nómada o sedentario. Yo tuve desde mi infancia ese apetito de beduino que no me dejaría echar grasa en el fondo de una provincia". Mucho determinismo biológico y fatalismo encontramos en su obra, pero junto a estos rótulos, el incorregible poeta en prosa que había en este olanchano trascendente lo lleva a expresarse en oraciones de no afectado lirismo, como la siguiente: "El alma humana es obstinada en la quimera y en el sueño. Hoy, vientos de desolación la ponen mustia y descarnada como árbol en otoño, y mañana una dulce y ardiente primavera la vuelve a llenar de flores y perfume...". "Oh Señor, necesitamos que todo cambie, que todo se renueve; que nos des hoy una ilusión y nos pongas otra mañana; que nos cambies el deseo, que nos hagas múltiple de esperanza".

Se coincida o no con Salatiel, siempre resulta sugestiva su lectura. La vivacidad que imprimió a su temática resplandece a tal grado que no es difícil imaginárselo en Agalta, La Ceiba o México en placentera charla con sus amigos, afianzando sus razonamientos con la muletilla inseparable: "¿Sabe usted?".

Tegucigalpa, agosto 1980.

CARTA ABIERTA DE SALATIEL ROSALES DESDE EL EXILIO

Belice, H. B., 5 de mayo de 1922
Señor Director del periódico "Patria"
Tegucigalpa

Distinguido compatriota:

Comienzo expresando a usted, más que mi agradecimiento, mi enhorabuena por la noble actitud que el periódico que usted dirige ha asumido frente al asunto de mi expatriación. En estos casos, entendámoslo bien, no se trata de defender méritos de personalidades, sino de defender el derecho y la justicia, ultrajados en la persona que los encarna en un momento dado. Así, pues, yo quisiera que, no por mí sino por ella misma y por el buen predicamento de nuestro país, la prensa hondureña se pusiera a la altura de su deber en las presentes circunstancias. Ha habido periódicos, como el de usted y "El Norte" de San Pedro Sula, por ejemplo, que han protestado con sinceridad y franqueza; pero ha habido otros, y algunos de los más autorizados, que sólo se han ocupado del asunto para mixtificarlo con afirmaciones gratuitas e insidiosas.

En relación con lo que antecede, se ha afirmado en cierto órgano de nuestra prensa nacional que el gobierno no tiene la culpa en el hecho de mi expatriación, y que sólo la tienen los funcionarios del Puerto de La Ceiba.

No sé en qué se base tal afirmación. Hasta hoy he creído y sigo creyendo que el gobierno de Honduras es el responsable de mi destierro. Existen hechos, anteriores y posteriores a mi expulsión, que así lo están diciendo. Voy a narrar esos hechos para que la opinión pública hondureña pueda juzgar y decidir con acierto acerca de esa responsabilidad, cuyo peso parece pretender echarse hoy, exclusivamente, sobre las espaldas de funcionarios departamentales o locales que acaso fueron meros ejecutores.

En los primeros días de febrero del corriente año, como dos meses antes del atentado, y con motivo de unos artículos de tendencia nacionalista (a los ojos del gobierno de Honduras toda aspiración nacionalista es considerada como cosa reprobable), el actual comandante y gobernador de Atlántida, Dr. Antonio R. Lagos, encaminóse una mañana a la casa del que entonces era Director de "El Mar Caribe", licenciado don Matías Z. Castillo, a mostrarle un telegrama del Presidente de la República, señor Rafael López Gutiérrez, en el cual se le ordenaba hacer conducir "cargado de grillos" al Castillo de Omoa, al mencionado señor Z. Castillo. La causa eran los artículos que en defensa de los derechos e intereses del pueblo hondureño estaba publicando "El Mar Caribe". El atentado no se verificó porque el Director de "El Mar Caribe", así como su redactor, ante la amenaza, optaron por no seguir al frente del periódico. El telegrama en cuestión fue considerado entonces como algo apócrifo, como un bluff de que se hacía uso para aterrorizar a la prensa independiente: no se concebía en las intenciones reales del gobierno actos de semejante proterianismo. Pero los hechos y declaraciones posteriores han venido a poner en evidencia que el gobierno de Honduras es capaz de todo en esa senda de la arbitrariedad y violación a los más caros derechos y garantías del ciudadano. El mismo gobernador y comandante, Dr. Lagos, confesónos cierto día que él había librado a los señores Castillo y Alcerro Castro "de un auténtico y terrible peligro". Se refería el señor Lagos al consabido viaje a Omoa, de que hemos hecho relación.

La víspera de mi expulsión de La Ceiba, el Director de Policía me mandó a llamar a su oficina para manifestarme que había un telegrama de Tegucigalpa en que se ordenaba se pusiera en mi conocimiento que mi labor disgustaba profundamente al gobierno, y que si persistía en ella me exponía a las consecuencias. Como nosotros no estábamos para darle gusto al gobierno, sino dando voz a la conciencia muda de nuestro pueblo, nos desentendimos de aquellas amenazas y publicamos nuestra edición del siguiente día, 21 de marzo, que fue la última, pues por la noche yo era capturado y (después de encerrárseme como tres horas en una bartolina estrecha e inmunda) arrojado ignominiosamente de mi propio suelo por unos esbirros extranjeros. La amenaza.

Se había cumplido. Mientras el vaporcito que me conducía bogaba a lo largo de las costas de mi patria rumbo a Puerto Barrios, yo pensaba con amargura estas cosas: que se me arrojaba sin motivo de mi propio país; que se violaba en mí un derecho que hoy respetan hasta los gobiernos más despóticos del mundo, y que quienes tal cosa hacían eran los hombres de un régimen que pomposamente se llama "liberal" para sonrojo del genuino liberalismo.

Como yo hiciera confidente de estas reflexiones a uno de los hombres encargados de conducirme, un español de apellido Espigares, éste dijo que la orden de mi expulsión emanaba directamente del Presidente López Gutiérrez; que algunos días después de haberme hecho cargo de la Dirección de "El Mar Caribe", los altos funcionarios de La Ceiba telegrafiaron a Tegucigalpa, dando cuenta de mi "labor subversiva", y que, en respuesta, el Presidente de la República decía "que si yo persistía en mi labor, que se me sacara del país". Espigares confesóme haber visto con sus propios ojos el telegrama de Tegucigalpa. Y debo advertir que Espigares parece hombre de reserva y discreción, y uno de los agentes de más confianza de los altos funcionarios civiles y militares de La Ceiba.

Cuando el honorable ciudadano Dr. Miguel Paz Baraona gestionó en los días de mi expatriación ante el Presidente López Gutiérrez porque se me permitiese regresar al país, López Gutiérrez le dirigió en respuesta un telegrama concebido en los términos siguientes:

"Al Dr. Miguel Paz Baraona.—El señor Salatiel Rosales puede regresar al país; ruego a Ud. aconsejarle que se evite de estar incitando al pueblo a la lucha política, como lo estaba haciendo en La Ceiba. Su Afmo.—Rafael López Gutiérrez".

A la luz de la clara razón, el telegrama transcrito nos está enseñando que si el Presidente López Gutiérrez no ordenó previamente mi expulsión del país, la recibió al menos con beneplácito y le dio su aprobación, extraviado acaso por los falsos informes que se le dieran de mi actuación en el Puerto de La Ceiba. Esto, por otro lado, lo está confirmando el hecho de subsistir en su puesto al director de policía de La Ceiba, quien ejecutó con lujo de barbarie la orden de mi destierro.

Ahora pregunto yo: ¿se concibe que, entre nosotros, un director de policía ejecute un acto de tal trascendencia sin contar por lo menos con la aquiescencia y la tolerancia de sus inmediatos superiores?

Me gustaría saber si después de lo que dejo relatado existe algún periódico hondureño que se atreva a afirmar paladinamente la irresponsabilidad del gobierno del señor López Gutiérrez en este para mí doloroso asunto de mi expatriación.

Se dice que en estos atentados a la prensa los periodistas tienen la culpa, tanto como los poderes públicos. Se habla de la "saña que sólo sirve para exhibir los aspectos feos de la inmoralidad individual". En "El Mar Caribe" no había saña. Había eso que dijo PATRIA en un breve y atingente comentario del suceso: "imparcialidad, comedimiento, elevación de criterio y amor a la verdad y a la justicia". Era un periódico, eso sí, que había descartado la broma y la ironía de sus columnas. Entendemos que cuando se trata de combatir grandes males, y apostrofar a la iniquidad reinante, no debe hacerse con donaires y facecias de bufón, sino más bien con el acento austero e indignado que, en iguales casos, emplearon siempre las almas vehementes y convencidas.

Se habla de la falta de solidaridad periodística, y al mismo tiempo se da la prueba flagrante de esta falta de solidaridad, tratando de proyectar como una sombra de culpa sobre el periodista caído.

Se clama porque todos, conservadores y liberales, defiendan las garantías individuales. Y cuando esas garantías han sido escandalosamente violadas en la persona de un periodista y de un ciudadano, ese mismo periódico hace la "defensa" en forma tan dubitativa, tan incoercible, que no se sabe si está reprobando el atentado o está justificando a sus autores.

Con muestras de consideración, soy de Ud. muy atento y S. S.

SALATIEL ROSALES

POST SCRIPTUM.—Cuando he terminado esta carta, recibo de Honduras el recorte de un editorial de "El Imparcial", órgano de los altos funcionarios de La Ceiba, o mejor dicho, del actual comandante y gobernador de aquel departamento, y redactado por el aventurero español Teodoro Creus, que apenas ha desembarcado en nuestro territorio y ya se atreve a mezclarse en las cuestiones de nuestra vida nacional, en esa forma abyecta y cínica de sancionar y justificar el atentado cometido en un hijo de esa patria que le da una hospitalidad de la cual es a todas luces indigno.

Los altos funcionarios de La Ceiba afirman, pues, en su periódico, que mi expatriación fue ordenada por el Presidente de la República.

He aquí sus palabras, entresacadas del mencionado artículo:

"Ya queda dicho y es de fácil comprobación, que contra él, lo mismo que contra todos los que hicieran campaña contra los intereses de la nación, existía una orden enérgica y dura; díganos ahora el colega" (se refiere a "El Norte" de San Pedro Sula) "¿debía seguir siendo burlada la orden (la orden de la expulsión); continuada la campaña de difamación contra las autoridades; erigido el antiextranjerismo en dogma y el insulto procaz en bandera y cultivada la semilla de la discordia entre elementos que deben vivir estrechamente unidos? Para que el progreso del país sea un hecho real y de él se deriven todos los bienes, debía ponerse un 'hasta aquí' a tales procedimientos".

Así hablan las autoridades de La Ceiba, por boca del señor Teodoro Creus.

La orden "enérgica y dura", el mismo editorial lo afirma al principio, había emanado del Presidente señor López Gutiérrez. Vale, Rosales.

(Patria—Mayo de 1922—No. 157).

LA EXPULSIÓN DE SALATIEL ROSALES

A petición del Lic. Antonio Castillo Vega, fue llamado el sábado último el Dr. don Antonio Ramón Lagos, Gobernador Político de Atlántida, al seno de la Convención Liberal, para que explicase los hechos que motivaron la expulsión violenta del periodista Lic. Salatiel Rosales del puerto de La Ceiba.

El Dr. Lagos, dando muestras de disciplina, se presentó ante la Asamblea de su partido y explicó que: tanto los antecesores del Lic. Rosales en la redacción del trisemanario "El Mar Caribe", como él, habían hecho una formidable campaña contra las colonias extranjeras, especialmente contra la siria, con lo cual se expusieron a serias dificultades; que Rosales, a la par que continuó en sus ataques después de que un desconocido le agredió, provocaba una huelga que, según denuncias, estaba en connivencia con los movimientos revolucionarios de La Esperanza; que hallándose él (el Dr. Lagos) con varios amigos en el Hotel Roma, como a las 10 de la noche, llegaron varias personas a manifestarle que había sido expulsado el Lic. Rosales; que inmediatamente interrogó al Director de Policía y éste le expresó que era cierto, pero que Rosales había solicitado lo sacaran del país porque temía ser víctima de sus enemigos; que él desaprobó lo hecho e inmediatamente hizo salir una gasolina con una carta para Rosales invitándolo a regresar, pero desgraciadamente no se le pudo dar alcance; y que, finalmente, Rosales se había dirigido a Belice.

Hemos tomado la debida nota de esa explicación dada por el Dr. Lagos, pero encontramos que ella no se armoniza ni con las que hizo el diario oficial Excelsior en esta ciudad, ni con las notoriamente contradictorias contenidas en el No. 35 de El Imparcial de La Ceiba, diario que, como es bien sabido, es sostenido por el propio Dr. Lagos.

Efectivamente, Excelsior afirmó que Rosales había estado haciendo campañas subversivas y, al registrar su casa, se había encontrado el borrador de una proclama concitando a la huelga. Y que esas fueron las razones que motivaron y justificaban su expulsión.

El Imparcial dice que, con motivo de que "El Mar Caribe" estaba haciendo una campaña disolvente, "agitando la sociedad, enardeciendo las pasiones y encendiendo odios, lo cual ocasionaba males sin cuento a la salud del país", el señor Gobernador Político Dr. Lagos, obligado por un mandato telegráfico terminante del señor Presidente de la República, conteniendo "disposiciones quizás demasiado enérgicas", se entrevistó con los redactores de aquel periódico, entre los cuales estaba Rosales, para "hacerles comprender todo el disgusto del gobierno y lo antipatriótico de su labor"; que como ésta continuara, no era posible seguir dejando burlada la orden y debía ponerse el "hasta aquí" a tales procedimientos; que después de la agresión que sufrió Rosales, y "siendo impotente la policía para impedir otra tentativa" contra el escritor, "el Director de Policía resolvió como medida conservadora" de la integridad personal del Lic. Rosales, facilitarle los medios para que saliese sano y salvo del país, por lo que fue llevado a Puerto Barrios", donde no lo dejaron desembarcar y, en tal virtud, se le regresó a Puerto Cortés, dejándolo en libertad de irse para donde quisiera, habiendo optado él por dirigirse a Belice y de allí probablemente a Yucatán; que el Director de Policía obró por órdenes recibidas directamente de Tegucigalpa y el Dr. Lagos no tuvo el menor conocimiento de los hechos, pues cuando ocurrieron se hallaba en el Hotel Roma y después salió en automóvil a las afueras.

Agrega el colega: "si conociesen todo cuanto brotó de aquella pluma emponzoñada, tenemos la seguridad de que, como ciudadanos honrados amantes del orden y de la tranquilidad pública, habrían encontrado más que justificada la medida. Y nosotros como periodistas, preferimos ver al Lic. Rosales en libertad por las tierras de Anáhuac, que encerrado en las bartolinas de una cárcel o sepultado".

No podemos comentar, por falta de espacio, las contradicciones flagrantes que hay en todo lo anterior, y la falta de sindéresis que en todo ello prevalece. Pero nuestros lectores podrán fácilmente hacer los comentarios del caso.

Lo único que podemos agregar es que se ha violado la ley y se ha atentado contra los derechos primordiales del ciudadano.

Si Rosales delinquía en su periódico, debió juzgársele conforme a la Ley de Imprenta. Si tenía elaborado un borrador de proclama concitando a la huelga, ¿cómo lo supieron las autoridades?, ¿había delinquido con él aun sin haberlo publicado?, ¿con qué derecho se allanó su casa y se sustrajo aquel documento?, ¿quiénes son los verdaderos culpables de la serie de atentados que se encadenan en el hecho de la expulsión del Lic. Rosales?

(Patria—Mayo de 1922—No. 145).

LA LIBERTAD DE IMPRENTA

Guatemala, 31 de marzo.—Aquí se ha sabido cómo ha ocurrido la violenta salida del Lic. Salatiel Rosales de La Ceiba. Rosales fue víctima de una paliza que le mandaron propinar las altas autoridades de La Ceiba, después que se le prohibió la circulación del "Mar Caribe", y como no obedeciera, fue agarrado por la escolta en la calle a las nueve de la noche y conducido al cuartel, y dos horas después se le obligó a embarcar con unos esbirros en una gasolina, siendo conducido a Puerto Cortés y de allí lo hicieron abandonar el país, echándolo para Belice, sin recursos y sin equipaje. La sociedad de La Ceiba ha reprobado semejante escándalo y ha hecho contribución para girarle al proscrito en cuanto se sepa su paradero. En La Ceiba se ignora qué rumbo le dieron a Rosales o qué suerte haya corrido. Esta información la da persona seria venida de Puerto Cortés.— Excelsior.

Durante muy pocas Administraciones ha podido gozar Honduras de una efectiva libertad de imprenta como en la actual que preside el honrado patriota Gral. López Gutiérrez. Este mérito y el de su sincera actuación en el último movimiento federalista serán siempre páginas de gloria para el actual Mandatario.

Podría alegarse que esa libertad no ha sido más que una conquista de las corrientes renovadoras del siglo y del respeto que por sí mismas va dando la prensa. Pero si mucho de verdad hay en eso, no puede negarse también que a ello han contribuido los sentimientos y el sano criterio del Jefe del Estado.

La prensa libre, independiente y ecuánime, que lo mismo censura lo malo como aplaude lo bueno, es, más que adversaria, como dan en llamarla los áulicos, auxiliar poderoso para la honrada actuación de los que mandan.

Pero la grave denuncia que ahora hace de Guatemala el diario liberal Excelsior nos hace temer que esa benéfica libertad de imprenta comience a sufrir eclipse en nuestras latitudes.

Sabíamos, por telegramas que publicamos hace bastantes días, que al escritor Lic. Salatiel Rosales le había dado traidoramente unos golpes un individuo desconocido, que no fue capturado; sabíamos, igualmente, que había muerto el valiente semanario El Mar Caribe, y que su director Rosales estaba mudando de clima en Omoa. Pero no habíamos obtenido detalles precisos de aquellos hechos, hasta ahora que nos vienen de Guatemala, y por eso nos habíamos abstenido de comentarlos. Rosales había hecho de su periódico una obra amena y vibrante, en cuyas columnas se reflejaban siempre imparcialidad, comedimiento, elevación de criterio y amor a la verdad y la justicia.

Esas condiciones le abonaban más bien para que fuera respetado en su labor; pero, a juzgar por lo que ha pasado, comprendemos que sus escritos fueron juzgados como adversos a la actual administración y su autor castigado con procedimientos propios de otras épocas y de otros hombres.

Si esos procedimientos se confirman, lo que no queremos creer, levantamos contra ellos nuestra protesta y pedimos que se haga la debida reparación.

Excitamos, al mismo tiempo, a toda la prensa del país para que nos secunde, y lo hacemos muy especialmente con la prensa oficial para que procure esclarecer la verdad de las cosas.

(Patria—Abril de 1922—No. 135).

FESTEJANDO A SALATIEL ROSALES

Los mejores camaradas de este brillante compatriota se dieron cita anoche para festejarlo con motivo del éxito final de sus estudios académicos, y la hora, llena de perfume de la amistad, se hizo más íntima e inolvidable con la lluvia que afuera, en la vía urbana, desflecaba sus transparencias efímeras.

Eran ellos los escritores Ramón Ortega, Rafael Heliodoro Valle, Francisco José Albir, Joaquín Soto y Manuel Ramírez, sobresaliendo en el número de los agasajadores el culto caballero alemán don Conrado Remshardt, quien junto con el amigo obsequiado hizo los honores de la casa, y al comenzar el cordial jubileo pidió un augurio unánime por la felicidad del escritor, cuya victoria mental ocasionaba la alegría de la noche.

El salón, decorado con sencillez doméstica y resplandeciente bajo la belleza de dos candelabros que bien merecen una página de elogio, era un ambiente propicio para las intimidades más austeras, y en el piso las hojas de pino esparcían una emoción penetrante y lírica.

En preferente sitio estaban las efigies de varios hombres de letras y apenas brilló en las manos la primera copa de champaña, se les recordó y tuvo, ya que no en presencia, sí en espíritu, y es justo mencionarlos: Turcios, Chocano, Molina, Roberto Barrios, Rafael López y Guillén Zelaya. Se les recordó y estuvieron muy presentes cuando uno de los escritores hizo recitar algunas poesías de las más notorias en la antología americana.

Una de las cosas que más se singularizaron en la nocturna fiesta fue la pipa aromosa y opulenta de un compañero que dijo el brindis más emocionante y fraternal. Las botellas descorchadas fueron el comentario insigne que hizo la amistad a los méritos del sobrio Salatiel y grandes rosas de Francia se movían en los jarrones como exigiendo los epítetos que en un tiempo les consagró la pluma lusitana de Queiroz.

No era sino de bohemia honrada, de juventud, de poesía fiel y de cariño excelso el aire que se respiraba en la estancia; y entonces las palabras elocuentes y las recitaciones vagas flotaron de manera exquisita sobre los espíritus y los corazones. Que Salatiel Rosales no olvide esta fiesta y que con los recuerdos que ella le haya dejado escriba en el diario espiritual la página más seductora de su pluma, para que en los días del porvenir, al hojearla, pueda darle pez con las marginales que le dicten la emoción más ardiente y la más divina añoranza.

(El Nuevo Tiempo—Mayo de 1914—No. 970).

RAÚL.

LOS ESCRITOS DE SALATIEL

EL CONCEPTO DE PATRIA

La patria era en la antigüedad algo reducido, un pequeño Estado o una ciudad encerrada en un muro circular. Más allá del muro, más allá de las fronteras del Estado, estaban los pueblos antagónicos, las razas hostiles. Los hombres, moviéndose en un radio limitado, tenían entonces una cohesión más íntima en sus pasiones, en sus ideas y en sus sentimientos. Había entre ellos una doble solidaridad moral y material más perfecta que la que hoy existe entre los individuos de una misma nación. Un amor exaltado y romántico hacia el terruño era tenido como la más suprema de las virtudes; un odio implacable al extranjero era también virtud excelsa, que abría el camino a los primeros puestos y a las grandes dignidades. Este modo de ser fue impuesto por las condiciones de aquellas épocas. Para conservar la autonomía, para subsistir como Estado independiente, a despecho de los enemigos, era necesario convertir el suelo donde radicaban los dioses en objeto de un culto idolátrico y constante.

Así, pues, el patriotismo antiguo era el amor desesperado, platónico, a la pequeña ciudad o al pequeño territorio, sentimiento evolucionado, pero no distinto, del primitivo amor al clan y a la tribu.

En la época moderna, con la formación de vastos Estados, el concepto de patria, tan reducido en lo antiguo, ha tomado mayor extensión. La patria ya no es un mezquino Estado ni el exiguo recinto de una ciudad, sino un dilatado territorio, en el cual viven muchos miles de seres. Se ama hoy a la nación a que se pertenece, pero de distinto modo que los antiguos, sin idolatría y sin fanatismo. Los progresos crecientes que se realizan cada día han venido a establecer una solidaridad más fuerte entre los hombres de diferentes países y de diferentes razas. Los vecinos no son ya los enemigos que hay que destruir a todo trance, sino elementos necesarios de ese gran todo orgánico que se llama la Humanidad. Los hombres se hacen cada vez más cosmopolitas. Se cruzan los mares, se atraviesan los continentes con facilidad asombrosa, mediante los progresos de la mecánica. El hombre está bien en todas partes. El hombre moderno y civilizado no se muere ya de nostalgia por un simple cambio de latitud.

Nadie comprende ahora aquello de don Emilio Castelar de que la tierra, el aire y la luz de los países extranjeros no son como la tierra, el aire y la luz del rinconcito donde la comadrona enterró nuestro cordón umbilical. Es el romanticismo que ha estado en boga durante mucho tiempo. Algunos simples han creído de buena fe que sólo la tierra de la patria es tierra, y que sólo el aire del nativo solar es aire respirable. Nada de eso. Lejos de aquí, al otro lado del planeta, puede encontrarse un suelo mejor, un aire más oxigenado y un sol más puro. Esa tierra en todas partes hace germinar la semilla; ese aire os vivificará los pulmones dondequiera que os encontréis, y ese sol, creedlo, no es más brillante aquí que en la remota Cochinchina.

En todas partes también encontraréis un campo para vuestra acción, y podréis tener una mujer que os brinde caricias, una vianda sabrosa y un saco de dinero. Se equivocaba, pues, de medio a medio, don Emilio Castelar al pensar que fuera de España, en la alegre Francia, se iba a morir por falta de una pulgada de buena tierra y de una racioncilla de confortable oxígeno. No piensan así sus compatriotas de hoy, que en puñados se van a Asia y se vienen a América, en busca de trabajo y de fortuna.

Hay, sin embargo, algunos pueblos donde el concepto de patria ha evolucionado muy poco, y otros donde ese concepto es asaz erróneo. Entre estos últimos se cuentan la mayor parte de los pueblos hispanoamericanos. Estos pueblos han vivido y viven todavía entregados a un culto platónico, estéril y vacío. Su amor a la patria, cuando es sincero, consiste en una adoración mística de algo ideal, abstracto, sin contornos definidos. Se ama esa patria así como Don Quijote amó a Dulcinea. Amor, simple amor, tal como el que el idólatra tributa a su fetiche o el exaltado creyente a su divinidad lejana e invisible. Ese culto no es más que culto, carece de consecuencias prácticas, de resultancias positivas; es el culto de fakir indio hacia su propio ombligo.

Tal patriotismo no sirve para nada, y lo prueba el hecho de que esos pueblos de la América Latina que han vivido en una continua exaltación patriótica desde el día de su independencia, son hoy, para decir la verdad, los más pobres y rezagados, tanto, que algunos de ellos no han logrado siquiera salir de la barbarie.

La patria no es algo lejano que está fuera de nosotros. La patria, el país mejor, lo formamos nosotros, cada uno de nosotros. Para llegar a la regeneración y engrandecimiento de ese país, es necesario que cada uno de sus hombres, individualmente, se dé a la obra de su propia regeneración y engrandecimiento; porque nosotros, repito, somos la patria en su realidad palpitante, y mientras no cambiemos, aquélla tampoco cambiará, pues nunca se ha visto que las patrias se modifiquen por virtud de simples palabras y santas intenciones. Los hombres agrupados forman los países, las naciones, así como las células forman los organismos. Si esas células no son sanas, el organismo no podrá ser sano; del mismo modo, si los individuos que constituyen una nación carecen de ciertas virtudes, la nación tendrá que ser forzosamente una lamentable mediocridad.

Tal patriotismo es malo, y debemos proscribirlo no sólo de nosotros mismos, sino también del hogar y de la escuela. Tengamos presente que nada se hará en materia de educación si se sigue en la labor de inculcar en los cerebros de los niños ese hueco y estéril amor a la patria. Será esa una educación de palabras, vana, que no obstará para que mañana esos mismos niños, ya hombres, si se les pone en una Aduana, se echen al bolsillo todo el dinero de la nación.

(La Prensa — 1910 — No. 1121).

LA LITERATURA HISPANOAMERICANA

En Hispanoamérica todo está naciendo: el comercio, la industria, el arte, la ciencia, el pensamiento y la literatura.

Concretémonos a la última de estas diversas actividades de un pueblo. No tenemos todavía una literatura genuinamente hispanoamericana, que sea el reflejo de la estructura mental de la raza y que tenga con nuestro medio geográfico esa relación que existe, como se ha probado, entre las instituciones y el centro físico en que tienen vida.

La literatura que hoy florece en la América española, viéndolo bien, no está de acuerdo ni con la raza ni con el medio ambiente geográfico; es una literatura ajena, ni más ni menos como las mercancías que estos países importan del extranjero; una literatura extraña, exótica, que nos envían de allende el Atlántico, como un producto manufacturado, las naciones pensantes del Viejo Mundo, donde la plétora de la producción intelectual corre parejas con la plétora de la producción industrial.

Un fenómeno, como consecuencia de lo que dejamos apuntado, se observa en la poesía de estos países, y es que no guarda relación con el carácter de estos pueblos. No la guarda porque el promedio de nuestro temperamento indígena, sano y fuerte, no tiene esas complejidades morbosas de las obras que se publican, en prosa y en verso. Nuestro temperamento es sencillo, nuestro espíritu llano y nuestra idiosincrasia es la idiosincrasia propia de pueblos primitivos y elementales. Los poemas que aquí se publican son de tal naturaleza, hay en algunos de ellos tanto dolor, delicadeza y refinamiento, que no parecen producto de una raza que todo lo tiene en embrión, sino de una raza anciana, supercivilizada, que suma en su historia largos e incontables ciclos. Esa literatura no es, pues, literatura americana, tropical; es literatura europea, trasplantada a América.

Pero se me ocurre preguntar: ¿Es posible que estos pueblos hispanoamericanos lleguen a tener literatura propia, nacida en su seno? Creemos que no. Nuestra literatura, en lo futuro, tiene que seguir el mismo desenvolvimiento de la literatura de Europa, sufriendo ciertas influencias geográficas, climatológicas y topográficas, especialmente. La idea de una literatura genuinamente hispanoamericana nos parece quimérica. Todo lo que seamos; todo lo que lleguemos a tener procederá del Viejo Mundo, que es hoy como el tutor intelectual bajo cuya égida crecerá la humanidad joven. Nuestra actividad se pondrá en juego con el alimento que de allá nos venga.

Nuestro pensamiento, nuestras creaciones serán sus derivativos. Muy poca cosa inventaremos. En cierto modo, América toda, transcurridos algunos siglos, será la misma Europa resurgiendo remozada de este lado del Atlántico; el nuevo teatro de la vasta civilización occidental.

(Revista de la Universidad, Tegucigalpa, 15 de agosto de 1910, Núm. 8).

LETRAS Y ARTE POETAS DE CENTROAMÉRICA: JUAN RAMÓN MOLINA

A Rafael López, amigo y maestro.

Nació este poeta en Tegucigalpa, capital de la República de Honduras, en nuestra Pentápolis centroamericana. Quiere decir que es hijo grande incubado en las entrañas de la patria chica. Estas repúblicas, las más pequeñas, también las más míseras del mundo, siempre dieron a luz a un predestinado. No sé qué hado bondadoso o irónico ha querido que de los mismos vientres malditos que engendraron a Judas y a Barrabás, hayan salido también esos ungidos de la gloria que se llamaron los Morazán y los Darío. Porque no hay una sola de estas infelices patrias centroamericanas a la cual el dios de la raza no la haya vengado haciéndola concebir esa cosa extraordinaria que se llama un "grande hombre". Qué de ilustres estadistas, qué de insignes capitanes no han visto la luz bajo los toldos autóctonos de las incipientes mestizocracias. Pero no son, en nuestro sentir, el mayor milagro los estadistas y los capitanes. Los estadistas y los capitanes nunca fueron los rara avis en pueblos y naciones. El mayor milagro son los poetas, son los anfiones divinos que un genio misterioso ha hecho brotar del vientre oscuro de nuestras nacionalidades.

Pero estas patrias, degradadas hasta lo inconcebible por el caudillaje, nunca llegaron a comprender la excelsitud espiritual de los mejores de sus hijos. Estas patrias, en su depravación, sólo llegaron a comprender y a amar a sus imbéciles caudillos mestizos y a sus inmundos tiranuelos. Para estos fueron siempre los honores, las apoteosis y las consagraciones. Para los hijos excelsos, con la más auténtica y pura de las excelsitudes, estas patrias envidiosas alimentaron siempre un rencor cruel, agravado de deliberada y sapiente sordidez.

Estamos aquí frente al caso doloroso, entre otros, de Juan Ramón Molina. Su gran numen, con una atracción fatal al terruño, fue su terrible condenación. Rubén Darío, Gómez Carrillo, obedeciendo al mandato fuerte de su predestinación, se calzaron la sandalia a tiempo y dejaron atrás, en el éxodo glorioso, a las beocias repúblicas maternales. Molina vivió circunscrito a la aldea natal, y la aldea natal, que no podía perdonarle la superioridad de su genio, se vengó de él, crucificándole el numen primero y enclavando después al hombre con el madero de la miseria, y haciéndole apurar en el instante final toda la acritud de su fracaso.

Cuando la muerte vino, los pueblos, que en su estulticia son siempre vanidosos y teatrales, añadieron al menosprecio con que en vida rodearon al muerto, la injuria cobarde de la póstuma deificación. Y al que ayer no más ellos le negaran lo que no se niega ni a los mendigos, el pan, esos pueblos grotescos lo entierran ahora como príncipe de la Iglesia, y al día siguiente los burgueses, que siempre tuvieron una roma intelección para sus versos, se apresuran a exornar con el busto del fallecido la avenida del parque por donde ellos acostumbran pasear, a la caída de la tarde, la insultante pesadez de sus abdómenes. El burgués quiere que el grande hombre de la lira o de la pluma, que en vida tuvo para él un desprecio olímpico, ahora que está encarnado en mármol o en bronce, a un lado de la avenida, lo mire pasar a él todos los días, arrastrado por sus caballos de raza o por la gasolina de su automóvil. Y el grande hombre, poeta o escritor, queda condenado de este modo a ver sin protesta la cotidiana y pueril exhibición del burgués.

Conocimos en carne y alma a Juan Ramón Molina. Aunque lo quisiéramos, no podríamos hacer aquí la biografía del poeta, pues nunca hemos tenido ese talento que es orgullo de los biógrafos. Pero diremos algunos rasgos de su ser perecedero. Pertenecía él a la estirpe de los poetas de belleza apolínea. Era bello, no con la belleza judaica y un sí es no es atormentada de Asunción Silva, sino con una belleza helénica, sensual y dominadora. Si Asunción Silva, con sus barbas de rabí, podía evocar al Lucio Vero del Museo de Luxemburgo, Juan Ramón Molina, con su rostro de corte helénico, era la encarnación del Apolo de Belvedere. Él lo sabía. Por ello muchas veces este poeta dejó de escuchar la melodía platónica de sus númenes, para entregarse a una estéril contemplación de su propia persona en las lunas de los espejos o en la fuente de Narciso.

Cuenta Ventura García Calderón que Rubén Darío vivió toda su vida atormentado por la "absurda vergüenza de ser mestizo". No hemos encontrado nada más doloroso en lo que se ha escrito sobre el poeta, que esas palabras profundamente veraces y reveladoras. Ellas encierran el secreto de la íntima, de la inenarrable tragedia de Darío. Ser Apolo, sentirse divino por dentro, tener la adoración de la Grecia del paganismo, y ser, sin embargo, un mestizo, a quien esa obsesión del mestizaje más de una vez quizá llegó hasta amargarle el canto...

Pero ¡ah!, aquella belleza del poeta hondureño, hoy que pensamos en ella, fue como una inútil belleza. Goethe, que fue bello como un dios, espigó en los campos del amor y tuvo un ejército de queridas insignes. Nuestro poeta tuvo un día el sentimiento de la inutilidad de su hermosura varonil. ¿A qué ser bello como un dios en un mundo de maritornes? Y esta fue la doble tragedia de su vida. Si al divino Rubén le amargó su mestizaje, a Juan Ramón Molina lo amargó todavía algo peor: no sólo el dolor de verse gran poeta fracasado, sino también el dolor de ver que su pagana belleza física, digna de las caricias de Venus o de Leda, sólo servía en su pueblo para poner deliquios de "claros de luna" en las cursis damiselas de su barrio. De aquí su nostalgia, aquella nostalgia del paganismo erótico y galante que a menudo estalla en sus canciones.

Molina, está dicho, no fue, no pudo haber sido un poeta temperante. La mediocridad y la temperancia son a menudo dos cosas unidas por un signo de identidad. Sólo los poetas mediocres se preocupan por ser castos y temperantes para defender lo que ellos llaman la virginidad de su numen. Molina era un poeta desaforadamente dionisíaco. Cuando le conocí, lo recuerdo bien, sus borracheras cotidianas eran el escándalo de su parroquia. El alcohol, este hermano de los grandes "poetas malditos", fue su ángel bueno, su más constante Cirineo en el dolor y el infortunio. Él no bebió absintio en las mesas de los cafés ilustres, como Paul Verlaine; él bebió, en sospechosos fondines, un "néctar blanco" más terrible que el de las negras visiones poeanas. Pero el aguardiente, aquel alcohol de vergüenza y de infamia que él ingería en compañía de bandidos y prostitutas, fue para él como un tibio seno de leche que le nutrió las más acerbas y humanas canciones.

Pero un día el poeta fue infidente con el dios que le daba, junto con las canciones,

en cada vaso un poco
de bienhechor olvido,

y arrepentido de su pasado, lleno de las "cobardes atriciones" de que habla Baudelaire en el prefacio de Las Flores del Mal, se fue por el camino de la dignificación burguesa, lo que le valió su luna de miel con la República, que al verlo en pose de decencia, lo llamó a su banquete, donde su corona de mirto apolíneo contrastaba con los penachos de plumas de las ensoberbecidas testas aborígenes. Fue en estos días cuando Juan Ramón Molina, que nunca había visto más universo que el comprendido entre los montes de su villa natal, salió a conocer el mundo, involucrado con otro poeta (Froylán Turcios) en una caravana diplomática.

Aquel viaje era como una prueba para su predestinación. En él se iba a decidir si nuestro poeta estaba llamado al prestigio y a la celebridad que nuestras urbes latinas dan al genio literario, o si un sino incomprensible, uno de esos sinos paradójicos y burlones, lo condenaba a seguir derrochando inútilmente su numen en las cosas oscuras e innominadas de su tierra. Pero las grandes ciudades, que enloquecieran a otros peregrinos, no tuvieron para él sus maleficios irresistibles. París, Madrid, Roma, estas sirenas cuyas canciones resuenan en el corazón de todos los bohemios de la tierra, de todos los desesperados "ashaverus" del sueño, no le dejaron a él, después de tenerlo en sus brazos, el dulce veneno de la nostalgia. El gran ejemplo de Rubén Darío, a quien conociera en Río de Janeiro, sangrando ya bajo los laureles de su gloria, vellocino de amargos calvarios, tampoco lo tentó. Un sedimento de vulgaridad innata y de gustos pueblerinos apartó a este poeta siempre de los caminos de la gloria.

Otros despreciaron madre, mujer e hijos para seguir como unos locos las estrellas de sus sueños. A estos Jesús les dio el ejemplo. Para morir crucificado, para derrotar al paganismo, el vagabundo profeta de Galilea tuvo que negar a su madre y que reprimir su efusión a la Magdalena. Molina, que se preciaba de haber leído Biblias y "talmudes", fue una víctima del "claro de luna". Filis o Flérida le hacía señas desde el alcor nativo. Filis o Flérida, a la que él, en unas estancias prestadas al marqués de Santillana, llamó la niña más linda de Honduras.

Para estos poetas, que entre la gloria y la alcoba nupcial se deciden por la segunda, yo quisiera el reactivo de un evangelio de Marinetti o de una página de Federico Nietzsche. Molina, está dicho, desdeñó la gloria, la gloria literaria que le sonreía, por las promesas de un tálamo, que se le resolvió en tragedia, la última tragedia de la que fue su vida desigual, funambulesca y atormentada. El poeta murió a la edad de treinta y tres años en un villorrio de la República de El Salvador, devorado como un Prometeo por las bajas miserias y por el insigne dolor de su esterilidad. Pero murió con una dignidad de gran poeta maldito. Murió en el vagón de un tren en los brazos de nuestra señora la Morfina, que le dio al final, como una piadosa manceba, su ósculo depurador y glorificador.

Llamamos a Juan Ramón Molina gran poeta fracasado. Tal vez mis paisanos de Honduras, que sienten por el poeta una admiración idólatra, lleguen a considerar como una petulancia esa limitación que le ponemos ahora al más egregio de nuestros poetas hondureños. A los que tal piensen, los remito a los dolientes versos de la Autobiografía, "Tierras, Mares y Cielos", donde Molina deja un momento su altivez olímpica, para hacernos las más desusadas e inesperadas confesiones:

> …estar organizado para la lucha y la victoria,
> y ser, a pesar de eso, un fracasado.

Juan Ramón Molina escribió esos versos bajo el presentimiento de su cercana muerte. Sabía que, aunque en plena juventud, ya no le quedaba tiempo para hacer "su obra", la obra que él hubiera querido hacer, la obra de madurez en que él había soñado. "Nada más aflictivo que morir en una derrota o tan sólo cuando el resultado del combate es incierto", dice a este propósito en uno de sus libros el dulce y profundo Guyau. Molina fue ese hombre que lucha por un ideal de belleza, y a quien la muerte, "la prostituta sarmentosa" que dijera Torres Rioseco, lo viene a sorprender antes de la hora de su triunfo.

Hablamos de poetas fracasados, para hacer uso de una frase consagrada; pero en el caso de Molina, mejor sería decir poetas que se fueron antes de ver su vendimia. Poetas o artistas a quienes el destino tronchó en el instante mismo en que iba a ser en ellos una realidad la esperada promesa del fruto. O si queréis, en la hora en que parece inminente la llegada de la gracia literaria. Pero estos, ¡ah!, son, en la generalidad de los casos, dones asaz tardíos. Ernesto Renán puso la madurez más allá de los cuarenta años. La gracia literaria, como la gracia teológica, siempre fue de una terrible esquivez con la juventud.

México, 1922.

(Revista de Revistas — México, noviembre 12 de 1922 — No. 653).

TIERRAS, MARES Y CIELOS

El aparecimiento de este libro es una realización póstuma del anhelo que la muerte le frustró en mala hora a nuestro poeta sin fortuna Juan Ramón Molina.

El aparecimiento de este libro se debe al generoso empeño de Froylán Turcios, que sabe tener cuando quiere el desprendimiento de los grandes artistas; y a la magnificencia del Estado, que ha comprendido ¡bendito Estado! que un libro de versos magnos puede valer tanto como un kilómetro de ferrocarril o un campo sembrado de patatas.

La edición de TIERRAS, MARES Y CIELOS, seamos francos, no es como lo hubiera querido Molina ni como lo deseábamos nosotros los amantes de las bellas letras y amigos del vate difunto; pero nos conforta la idea de que ese volumen, con todo y sus deficiencias tipográficas, salvará de la garra del tiempo el valioso legado espiritual que dejó no sólo a su patria sino al mundo de las letras castellanas el genial autor de Águilas y Cóndores.

Nosotros no vemos hoy la obra literaria de Juan Ramón Molina con los mismos ojos apasionados con que la veíamos hace diez años. El acrecentamiento de nuestra cultura y la consiguiente evolución de nuestro espíritu crítico nos han quitado aquella irreflexiva, cándida y fácil admiración en que antaño se nos encendía el alma ante las producciones de nuestros dioses mentales. Le hemos encontrado deficiencias, esas desoladoras deficiencias que se registran en toda obra de hombre, y hemos tenido que rectificar más de un concepto.

Aquilatado nuestro juicio con el estudio y la reflexión, estamos lejos de pensar, como piensan algunos retardados, que Molina puede parangonarse con Rubén Darío. Los que tal afirman lo hacen porque ignoran los valores estéticos contemporáneos, y porque desconocen la grande y deslumbradora obra de belleza, de belleza pura, creada en veinte años de labor continua por el autor de Cantos de Vida y Esperanza.

Molina fue, no cabe dudarlo, entre nosotros un gran poeta, un admirable poeta, un excelso poeta. Mas fue su gran mal una incurable falta de voluntad para ser como esos testarudos trabajadores de la época que fatigan las rotativas de las casas editoriales e inundan de libros, día por día, los mercados literarios del mundo.

Su gran talento nunca estuvo sometido a los cánones de una saludable disciplina. Escribiría muy de tarde en tarde, tras largos períodos de inercia y sólo cuando una voz imperativa surgida de los abismos de su ser lo obligaba a tomar la pluma.

Tenía los más ricos dones poéticos, es cierto, pero nunca fue señor absoluto de esos dones. Llevaba un encéfalo de oro, mas no pudo o no quiso jamás sacarse todo el oro de ese encéfalo. Oscuras fatalidades orgánicas lo condenaron a no gozar plenamente, largamente, los grandes tesoros que natura le había dado; y su vida de escritor parece que fue una ingrata y sorda lucha contra el genio maléfico que le vedaba extraerse todas las miríficas gemas que él llevaba en los veneros interiores de su espíritu.

Pero quede sentado aquí que Juan Ramón Molina es la mentalidad literaria más indiscutible que ha producido Honduras, que su prosa no la hemos igualado todavía, y que su verso, su verso sonoro, vivaz y pujante, es de lo mejor y más perdurable que hasta hoy se ha escrito en el Nuevo Mundo.

(El Cronista, Tegucigalpa, 19 de julio de 1913, Núm. 139).

JUAN RAMÓN MOLINA

Molina fue un poeta en la acepción más noble del vocablo. No un versificador andrógino, ni uno de esos juglares de las rimas —exhausto de pensamiento y sentimiento— que se yerguen altivos sobre una multitud de necios admiradores dispuestos siempre al bombo y al aplauso, propiciatorios al mezquino Dios. No lo confundáis jamás con el rebaño de poetastros hispanoamericanos, míseros copiadores de cinco y seis poetas de positivo valor que con muy justo título ejercen su hegemonía en las letras castellanas del continente. Él es uno de los grandes, de los de primera línea, aunque no llegó nunca a alcanzar la popularidad que se obtiene con el eficaz expediente de los reclamos. Si no es el primero, difícilmente hallaréis uno que lo sobrepuje, que esté por encima de él algunos codos. ¿Os parece esto extraño? Sí, ya veo un gesto de duda cincelarse en vuestro semblante. Os asombra que aquí haya nacido un poeta de semejante talla. Acostumbrados a la admiración sin tasa y sin examen de los escritores extranjeros, no podéis admitir tranquilamente que un personaje a quien visteis de niño y de quien conocisteis sus pequeñas miserias, sus debilidades e idiosincrasias y con quien charlasteis en más de una ocasión sobre los vulgares detalles de la vida cotidiana, no podéis admitir, repito, que ese vuestro coterráneo poseyera un hermoso ingenio y una lira divina, que ha quedado huérfana y quién sabe cuándo vendrá uno digno de recogerla, haciéndonos rememorar el nombre del ilustre muerto.

Tegucigalpa, 1912.

("Revista Ariel" — noviembre de 1927 — No. 193).

LA ESTATUA DE MOLINA

Pronto se verá en uno de nuestros parques familiares la estatua del gran poeta Juan Ramón Molina.

La Asamblea de la Nación pensó esta vez que si es necesario abrir las puertas de la República al capital extranjero, también lo es eternizar en el mármol el recuerdo de los hombres ilustres. Por los sólidos cerebros de los hombres del Parlamento cruzó la idea, confusa acaso, de que, por encima de la patria material y tangible, está la patria ideal e invisible, más verdadera y trascendental que la primera. El tiempo arrebata a la una, pero es incapaz de acabar con la otra. Un libro, una tradición, un recuerdo, son más eternos que una pirámide. Los que os encogéis de hombros cuando a vuestro lado pasa un portador de lira, olvidáis que el Cantar de los Cantares ha sobrevivido al Imperio de Salomón; que de la Grecia del Pireo y de los Treinta Tiranos sólo queda el viejo Homero; y que Don Quijote de la Mancha será todavía una criatura viva cuando la nación en que fue creado se haya hundido para siempre en el océano de los siglos.

Esa estatua es una especie de reparación, una de esas reparaciones tardías que los vivos hacemos siempre sobre la tumba de los grandes desaparecidos.

Juan Ramón Molina tuvo entre nosotros suerte idéntica a la de la mayor parte de los orfeos del mundo. Su grandeza fue como un insulto para nuestra pequeñez aldeana. Su numen —el numen que Dios le dio— prendió odio y rencor en el corazón de los pequeños. Los violentos le hundieron en el costado sus envenenadas flechas, y como sucede siempre, no le quitamos la lira de las manos, pero le negamos el pan y le cerramos la puerta en las noches de invierno, para que la muerte, ciega e irresponsable, nos libertara de su canto y de la tiranía de su numen.

¡Ah! Culpáis a los grandes de su grandeza; pero nada decís de la montaña azulada y bravía que se alza dominadora por encima de mediocres collados. Pues bien, ese hombre que se levanta por sobre vuestras cabezas es casi tan irresponsable de su excelsitud como la montaña lo es de la suya.

Y si hacéis al poeta reo del delito de melodía, ¿por qué no hacéis lo mismo con el ruiseñor, con la alondra, que hacen en su bosque lo que el hombre con su lira en la ciudad?

Juan Ramón Molina fue un ruiseñor egregio en nuestro bosque lírico de zorzales y calandrias. Su canto gustó a todos los oídos, encantó a todos los corazones, hechizó a todas las almas. Los mismos que le persiguieron en vida, se detuvieron un momento para escuchar embelesados aquella melodía peregrina, trascendental y única que hasta entonces no había sido oída entre nosotros.

¿De dónde venía aquel divino cantor? Misterio de la Vida...

¡Molina, dentro de poco el mármol te reencarnará! Dentro de poco el Arte nos dará tu efigie rediviva, y tu faz prestigiosa, tallada en la piedra, dirá a nuestros hijos y a los hijos de nuestros hijos que griego fuiste, no sólo por el espíritu, sino también por el perfil olímpico de tu ancestral fisonomía.

(El Nuevo Tiempo — abril de 1913 — No. 628).

POETAS DE CENTROAMÉRICA: RAMÓN ORTEGA

(Especial para Revista de Revistas)

Estudiaba yo Derecho en Tegucigalpa, la capital de Honduras, mi patria.

Un día o una tarde, para decirlo con más exactitud, me hallaba devorando las Pandectas, cuando en mi buhardilla de estudiante hizo irrupción, inopinadamente, un sujeto, por todas las trazas un bohemio, a quien reconocí al punto. Era el poeta Ramón Ortega que, como un hijo pródigo, volvía de un "luengo viaje".

Después de un luengo viaje por remotos caminos: Así comenzó él, algunos días más tarde, su exultante epinicio El Retorno, dedicado en suntuoso epígrafe al escritor Froylán Turcios.

Venía de peregrinar por tierras de Centro América, un poco más allá de los aledaños domésticos, no por "remotos caminos", como él dijera en su fragante poesía. Y aquel inopinado peregrino, que había viajado de polizón en un barco de la Pacific Steamship Company, volvía a su tierruca sin un cuarto en los bolsillos, y trayendo en las manos, en vez de la elegancia de una valija, un mugriento libro donde él había ido pegando, a guisa de trofeos, los recortes de sus poemas.

Ramón Ortega, "el poeta Ortega", como lo llamábamos en aquel reducido mundo de Tegucigalpa. A él me ligaba, más que todo, una remembranza de índole casi bélica. En 1907, cuando el presidente Manuel Bonilla, tras un breve zafarrancho revolucionario, viose obligado a abandonar la "silla", para buscar la salvación en el puente de un navío anclado en el Golfo de Fonseca, nosotros, el poeta Ortega y yo, que habíamos dicho horrores de la Revolución y sus caudillos en una hoja furente y paladina, fundada ad hoc por nuestro malogrado Juan Ramón Molina, ante el peligro inminente de ser despanzurrados por las hordas de Nicho Gutiérrez, que se hallaba a las puertas de la ciudad, habíamos empuñado unos fusiles, disparado algunos tiros, y emprendido después una acelerada fuga por una carretera polvorienta.

Ahora, tras una ausencia de medio lustro, él reaparecía en mi cuarto, inesperadamente. Su peregrinación, ya lo insinuamos, había sido de Jasón lírico. Venía de la Cólquida, casi en traza lamentable de náufrago, pero traía consigo, si no todo, algunas rútilas parcelas del ansiado vellocino. Traía sus versos, sus suaves poemas ensoñadores y musicales, nutridos bajo los cielos extraños, en los acres pezones de la nostalgia y la melancolía.

Lo primero que me sorprendió fue su optimismo desbordante en medio de su gran miseria. Había padecido mucho en las tierras extranjeras. Su atorrancia sabía de las largas jornadas sin un pan en la escarcela, de las frígidas noches de invierno en los bancos de las alamedas, del desdén, la hostilidad sorda y hasta las persecuciones de los hombres que todavía llevan en el fondo de su ser, como una tara vergonzante, el ancestral egoísmo de las razas primitivas. Y ahí estaba en mi presencia, tras el éxodo voluntario, cubierto con el polvo del camino, con un traje único, y sin más equipaje y patrimonio que su grasiento volumen de recortes.

Pero su alma y su corazón estaban jubilosos. Era ese júbilo, pienso yo ahora, que nace en los artistas de la facilidad creadora, de la fértil facundia de la imaginación. ¿Qué importa la miseria, qué importan las veleidades de los hombres si se tiene, como soberano desquite, ese goce teogónico de concebir? Ortega se indemnizaba de la vida con sus versos y sus sueños. Estaba alegre, estaba orgulloso, porque sabía que llevaba un poeta adentro, que era dueño de una musa fecunda y primaveral. Su confiado optimismo manaba de esa radiosa certidumbre. Su retorno a la aldea no era una derrota, ¡qué va!, sino una tregua merecida que él se acordaba en la lucha por el sojuzgamiento de la gloria. Estaría unos meses solamente en el seno de la "Ítaca", a la sombra y al arrullo de los pinos natales, a los que tanto había cantado. Después, el ashaverus lírico se amarraría de nuevo la sandalia... ¡Ah, su valor para peregrinar con las faltriqueras vacías! Su gran hazaña sería caer con una sola peseta, la misma que Espronceda arrojó un día en la rada de Lisboa, en cualquier prestigiosa urbe latina de Europa o América.

Ortega, hay que decirlo, amaba la gloria literaria. Y si no tenía el vuelo genial que se necesita para alcanzarla, era dueño, en cambio, de exquisitos dones de sensibilidad e imaginación que le hubieran permitido conquistarse un legítimo renombre. Amaba la gloria sobre todas las cosas. Su culto a la poesía, al arte, era, por lo mismo, exclusivo y absorbente. Desdeñaba las vulgaridades de la vida, las placitudes burguesas, y se reía de los convencionalismos y los prejuicios. Aquel bohemio, aquel trashumante insoucieux tenía en verdad un temperamento de aristócrata y de refinado.

En el capítulo de la mujer sus ideas marchaban de acuerdo con la idiosincrasia de su carácter. La mujer no tenía una importancia extraordinaria en la vida del hombre. Era como un bibelot sin trascendencia o como una flor que se toma al pasar, se aspira su aroma y se deshoja... Cuando yo le hablaba de la atracción irresistible de los tálamos nupciales al acercarnos a los treinta años, él, que había leído a Schopenhauer y a Maupassant, lanzaba sobre esos pobres tálamos las más acerbas ironías, y concluía, a veces, repitiendo una innoble frase contra la mujer captada en Las Temporeras de Farrère.

Pero, ¡buen Dios!, el poeta Ortega no sabía el poder fatal que tienen las sirenas desde los tiempos del griego Ulises. Confiado demasiado en sí mismo, entró en los golfos peligrosos, sin taparse los oídos, y cayó en las redes del encantamiento.

Una buena mañana, mientras yo leía el Código Civil, Ortega me anunció, muy grave, esta cosa anonadante: su próximo matrimonio.

Hay hombres que parecen nacidos con esa predestinación del matrimonio; para acostarse en un mismo lecho o ir del brazo siempre por el paseo con una idéntica mujer; hombres que parecen conformados para la veleidad insatisfecha de los tálamos aleatorios, y hombres, en fin, cuya senda parece alumbrada por una casta y silente estrella celibataria.

Ortega nos parecía pertenecer a estos últimos. Cuando me anunció su matrimonio, tuve la impresión de que nuestro amigo, en quien había yo sorprendido un humorista, iba a defraudarse a sí mismo y a burlar una predestinación.

Aquella impresión, ¡ay de mí!, tuvo el carácter de una profecía. Desde el día de su matrimonio, el poeta Ortega se transformó "en otro hombre". Con una plasticidad asombrosa, muy pronto lo vimos plegarse sumiso a los imperativos de su nuevo estado. Abandonó a sus amigos y jamás se le volvió a ver en los divanes del Ateneo ni en las verbenas del Jockey-Club. Su vida oscilaba con la monotonía de un péndulo entre el nido conyugal y una oficina burocrática; en la oficina, dactilografiaba con una mansedumbre benedictina los intrascendentes acuerdos presidenciales; en el hogar, toda la felicidad de su existencia se concentraba en estas cuatro cosas: una chaise-longue, un par de babuchas orientales, una pipa y la paradisíaca compañera.

Al cambio externo hizo pendant la transformación interna. Se entibió su devoción a la poesía y cuando se le hablaba de la Gloria, respondía con un encogimiento de hombros o con un rictus desdeñoso. Él, que era antes un espíritu alegre y burlón, se había llenado de esa tristeza resignada, de ese lamentable aire de víctima que a menudo sorprendemos en algunos jóvenes maridos. El matrimonio le había moldeado un alma nueva, lo había hecho pacato, prudente y parsimonioso. Había en él como el dolor inconfesable de una gran renunciación, como la nostalgia lacerante de una dorada orilla a la cual ya no le sería dado arribar.

Él estaba ahí adscrito, como a una roca inmoble, a un tálamo conyugal. Quizá algunas veces a los ojos de su imaginación asomarían, mientras fumaba su pipa reclinado sobre la chaise-longue, la visión magnífica de los transatlánticos surcando los anchos mares o de las ciudades espléndidas llenas de todos los prestigios alucinantes de la riqueza, del arte y de la gloria; es decir, aquellos mares que él había soñado recorrer, aquellas ciudades que eran sus más codiciados espejismos.

Terminé yo mis estudios de jurisprudencia con la licenciatura, y me entró el anhelo de viajar un poco. Se nace nómada o sedentario. Yo tuve desde mi infancia ese apetito beduino que no me dejaría echar grasa en el fondo de una provincia. Salí a andar y a bogar. Ya en el II Canto de la Eneida virgiliana había aprendido este dulce apotegma: Navigare necesse est, vivere non est necesse. También Sainte-Beuve había dicho: "Es bueno a veces viajar; eso ensancha las ideas y rebaja el amor propio".

El poeta Ortega, que en sus días de bohemia despreocupada me había llenado el alma de sugestiones vagabundas, se quedaba en Tegucigalpa, entre las colinas nativas, sujeto con "blandas" cadenas a los deberes conyugales.

Han pasado los años, dos lustros ya, y mi amigo sigue encantado en Tegucigalpa. Su nombre de poeta ha caído en el silencio y el olvido. Nosotros, sus antiguos compañeros de letras, apenas sabemos que existe, no sabemos si con la más dichosa o la más desventurada de las existencias. (Ha perdido, se nos dice, la oscura conciencia terrestre, y vive en un plano alucinado de maravilla).

La Revista, el Ateneo de Honduras, que dirige el selecto espíritu de Froylán Turcios, nos trae de cuando en cuando algunos de los poemas que Ortega escribió en los bellos días de sus andanzas y su inquietud lírica. Tal, entre otros, La Tristeza en el Mar, que Ortega compuso a bordo de un navío en una de sus travesías por el Pacífico. ¡Qué suave música y qué exquisita melancolía la de ese poema! He aquí algunas de sus estrofas:

El mar es malva y plata. Sobre el oleaje vuela
y se pierde a lo lejos, la fugaz cantinela;
hay un viejo marino que se ha puesto a cantar
bajo el lunario ensueño de la noche en el mar.
Yo no sé qué misterio, qué imposible tesoro
de tristeza exquisita se difunde en el oro
de las noches de luna, sobre el mar indolente.
El alma es melodía o aroma evanescente.
En los floreados cielos de pompa sideral
como en la fantasía de un cuentista oriental,
ostenta en cada estrella lejana un claro broche
y de arabescos borda la seda de la noche.
Pasan las nebulosas en mística bandada,
como blancor de ensueños en una madrugada.
Sube un salado soplo de las aguas marinas.
Abajo bulle un juego de luces diamantinas.
El mar que apenas hincha su verdura ondulante,
mece su blanco sueño con un rumor constante.
Y, a pesar de la espuma que entreteje corolas,
del aroma que vuela, del cantar de las olas,
y de esta noche amable, de imperial pedrería,
todas las almas tienen mucha melancolía.
El barco avanza rápido por la llanura abierta,

alguien en chaise-longue, duerme sobre cubierta.
Viajeros atediados conversan en voz baja
y ahuyentan el fastidio jugando a la baraja.
En el piano que llora, una adorable miss
evoca una romántica danza de su país,
que tiene, en su flotante melodía otoñal,
el lejano recuerdo de algún parque ducal
o del amor que sufre en las salas fastuosas,
mientras en los jarrones se deshojan las rosas.
No me alegra el encanto que en la atmósfera existe:
también en esta noche, yo me siento muy triste.
También es mi destino como el de este viajero:
mis plantas aún no tienen un preciso sendero.
Cuando el alba con sueños nuestra sien aureola,
solloza mi alma, a veces, al sentirse tan sola,
porque la vida en ella no ha llegado a verter
el constante perfume de un amor de mujer.
Sobre el mar misterioso que indómito se enarca,
todos los vientos hinchan las velas de mi barca
y sigo una jornada cuyo final se esconde
yo no sé en qué lejano país, quién sabe dónde...

Ortega, más que por la imaginación, es un poeta por el sentimiento. Tiene la virtud de conmoverse con delicada discreción, y de comunicar al lector ese temblor lunado de su poesía, en la cual hay, a veces, algo así como un sollozo contenido o como una lágrima que no se vierte. Podemos decir que Ortega fue el poeta de las noches de luna. Había en él algo de suave, de vaporoso y de evanescente que sólo gustaba expandirse bajo la luna. Su alma, su sensibilidad, todo su ser poético se acordaban maravillosamente con el hechizo de ese astro que hoy repudian los poetas estridentistas.

¿Vuelos imaginativos? ¿Escalofriantes visiones del infinito? Nada de eso se encuentra en la poesía de Ramón Ortega. Son las suyas emociones, dulces rêveries, románticos estados de alma, suscitados por la luna, en un quieto jardín, o en el puente de un barco, mientras un piano suena y el poeta contempla, abstraído, el mar en calma. Sí, el piano, la noche de luna sobre el mar o el jardín, son los infalibles conjuros de su ser emotivo y sentimental. De ahí, de la repercusión de esas cosas en su sensorio íntimo, brota esa poesía, que no es grande, que no es profunda ni reveladora, pero que es musical, nostálgica y langorosa, llena de insinuaciones evocadoras y de muy dulces e imprecisas melancolías.

Ortega es uno de los mejores poetas que ha tenido Honduras, de los más auténticos, puros o magníficos; de los de emoción más delicada y más exquisita sensibilidad. Pero más que una realización madura y definitiva, fue, como aquel otro malogrado cisne que se llamó José Antonio Domínguez, un poeta de promesa y de esperanza. Sus innatas facultades, los claros dones de su temperamento se habrían afirmado y fortalecido en el devenir de los años. ¿Cuál habría sido la evolución de su poesía? Pensamos que una diáfana sencillez, una acendrada pulcritud en la forma, con un contenido humano de emoción y sentimiento cada vez más complejo y refinado. Hay en sus versos de 1910 a 1914 un matiz otoñal que se habría acentuado con el tiempo.

Pero ¿por qué usamos el pretérito al hablar de este poeta? Ortega vive todavía; mientras haya vida hay esperanza: "los únicos abolidos son los muertos", ha dicho Henri Duvernois; puede que el mal de Ramón no sea irrevocable, y que, tras esa nefasta noche que ha caído sobre su espíritu, brille para él una luz más rútila y armoniosa.

Tales son nuestros votos, y tales deben ser los de todos aquéllos que en nuestro país amen la belleza con desinterés, y rindan a la grandeza del arte el culto que merece.

(México, 23 de septiembre de 1923 — Núm. 698).

EL RETORNO DE LUIS ANDRÉS ZÚÑIGA

Ha llegado de París nuestro amigo don Luis Andrés Zúñiga. La aldea está regocijada por el retorno de su distinguido hijo y se siente orgullosa de ver discurrir por sus callejas humildes a sus hijos que han peregrinado a Francia, y han recorrido los bulevares y han respirado en la atmósfera de la capital de Francia.

Por lo que se ve, el joven viajero no ha perdido el tiempo. Ha traído lo que se llevó de aquí y algo más: modales, cultura y una superior visión intelectual. Ha ido a dilatar su espíritu y a aprender que Tegucigalpa no es todo, y que el Universo no concluye, como lo creen algunos cándidos, en la isla del Golfo de Fonseca, sino que más allá hay mares, hay tierras, hay humanidades, hay civilizaciones que no sospechamos siquiera los videntes del cortijo.

Dos años son suficientes para que en París, el encéfalo del mundo, se transmute un hombre de todo lo que tiene de maleable y transmutable la tenaz naturaleza humana.

Las razas jóvenes son en extremo impresionables y maleables, como ha dicho Taine. El hispanoamericano es, por lo tanto, el hombre más maleable del mundo: maleabilidad que le da un poder de adaptación que acaso no la tengan hoy en igual grado otros pueblos de la tierra. Así, en Inglaterra toma en cuatro días la flema y el spleen sajones. Si va a París, un año, algunos meses después su alma es completamente parisiense, como su cuerpo, como sus gustos, como sus gestos y como sus ademanes. Nacido en las montañas vírgenes de América, en la cabaña indígena, ya en los Campos Elíseos y bajo las techumbres de los palacios no se acuerda para nada de la tierruca que le vio nacer. Su alma charrúa, su ser charrúa, se borran casi por completo al poderoso influjo del medio y de la civilización. No sucede lo mismo con los pueblos viejos, caracterizados por perfiles únicos, dueños de una personalidad moral definida, afirmada y acentuada en el curso de los siglos; pues el inglés de Londres, el alemán de Berlín o el eslavo de San Petersburgo permanecen fijos, inconfundibles, inalterables en medio del hervidero cosmopolita y babilónico de la seductora urbe latina.

Luis Andrés Zúñiga ha vivido dos años en París. Quiere decir que (abeja del bosque americano) dos años ha gozado la miel de aquel estupendo panal humano; que dos años su corazón ha palpitado con el corazón de Lutecia, y que dos años también su cerebro ha vivido pegado a los pezones espirituales de la gran madre latina.

En París conoció, trató y estudió a muchos grandes hombres: a Remigio de Gourmont, el más encantador de los sabios de la época, autor de la Física del Amor, libro que le hubiera envidiado Buffon; a Camilo Flammarion, el lírico astrónomo que pone en amena prosa la ciencia de los cielos; a Rubén Darío, el príncipe de los poetas del habla, según Pablo Fort, otro príncipe de poetas; a Gómez Carrillo, cronista sin par, alabado por la crítica francesa; al musculoso Leopoldo Lugones; al equilibrado y vasto García Calderón; y a todo ese núcleo de espíritus iberoamericanos que —astros de la más soberbia constelación— en estos momentos están irradiando sobre las sombras prístinas de América toda la luz del Viejo Mundo.

Hoy vuelve Luis Andrés a las sierras familiares: vuelve a la tierra de sus antepasados. Pluga al cielo que no llegue a sentir lo que sintió aquel personaje de la novela de Eça de Queiroz, cuando, hastiado de París, aburrido del bulevar y de la civilización, tornó, llena el alma de ansias bucólicas, a sus caras serranías de Tormes, donde a su paso, como dice el novelista, la tierra se estremecía de gozo y era saludado por los árboles, los pájaros y los torrentes.

¿Verdad, Luis Andrés Zúñiga, que cuando usted llegó a San Lorenzo un árbol sencillo le hizo una venia y un zorzal indígena le saludó con su mejor canto?

Reciba el amigo viajero nuestra cordial salutación, y no olvide que estamos ansiosos de que nos cuente, en la tenida anunciada, las cosas que vio, las cosas que sintió y las cosas que soñó en su viaje a la musical tierra de los Francos.

Tegucigalpa, mayo de 1913.

(El Nuevo Tiempo — mayo de 1913 — No. 634).

CARTA ABIERTA

Tegucigalpa, 16 de febrero de 1910.

Señor don Adán Coello.
San Salvador.

Estimado amigo: —Quiero charlar con Ud. un poco, a través de la distancia que nos separa. Cuando Ud. se fue para los Estados Unidos de América, creí buenamente que allá, en la portentosa nación de los hombres prácticos, iba a olvidar Ud. para siempre la costumbre de soñar y que de su cerebro ya no saldrían rimas, sino cálculos, ecuaciones y fórmulas; creí que al abandonar el terruño, había dejado la lira colgada de un sauce natal, para no volver a acordarse de ella, a semejanza de los poetas antiguos; pero estaba equivocado: Ud. fue a la privilegiada tierra de los yanquis y no pudo despojarse de su soñadora alma latina; no se asimiló nada del cuerdo Tío Sam; no aprendió ese inmenso buen sentido y esa inmensa cordura que hace del americano un elemento fuerte, casi invencible, en el struggle for life, tan fatal hoy día para los individuos que vivimos soñando en la luna y creyendo en ficticios pajes de ensueño.

Ud. tiene una musa bohemia, una musa enferma, que debe olvidar, olvidar para siempre, si no quiere verse perdido, fracasado en estos crueles tiempos de lucha y de concurrencia. Piense que el mundo no se conquista hoy con señuelos y vanas abstracciones metafísicas, sino con voluntad y con sentido práctico; voluntad para ir siempre tras el mendrugo, tras el paquete, tras la ínsula de Sancho; y sentido práctico para ver las cosas en su realidad desnuda y tangible; realidad que le enseñará a Ud. que no hay castillos de ensueño y que la luna no es una novia ni una hada, ni una madrina, como pretende Ud., sino sencillamente un astro sujeto, como todos los astros, a las leyes mecánicas que rigen el universo.

Piense también que Paul Verlaine, el primer jerofante del decadentismo en Francia, pasó toda su vida desnudo y muerto de hambre, respirando el cloroformo de los hospitales —sus palacios de invierno, como él decía— y que en cierta ocasión pedía en una carta a un amigo un par de pantalones para salir a la calle. Traiga a su vista el triste ejemplo de Francisco Villaespesa, el primer poeta actual de España, que vive, sin embargo, ganando unos tristes treinta pesos de amanuense en un Ministerio de Madrid.

El mal suyo, amigo, es el mal de todos nosotros, que nos pierde como naciones y como hombres.

Nuestras sociedades hispanoamericanas, por efectos de raza y de educación, están infestadas de hombres teóricos, de imaginativos ardientes que con los pegasos de sus imaginaciones —hiperestésicas casi siempre— pueden elevarse a las más nebulosas regiones del idealismo, pero pordioseros de voluntad e incapaces, por lo tanto, de realizar una acción, de llevar a cabo un simple hecho.

Hombres que piensan mucho, rimadores delicados y diestros, delirantes verbosos, buenos para deslumbrar a un auditorio desde la altura de una tribuna, pero incapaces de poner una piedra, de tallar una cantera siquiera para el gran edificio del progreso colectivo.

No conocemos el valor de la acción, la eficacia de la labor perseverante, tras la cual el obstáculo tiene que ser derribado y la dificultad vencida. Si nos inspiramos en el ejemplo de la gota de agua taladrando la piedra, si llegáramos a comprender que las grandes conquistas son producto de la obra del trabajo paciente, de la evolución gradual y lenta, pero siempre fatal; si tuviéramos presente a cada momento, en todos los decisivos instantes de la vida, que cada hombre puede ser, al proponerse, una fuerza actuante, y que —glosando a Salomón— nada hay imposible bajo el sol, no experimentaríamos esas melancolías, ese ingrato pesimismo, esa dolorosa desconfianza de nosotros mismos, que, incapacitándonos para la acción, nos hace detenernos a la mitad del camino, con los brazos cruzados, sumidos en una criminal y vergonzosa impotencia.

Pero me he extraviado mucho; lo que quería decirle es que Ud. es uno de los poetas más auténticos y delicados que tiene hoy Centro América; pero también uno de los más tristes y enfermos.

Usted, permítame que se lo diga, va extraviado; va por una ruta que no conduce al triunfo ni a la gloria, sino al hospital o al

manicomio, que ha sido casi siempre la meta de los poetas malditos,
desde Leopardi hasta el lamentable autor de La Sagesse.
Su Affmo.
SALATIEL ROSALES

(La Prensa — febrero de 1910 — No. 942).

LA MUERTE DE ADÁN COELLO

Acabamos de recibir confirmada la noticia de la muerte de Adán Coello, acaecida el día de anteayer en el Hospital Rosales de San Salvador.

Una emoción que no podemos dominar nos embarga en este momento, ante tan triste nueva.

Adán Coello era uno de los muchachos más inteligentes de la nueva generación literaria de Centro América, que empleó su corta y turbulenta vida en soñar, en escribir versos melancólicos, en divagar estérilmente. Este fue su mal.

Estuvo siempre divorciado de la realidad. Le fueron indiferentes las cosas del mundo que aman los hombres sanos, bien equilibrados: los negocios, el dinero, la mujer, el placer de la dominación. Pasó toda la vida dialogando con quimeras, hadas, querubines y divinos artífices ignorados. Fue el suyo un ambiente extraterrestre, de enfermizo y delirante ensueño. No se pudo adaptar jamás a la mediocridad cotidiana de la vida. En vez de suspirar por una ínsula, por una cosa buena, real y sana, suspiró toda su vida por un ilusorio castillo encantado; en vez de cantarle a una hembra de auténtica y palpitante realidad, le cantó a la luna, a la yerta luna, a su madrina la luna, como él dijo en los siguientes versos:

"Lejos, en mi montaña, tengo un castillo moro

que me brindó, en mi infancia, mi madrina la luna."

La vida de Adán Coello es una lección para todos aquellos jóvenes que, extraviados por un falso concepto del mundo y de las cosas, se echan por la vía tortuosa de una sórdida bohemia.

Para tener talento, para ser gran poeta, gran escritor, no es necesario separarse de la moral ni dejar de ser hombre en el más amplio sentido de la palabra; no es necesario irse lejos de la tierra a plantar la tienda sobre movedizas e inseguras idealidades. Se puede ser así, bueno, normal, honrado, terrestre y tener talento, mucho talento; ingenio, mucho ingenio; se puede ser intelectual y tener al mismo tiempo todo el sólido buen sentido de Sancho Panza. A veces pensamos que no se excluyen la ambición terrena y la alforja llena de las provisiones con la alta elucubración mental y el instrumento del canto. El hombre, por etéreo que quiera ser, siempre tendrá necesidad —para no morir— de una ración de pan, de un abrigo, de un cuarto confortable.

Seamos hombres, ante todo; adaptémonos al medio en que vivamos; ambicionemos las cosas que ambiciona la generalidad de los hombres, que esto no será óbice para que se desarrolle el filósofo, el poeta o el artista que llevemos en las entrañas.

A Adán Coello lo sorprendieron el pesimismo y la desilusión en la mañana de su vida; un pesimismo precoz que le marchitó la juventud. Fue un pájaro enfermo, cuyo canto, flébil y agónico, raras veces tuvo las sanas lozanías de la florida edad. Fue un pájaro moribundo, que no cantó el alegre júbilo de la hora matinal ni el radioso brillo del sol naciente, sino los ocasos lánguidos, las lunas lívidas y las noches desoladas y fúnebres.

¡Pobre Adán Coello! Lo veo sin familia, olvidado hasta de sus amigos, abandonado en la lúgubre estancia de un hospital, sin un cirio, tal vez sobre una plancha anatómica, mientras tanto se cava la sepultura en que la beneficencia pública echará para siempre sus humildes despojos.

¡Pobre Adán Coello!

(La Prensa — agosto 1910 — No. 1099).

EL POETA ADÁN COELLO

(Especial para Revista de Revistas)

Por segunda vez escribo la necrología del poeta que —epílogo de su melancólico destino— acaba de desvanecerse en el rincón oscuro de su tierra maternal. Pero entonces la muerte de Adán Coello fue sólo una humorada que acaso él mismo, diablillo burlón, inventara; hoy es la despiadada realidad que se ha cumplido, el Thánatos inexorable, vencedor de la vida, vencedor de todo, que ha llegado al fin. No habrá ya rectificación. El pobre poeta yace bien muerto en su tumba.

Conocí a Adán Coello en la alegre primavera de sus años mozos. Vienen a mí en este momento, a la luz de la evocación, su figura gallarda de gentil garbo; su nariz de un patricio perfil aquilino; sus ojos azules denotando la excelencia de la estirpe y su brava y blonda cabellera merovingia. Era entonces el poeta en su avatar naciente. Por aquellos días el novecentismo, que tenía sus biblias y coranes en las Prosas profanas, Las montañas del oro y Los ritos, soplaba como un gran viento de renovación por toda la América hispana. Adán Coello era en su tierra el abanderado de la nueva estética. Sus versos, plenos de juventud desconcertante, hacían de él como el jefe de la caravana de los líricos noveles. Se le aplaudía, se celebraban sus posturas bizarras, se admiraban sus exotismos, las imprevistas trouvailles de su poesía, y como sucede siempre en estos casos, cada nuevo verso suyo hacía presentir una mañana de frutos definitivos, de gloria también definitiva.

Aquellos cantos juveniles que el poeta soltaba con la inconsciencia del pájaro en la alborada de su numen, eran sólo el preludio de las sabias y armoniosas canciones del futuro. Tras aquella florescencia de la primera hora, vendrían los grávidos frutos de los años serenos de la plenitud. Los esbozos, con sus imperfecciones bisoñas, decían ya para algunos la creación del porvenir, la obra que queda incólume e imperecedera, la obra que reta al tiempo y al olvido.

Gustamos de esta suerte de ilusiones. Sobre cada escritor nuevo de talento que llega, poeta o prosador, trazamos augurios y nos lanzamos a los más confiados vaticinios. La esperanza de los de la "última barca" nos consuela de la pesadumbre de los que, al fracasar, defraudaron también otras esperanzas. "Este irá lejos si la vida no lo mata" —nos decimos con orgullo—. Los nuevos serán los vencedores, los que pasarán sobre los huesos de los vencidos, los que plantarán el gonfalón de su victoria en el más azul fastigio.

Adán Coello, el pobre poeta fallecido, era de esos inminentes triunfadores del porvenir. Poseía talento, imaginación, dones poéticos brillantes. Tenía, como aditamento de sus excelencias espirituales, una gallarda presencia de buen mozo para hacer suya, encadenándola a su paso, a la femenina fortuna...

Pasaron los días, pasó el tiempo, el tiempo que nos trae el esplendor del fruto, el vigor del ala, la fuerza creatriz del numen. El modernismo hiperbolizante de los primeros momentos hacía lugar a una serenidad casi clásica. Pasaba el período funambulesco de los gestos y las contorsiones inverosímiles, para evolucionar a una era en que las actitudes se avecinaban al decoro de las estatuas que se recogen con elegancia parsimoniosa al pliegue de la túnica.

Adán, el poeta que parecía lleno de destino, seguía produciendo versos al viejo modo, pero ya no como los de las lejanas horas de la iniciación. La musa languidecía. El vigor imaginativo, la riqueza verbal de la adolescencia del poeta, decaían visiblemente. El verso se hacía clorótico, de una vulgar insipidez, a veces. En sus días de juventud despreocupada e indiferente, de melena y chambergo, después de leer a Baudelaire y a De Quincey, había sentido la tentación de los paraísos artificiales, y el que por snobismo o curiosidad imprudente cayera en ellos, no supo o no quiso después librarse a sus mortales encantos.

El vate buscaba el "hada verde" que inspirara al autor de Sagesse o la fatal deidad a cuyo influjo el gran Reissig escribiera los esotéricos Éxtasis de la montaña. Pero el paraíso artificial, el "hada verde", el terrible clorato, traicionaron a nuestro poeta, negándole aquella beatitud interior donde él buscaba el verso perdurable. Mas no por eso era menor el rescate. Los inefables venenos, ya se sabe, cobran siempre caro, sobre la carne de sus adoradores, el precio de sus delectaciones.

Cuando vi a Adán Coello la última vez, fue grande mi asombro ante el espectáculo de su decadencia física. No había arribado a los treinta años y ya su fisonomía, su máscara humana, ostentaba una vejez de siglos. La morfina, el alcohol y la mujer eran la fatal trinidad en cuya ara él había consumado el estéril sacrificio. Pero más que este derrumbe fisiológico, me conmovió otra cosa: la degradación de su musa. El poeta de los versos refinados y las coturnescas elegancias, el modernista que antaño consideráramos como un cachorro de Mallarmé o de Verlaine, hacía ahora, en la capital de su provincia, rimas de feria, populacheras y festivas, y mientras el numen se esfumaba, mientras la musa, antes principesca, descendía ahora al arroyo igualitario, el ser fisiológico naufragaba en una agonía lenta.

Adán Coello supo del tremendo martirio de la carne enferma. Job, los grandes doloridos, los leprosos, fueron sus hermanos. La muerte, que parecía paladear su suplicio con una feroz voluptuosidad de bandido, ha tenido al fin un gesto piadoso y compasivo, al acabar con él, sumiéndose en la noche leteica del nirvana.

El caso de Adán Coello puede ser asunto de meditaciones. ¿Fue un poeta fracasado por el ambiente y los tósigos? Esta es la preocupación de un criterio ya vulgar entre nosotros. Nuestra historia literaria está llena de esos "malogrados". Pero aquí hay una ilusión. Asignamos a todo poeta novel que surge con cualidades más o menos específicas, un ciclo de evolución semejante en todo a los que a diario nos ofrece la naturaleza. El poeta tan pronto es un árbol que, tras la florescencia juvenil, va a echar el fruto acidumbrado de la madurez; tan pronto es el aguilucho a quien le crecerán las alas para beberse los azures; tan pronto el astro que tendrá su cénit de gloria y también su ocaso de muerte. Todo el error está en estos símiles.

Más bien que poetas malogrados, lo que hay son poetas sin destino. La vida sólo defrauda a los que debe defraudar. Ese poeta a quien los paraísos artificiales, el "medio ambiente", llevaron a la mediocridad o al esterilizamiento, no era ciertamente un predestinado. Los verdaderos elegidos, los que vienen a la vida con un signo mesiánico en la frente, esos escapan al medio, burlan la asechanza, triunfan del tósigo.

Coello era un poeta, indiscutiblemente; pero su destino, si lo tuvo, fue ser efímero como las rosas. Los poetas efímeros... ¡Sueltan su trino, dan su perfume en una alborada del tiempo, y desaparecen!...

Guatemala, octubre de 1920.

(Revista de Revistas — 21 de noviembre de 1920 — Núm. 550).

ADIÓS A UN AMIGO

Acabamos de decir adiós a Alfonso Guillén Zelaya. Un abrazo, y ya nuestro amigo va en camino, con el alma repleta de ideal, en busca de otro ambiente y otros horizontes.

Es duro, a veces, abandonar la tierra natal. Para ello hay que sacrificar primero afectos que han enraizado en lo más íntimo del corazón; hay que cortar ese tenaz vínculo que nos tiene sujetos al solar de nuestros antepasados; hay que volverle la espalda a la mujer amada, al fogón familiar, al árbol que ha cobijado nuestras meditaciones, al río tutelar que nos ha arrullado con su sonora cantiga los sueños de la infancia. La patria es buena, es sabrosa, es dulce, aunque sea pequeña y humilde. Cuando se le deja por primera vez, no hay filosofía que impida correr una lágrima sincera o ese sentimiento de lacerante tristeza que invade el espíritu cuando se dice adiós a las cosas predilectas y amadas.

Mas una fuerza superior a estos afectos impulsa al hombre más allá de sus fronteras nativas. Esa fuerza es el Destino. El Destino, que para nosotros no significa otra cosa que ese oculto designio de la Naturaleza con respecto a la vida de cada hombre. Todos cumplimos sobre la tierra esos decretos inescrutables. Todos vamos por la senda que nos ha sido trazada de antemano. Lo mismo el que transita por los desiertos que el que surca los océanos. Lo mismo el miserable que en un tugurio se come un pan duro, que el rico que habita un palacio y se nutre con selecta vianda. Lo mismo el que agoniza en un hospital que el que se muere en un lecho de púrpura.

El destino de Alfonso Guillén, su daimon, como diría un griego, le impulsa hoy lejos de su hogar, lejos de los suyos, para irse quién sabe a dónde, a la conquista del ideal. ¡El ideal! Vosotros los que sólo os alimentáis de cosas terrenas, no podéis saber lo que esa palabra significa para ciertos espíritus jóvenes.

Alfonso Guillén tiene talento, indiscutiblemente. La pobreza del ambiente no le ha permitido desarrollar bien sus dones. Le ha faltado cultura, ha producido poco, pero hay en él gérmenes, fuerzas latentes que sólo esperan la ocasión propicia para convertirse en preciosas fuerzas vivas.

Nosotros, así como nos gusta fustigar a los tontos que creen suplir su deficiencia mental con un egolátrico ensimismamiento, sentimos también un honrado placer cuando se nos presenta la ocasión de decir algo en loor de los que, sin ser charlatanes ni banales histrionzuelos, ocultan bajo su modestia ese valer silencioso que tarde o temprano se impone a la hueca garrulería de los necios.

Alfonso Guillén, si persiste en su noble anhelo y sin que nosotros tengamos pretensiones de profeta, tiene que conquistarse un hermoso renombre. Nada importa que no se reproduzca como los celentéreos. En Literatura, como en Arte, lo esencial no es el parto del adefesio cotidiano, como creen algunos, sino engendrar algo que tenga la marca de las verdaderas criaturas vivientes, lo cual no podrán hacer jamás los falsos escritorzuelos, para quienes la pluma no es otra cosa que un grosero garfio para arrancarle piltrafas a la vida.

Que soplen a Alfonso muy buenos vientos. Su héjira, como la de todos los que le sigan, es una cosa que se impone. El camino de la Meca es largo, penoso, está erizado de bandidos y de zarzas hostiles; pero no importa, porque esa Meca existe...

19 de octubre.

(Diario El Nuevo Tiempo — 1912 — No. 470).

RUBÉN DARÍO Y LA VERGÜENZA PÓSTUMA

En peregrinación por la América Latina anda hoy una de las que fueran compañeras de Rubén Darío —y ahora su heredera testamentaria—, buscando en las viejas colecciones de periódicos crónicas y versos olvidados del maestro.

Alguien dirá: esa señora Sánchez, llena de piadosa devoción literaria a la memoria del insigne poeta, recorre el continente en busca de aquellas joyas que se hayan quedado dispersas, para engarzarlas en la corona fulgurante de su gloria. —Mas no es así. La heredera de Rubén Darío anda buscando y recogiendo con fines menos bellos y desinteresados toda la bazofia literaria del grande hombre.

¿Joyas desconocidas, dispersas, olvidadas? No existen. Darío, en vida, tuvo tiempo y el cuidado de seleccionar y publicar en sus libros de prosa y verso lo mejor de su producción. Lo que queda en las viejas colecciones de periódicos, si algo queda, es aquello que el grande hombre de letras desdeñó al hacer sus escogencias para los editores y también para su gloria.

Hoy, aparte del afán de lucro y de la avidez de una albacea, un criterio absurdo que priva entre el grupo de los más inconscientes admiradores de Rubén Darío, o rubendariófilos, como ellos se llaman, ha llevado al ejecutor testamentario a la decisión esa de darnos en libros todo lo que brotó de la pluma de aquel genial artífice; ese criterio, nos parece, es el producto de esta lógica simplista: que siendo Darío un escritor de genio y un inmenso artista, todas sus obras, de prosa o verso, tienen que llevar ese sello aristocrático de la excelencia que caracteriza a sus más célebres poemas. Estas y otras cosas son posibles en nuestras Babias literarias.

Ese infantil criterio no merece siquiera la refutación. Se expone uno a parecer más banal que Monsieur Prudhomme. Pero en estos momentos en que se trata de recoger sin discernimiento todo lo que escribió Rubén Darío para ofrecerlo al público en una edición póstuma de sus obras, conviene erigirse en dómine y repetir aquí, a quienes lo han menester, unas verdades obvias y sencillas.

Es asaz candoroso —por no decir idiota—, creer que todo lo que sale de la pluma de los grandes escritores merece ser coleccionado y servido en volúmenes a la posteridad. La historia literaria y los ejemplos de todos los días prueban, sin excepciones, lo contrario. Esos grandes escritores, poetas o prosistas, a menudo escriben cosas que no están a la altura de su talento ni de su renombre. Digamos que hasta los genios escriben con frecuencia majaderías.

Cuando el escritor es un insatisfecho de la forma y las necesidades de la vida no lo obligan a transigir con lo mediocre, desgarra sus manuscritos, como hacía Flaubert en Francia; cuando, no obstante ser un insatisfecho, las viles urgencias del pan de cada día obligan a la masturbación de su cerebro para dar alimento a los periódicos, al llegar la hora de hacer el volumen para la fama y la perduración, esos escritores, con gesto de apolíneo desdén, repudian esos engendros espurios que son la vergüenza de su vida literaria.

Pero ¡Dios mío! en Babia, en el país de las Batuecas, parecen pensar de muy distinta manera. Y es porque en las Batuecas tienen del genio o del simple talento literario un concepto demasiado absoluto. Ignoran que uno y otro son dones contingentes y condicionados como todas las cosas de la vida; ignoran que una mala nutrición y el estado de la temperatura pueden producir baja en el mejor intelecto creador; no saben que, como decía Pascal, el bordoneo de una mosca es suficiente, a veces, para dar al traste con la más soberbia meditación.

Lleguemos ya al caso de los herederos testamentarios de Rubén Darío. La inconsciencia estética más chata (¡oh maestro!), en contubernio con un vil interés monetario, nos va a presentar algo así como un Rubén Darío con una vestidura de púrpura exornada de pingajos; la púrpura, ya la conocemos, está tejida con los maravillosos poemas de aquel artífice único; los pingajos, la diligencia de doña Francisca Sánchez se encarga en estos momentos de exhumarlos del polvo de los archivos para colgárselos en breve al maestro y echarlo por el mundo, a él que es un príncipe de la gloria convertido casi en un personaje de opereta bufa nicaragüense.

Ya es tiempo que digamos a los herederos de Rubén Darío que no todo lo que brotó del cálamo de aquel maestro es digno de la inmortalidad. Tal consideramos, en primer término, lo que escribió en

Centroamérica, en las iniciaciones de su carrera literaria, antes de emprender el éxodo. Primero, en su tierra de Nicaragua, donde, apenas salido de la infancia, ya Darío componía madrigales galanes y cantos patrióticos que le valían, según él cuenta en sus Memorias, las congratulaciones de los hombres graves del poder. Después, en las repúblicas vecinas de Guatemala, El Salvador y Costa Rica, odas a los presidentes de esas repúblicas, versos eróticos en loor de las Cintias tropicales y artículos políticos en los periódicos donde él se ganaba el sustento cotidiano.

Toda esa es una producción de tanteo; los artículos provinciales, como los de cualquier pizpireto zascandil de la literatura; los versos, versos de principiante, ingenuos y balbuceantes, en los cuales no se habría podido adivinar el gran vuelo del Pegaso que estaba por venir. Entonces Darío, el Darío fastuoso y pagano de Azul y Prosas profanas, loaba a la caridad en versos cristianos como los que siguen:

Dad al pobre, dad al pobre
paz, consuelo, alivio, pan;
que recobre
la esperanza y la alegría
con la ayuda que le dan.
A las manos bondadosas,
desde el cielo Dios envía
el perfume de las rosas
de la eterna Alejandría.
Si a los tristes dáis consuelo,
sensitivos corazones,
tendréis alas en el cielo
y en la tierra bendiciones.

Estas estrofas, que no revelan todavía al poderoso numen de su autor, nos hacen ver cómo éste fue ascendiendo en el hipogrifo hasta llegar a posarse en las más altas cimas de la poesía. El poeta peregrina y luego viene la producción de Chile y la Argentina; producción disímbola y proteiforme; el periodismo, minotauro insaciable, absorbe mucho de los excelsos dones del panida, pero, en los instantes de concentración, logra escribir cosas perdurables. De lo mejor de esa labor salieron Abrojos, Azul, Los raros y Prosas profanas.

El maestro, según entendemos, al formar sus volúmenes, no sólo desechó una buena cantidad de lo que había publicado en dichos países, sino que más tarde, en el apogeo de su genio y de su gloria, se avergonzó y repudió al primero de esos libros, que era el primogénito de su musa y que contenía versos de Centroamérica. Que esto no cause extrañeza a los rubendariófilos. Es común en los grandes poetas de América desconocer al primogénito. Más tarde José Santos Chocano, en una ostentosa declaración, rechazó una paternidad indudable. Sólo ciertos poetas menores tienen esa virtud burguesa y paternal de regocijarse con todos los engendros de la musa.

Toda la vida literaria de Rubén Darío estuvo compartida por los versos y el periodismo. Llegado a la plenitud de su genio, sus poemas exquisitos eran de su belleza múltiple y dominadora. El periodismo, como a otros muchos, le robó a él mucha fuerza creadora, fuerza y esto: tiempo, que es el elemento precioso y vital de la creación. Como cronista europeo, hizo la belleza efímera de la crónica; la actualidad, hechos fugaces, pensares también fugaces. Dijo bellas palabras sobre cosas transitorias.

Su último avatar periodístico fue el de la revista Mundial, que se editó en París. Aquí escribió unos artículos literarios que él llamó Cabezas. En aquellos días, algunos foliculrios extranjeros hablaron de la decadencia del maestro. "Cuando Rubén Darío tenía talento..." comenzaban algunos de ellos sus crónicas. ¿Decadencia? Quién sabe. Pero era indudable que Darío ya no tenía en su prosa literaria el mismo vigor, la misma riqueza y suntuosidad de estilo que le conocieron en Los raros y otros libros de prosa. Esto se explica, desde luego, por la edad. Darío se acercaba a los cincuenta años y no podía tener la frescura, el colorido ni la exuberancia de los impetuosos días de la juventud. Pero lo cierto es que en los artículos de Cabezas se notaba ya el empobrecimiento de la forma, cierto cansancio en el estilo y las ideas. Y la vejez, la vejez fisiológica, no debe significar cansancio espiritual en los grandes escritores. Sófocles escribía en la ancianidad sus admirables tragedias. Y Ernesto Renán, a los setenta años, cuando la obesidad canonjil apenas le permitía moverse, conservaba en su estilo aquella gracia coqueta y ondulante que fue el secreto de la fascinación que ejerció sobre los lectores de su tiempo.

Pero Cabezas no fue todo en Mundial: hubo algo peor todavía, y fueron aquellos artículos dedicados a las repúblicas latinoamericanas. Darío, el poeta de los cisnes, el prosador de Azul y de Los raros, escribía o firmaba algunas monografías sui géneris en que nos daba el censo y el catastro de nuestras Beocias. Hemos dicho, intencionalmente, que firmaba. La firma de Darío en sus últimos tiempos, y si no mienten las versiones, cubrió cosas que no se incubaron en el cerebro de aquel escritor.

Los escritos geográficos y pecuarios de Mundial diz que eran obra de uno de sus secretarios de Redacción. Algunas crónicas o correspondencias de Darío, publicadas en periódicos españoles y suramericanos, eran pergeñadas por algún discípulo fiel y caritativo que permanecía a su lado, mientras el maestro se entregaba a sus grandes borracheras. Y en sus postreros días, cuando dejó París para irse a morir a Nicaragua, cuando como una noche letéica había caído ya sobre su mente creadora, uno de sus Cirineos literaturizantes aprovechaba su estado de inconsciencia y de abulia, y con fines de especulación lo hacía poner la firma preclara al pie de vulgares adefesios.

Rubén Darío conoció, naturalmente, esos pudores literarios propios de los grandes escritores. Una prueba de ello es el haber desconocido su primer libro y el haber desdeñado siempre su producción primeriza de Centroamérica. Si más tarde consintió en hacer ediciones de libros de escritura periodística que nada añadían a su renombre, fue debido, sin duda, a sus propias necesidades materiales y a exigencias de los editores. Pero él sabía distinguir el grano de la paja. Su conciencia artística le decía cuál era lo firme y duradero en su obra, y cuál lo deleznable y transitorio. Nosotros no estamos en el secreto de su producción poética, de sus intimidades de creador. Pero creemos que, al igual que otros maestros del verso, Darío debe haber sacrificado en aras de la belleza aquellos frutos poco favorecidos que le daba el vientre de su musa.

Ah, Rubén Darío buscaba la perfección.

La adusta perfección que no se entrega...

No sólo la perfección de las formas, que tanto persiguieron los parnasianos, sino una entelequia más imponderable y exquisita todavía. Sólo él supo acaso de sus luchas para encontrar los versos absolutos y definitivos. Por eso, él, en vida —hay que proclamarlo muy alto— jamás se deshonró como poeta; sus primeros versos de la adolescencia, ya lo dijimos, no son malos, sino inexpertos y balbuceantes; los poemas posteriores, los poemas de todo ese ciclo que va desde el Annanke hasta el Canto de la Paz, tienen todos, en diverso grado, la maestría y el soplo de su potente numen.

Muerto Darío, lo que convenía para aquilatar su gloria era hacer una edición selecta y definitiva de sus obras. Cargar una barca con los más depurados tesoros de aquel mago y confiarla a las vastas aguas del tiempo. En esa barca irían casi todos los versos que él dio a la estampa en vida, desde Azul hasta su último libro, y como uno o dos volúmenes en prosa. Lo demás, dejarlo piadosamente en el olvido.

Pero he aquí que lo contrario es lo que van a hacer los herederos testamentarios del poeta. Van a cargar la barca con todo lo que dejó el gran desaparecido. Van a poner, en absurda confusión, la paja con las espigas, los diamantes con los abalorios, la púrpura con los andrajos. Así, Rubén Darío, aquel púdico y orgulloso príncipe de la poesía, que soporta un león de piedra sobre su tumba, que ha sufrido ya tantas afrentas, tendrá esa última vergüenza póstuma de llegar a la posteridad cargado de cosas míseras y vergonzantes.

México, agosto de 1923.

(Revista "Ateneo de Honduras" — 1923 — No. 53).

CARLOS WYLD OSPINA

Escribo estas líneas bajo la evocación de uno de los espíritus más selectos y matinales con que se enorgullece hoy la nueva aristocracia mental de Centroamérica.

No trato de uno de tantos vulgares cagatintas, plebeyos de la pluma fácil, que viven a caza de quien les compre la vil mercancía de sus ideas y de su estilo, sino de un joven eupátrida que, en los horizontes de nuestras letras centroamericanas, comienza a esbozar su figura, con los más dignos, altivos y decorosos relieves.

Trato de Carlos Wyld Ospina. Ya veo que os es desconocido el nombre. Las bocinas de la fama centroamericana, que tanto se han prostituido pregonando excelsitudes mínimas, no han dado todavía el suyo a los vientos. No tiene la figuración literaria de un Heliodoro Valle, de un Roberto Barrios y mucho menos de un Rodríguez Cerna. Es apenas un iniciado. Es un neófito, —neófito que llegará a Doctor—. Si no temiera suscitar en vuestro espíritu las desconfianzas con que —quizás por las sabidas experiencias— acogéis ya la vieja y sospechosa palabra promesa, os diría aquí que Wyld Ospina es una alta promesa, y os lo diría, no para hacer una alabanza excesiva, sino a fuer de hombre serio y de escritor verídico.

Este joven escritor nació en Guatemala y comenzó a desarrollarse al calor generoso, amable y propicio del ambiente de aquella ciudad gentilicia, y existe acerca de sus orígenes genealógicos una interesante y seductora leyenda. Por ambas ramas de su ascendencia se llega a progenitores de linaje y de abolengo porfirogénito. Fue su abuelo materno un Ospina, uno de esos Ospinas de Colombia que en aquella tierra ilustre han sellado con sus hechos y sus decires la nobleza de su estirpe; y su abuelo paterno, ¿sabéis quién fue?, fue nada menos que un descendiente de aquel raro, paradojal y divino poeta inglés, de aquel anómalo Oscar Wilde, a cuyo recuerdo, como al de Lord Byron, todavía se indigna y se sonroja la pudibunda Inglaterra.

En el presente caso parecen haberse cumplido fielmente las misteriosas leyes del atavismo. El don órfico que poseyeron los antepasados, tras unas cuantas transfusiones de la sangre, ha reaparecido con la tiranía de una vocación o de un destino en el alma renovada del nieto.

Tal sucede a menudo. Nuestros padres espirituales no son siempre los oscuros progenitores a quienes debemos la vida fisiológica, sino los abuelos lejanos, ignorados, perdidos en esa densa noche que envuelve la filogenia de las especies. Sabemos siempre de dónde nos viene la pobre máquina anatómica que integra nuestro organismo; sabemos el por qué de tal carácter somático, de tal o cual rasgo fisionómico; pero lo que no siempre sabemos es de dónde nos viene el espíritu, quién nos ha legado la celeste llama interior, quién fue el abuelo anónimo cuya alma, sorda y latente, ha peregrinado a través de las generaciones para llegar hasta nosotros. Como en el verso del vidente, somos renovaciones de psiques abolidas. Y así se explican quizá esas sorpresas que suele darnos a menudo el genio haciendo sus eclosiones en el seno de las más groseras estirpes.

Nosotros, que tan escépticos nos hemos vuelto cuando se trata de creer en otros intelectuales, tenemos una franca fe en el porvenir del naciente hombre de letras cuyo recuerdo cordial nos ha sugerido el presente estudio. Él ha tenido a tiempo la previsión y la audacia de amarrarse la correa de la sandalia, para irse lejos de estos ambientes matadores, donde los aristos de la juventud viven tan expuestos a encanallarse en el politiqueo imbecilizador o a caer en esa pesada somnolencia de espíritu, en esa absoluta infecundidad de mula que caracteriza a gran número de los mentales de estas tierras.

Wyld Ospina llegará; verá; triunfará. Vini, vidi, vinci exclamará glosando al César antiguo. Triunfará porque está animado de un espíritu púgil, activo y combativo que lo hará vencer una vez, cien veces y siempre los hostiles endriagos del camino. Llegará y triunfará porque viajará, y viajará porque sabe que, conforme al insigne lema d'annunziano, viajar es más necesario que vivir.

Ojalá que, como en la exhortación de Lugones a Turcios, a este joven apolonida no se le caiga nunca de las manos ese oriflama de Ideal que ahora lleva.

(El Nuevo Tiempo — julio de 1913 — No. 691).

ADÁN FEDERICO LICONA

(De mi cartera)

Viene a mi memoria el recuerdo de este joven, muerto hace poco en la ciudad de Yuscarán. Conocí a Licona hace ya algunos años, en el Instituto Nacional. Fue uno de mis compañeros de clase, humilde, tímido, resignado. Uno de esos muchachos mansos y buenos, de modesto horizonte y reducidas ambiciones, que se contentan con poco, que no llaman mucho la atención, que pasan como desapercibidos entre la tumultuosa caravana.

Años después, una suerte desfavorable me puso, otra vez, en contacto de Licona. Ya no fue en el banco duro del colegio, en una época de feliz ignorancia, sino en plena lucha por la vida, perdidas ya en mí la risueña alegría y la fresca ilusión de la fresca juventud. Hay naturalezas de una simplicidad extraordinaria contra las cuales se embota la acción corrosiva y envilecedora de la vida. La de Licona fue una de esas naturalezas. Al cabo de ocho años yo lo encontraba tan ingenuo, tan lleno de inconsciente optimismo, como lo conociera años atrás en el Instituto Nacional, recién salido de su aldea.

Su alma estaba tan virgen como en los lejanos años del colegio; su corazón no había sufrido esas horribles dilaceraciones que la vida hace en el corazón de la generalidad de los humanos. Había pasado por el mundo sin sufrir la más leve desintegración.

Hay seres a quienes la vida lacera brutalmente; espíritus torturados por un continuo pensar o agobiados por un exceso de sapiencia; seres a quienes un sordo replegamiento en su propio mundo interior mantiene en una dolorosa tensión de alma, en un estado de ansiedad y agonía perennes, que los incapacita para ver el lado bueno de las cosas, sumiéndose a veces en esos agudos pesimismos que paralizan en mitad de la senda cuando no precipitan en los antros del suicidio...

Licona no era de esos. Libre de influencias maléficas, libre de sabidurías malsanas, sin más ciencia que la ración de números primos que se adquieren en las escuelas, en su naturaleza dulce y buena sólo

75

germinaban los instintos sanos, las ambioncillas terrenas que constituyen el patrimonio del común de los hombres.

Examinábamos las escuelas primarias de San Juancito. Éramos tres: Licona, Gregorio Selva y yo. Hospedábamonos en una misma casa y comíamos en una misma mesa, debidas ambas cosas a la generosidad de la compañía.

Entonces tuve ocasión de conocer bien a Adán Federico Licona, de sondearle el alma, de escrutarle el corazón.

Desde luego me asombró su pasividad —una pasividad cristiana—. Era incapaz de una reacción violenta, de una altiva rebeldía; incapaz de odiar, de hacer daño, de esgrimir el brazo para reparar la ofensa recibida. Su nazarenismo imperturbable fue puesto a prueba por nosotros en aquellos breves días en que nos era dado vivir regaladamente a expensas de una compañía de millonarios.

Sin alterarse, con la sonrisa en los labios siempre, recibía las bromas de nuestro humorismo desencadenado. A veces eran burlas crueles que otro no hubiera soportado nunca; mas él no se defendía, no protestaba, no se rebelaba jamás. Era como una tímida paloma entre dos aves de presa; como un inerme cordero entre dos lobos sanguinarios.

Entonces fue también cuando, en momentos de amistosa intimidad, nos confió los secretos anhelos de su vida. No ambicionaba honores, posición, gloria. No tenía esas aspiraciones indefinidas, esos sueños imprecisos, esos ideales mal esbozados que nos llenan el espíritu en la florida adolescencia. Sus aspiraciones, las únicas aspiraciones de su vida, eran definidas, concretas, terrenas. Quería, por todo —allá en su tierra natal de Yuscarán— un fundo cultivado, un pequeño peculio, el cariño y respeto de su aldea y, como complemento, una mujer que le diera amor, ternura e hijos. Eran los dorados sueños que acariciaba su fantasía. Para realizarlos, trabajaba, se imponía privaciones, economizaba con rara paciencia, —y luego se veía dueño feliz de una granja—, con el cafetal en la vega rumorosa, al lado de una mujer buena, en medio de abundosa prole...

Transcurren algunos días, y Licona se va a Yuscarán, a conquistar el porvenir. Pero fue en vano. Pocas semanas después, el telégrafo nos trajo la triste noticia de su muerte.

Entonces vino a mi mente la temporada aquella en que él nos hiciera la revelación de sus proyectos, y después, entregado a inevitables reflexiones, pensé con cierta pesadumbre que la muerte, traidora a veces, acababa de consumar un gran crimen tronchando la existencia en flor de aquel joven, antes de permitirle realizar sus modestas ambiciones.

(El Nuevo Tiempo — 1911 — No. 89).

CONVERSANDO CON EL DR. SAMUEL LAÍNEZ

En la semana pasada ingresó a esta capital, de regreso de Estados Unidos de América, nuestro talentoso amigo el Dr. don Samuel Laínez.

Fue a aquel país el Dr. Laínez a hacer estudios especiales de enfermedad de los ojos. Varios meses permaneció nuestro amigo en la Universidad de Columbia, una de las más acreditadas y famosas de Estados Unidos, que tiene once mil estudiantes y que cuenta en su seno con profesores tan eminentes como Espy Doty y John F. Ermann, cirujano el primero y especialista de la hernia el segundo.

También estuvo el Dr. Laínez en el New York Post Graduate Medical School and Hospital, y llevado siempre por el deseo de aumentar sus conocimientos, visitó con frecuencia los grandes hospitales neoyorkinos, que muy poco o nada tienen que envidiar a los mejores de París y Berlín.

Vio operar al cirujano John Ermann y cultivó muy amistosas relaciones con el mismo y con Espy Doty, los dos célebres maestros.

Pero el Dr. Laínez no sólo se dedicó a los estudios relacionados con su profesión, sino que, consciente como es y gracias a la preparación que de antemano le había dado a su espíritu, pudo ver, apreciar en corto tiempo las múltiples y grandes facetas de la civilización yanqui. Al contrario de muchos que se envejecen viajando y de regreso no nos cuentan nada, porque nada han visto, el Dr. Laínez, en parla muy amena, hace desfilar ante nuestros ojos, llenas del encanto que les da la evocación, la multitud de visiones que le hirieron las retinas a su paso por aquel desmesurado país de los trusts y los ferrocarriles.

Son visiones del Progreso, de la Ciencia, del Arte, la Riqueza y la Cultura.

Nuestro joven viajero sabe darnos la sensación matemática del país que acaba de visitar. Mientras él habla, va surgiendo en nuestra fantasía la silueta enorme, casi inconcebible, de la hercúlea y joven nación americana. Las ciudades babilónicas, con sus muchedumbres cosmopolitas, enloquecidas por la fiebre del dólar; el tráfico estupendo que no tiene rival en el presente ni ha tenido igual en el pasado; los trenes con su opulento confort; los monumentos pelásgicos; las inmensas fábricas que abastecen de producciones al universo; las inverosímiles fortunas, con sus alucinantes cifras de millones, y todo ese cúmulo de empresas y obras que no parecen hechas por los débiles hijos de los hombres, sino por una legendaria estirpe de semidioses y titanes.

Pero no sólo vio lo exterior el Dr. Laínez. Vio también lo interior, el alma íntima de la raza, que da la clave de la vitalidad y grandeza del pueblo yanqui. Del alma sale todo, según el profundo apotegma de Carlyle. Sí; en las invisibles y triviales vibraciones de un órgano trivial, tiene su origen esa máquina portentosa que se llama el progreso humano.

Enamorado del teatro, asistió el Dr. Laínez a las representaciones dadas en los grandes coliseos de Nueva York, en los que actúan los artistas más célebres de la tierra. Allí oyó cantar a Caruso; conoció a Toscanini, el primer director de orquesta del mundo; a Amato, el primer barítono; a la Farrar, la primera soprano.

Devoto del arte y de los libros, frecuentó museos y bibliotecas, habiéndose detenido su admiración en la Biblioteca del Congreso de Washington, donde tuvo la sorpresa de encontrarse con los manuscritos del Libertador Jorge Washington.

Deseoso de conocer el más grande de los inventos modernos, visitó la Escuela de Aviación de Mineola, en un momento en que se verificaba una ascensión hacia el azur. Invitado nuestro peregrino por unos amigos para un vuelo deportivo, un secreto instinto de conservación —nos dice él— lo hizo no atreverse a tan peligrosa aventura. Hizo bien.

Terminados sus estudios especiales, el Dr. Laínez emprendió su retorno a Honduras, la dulce patria que con tanta ternura queremos cuando nos encontramos fuera de ella.

Hoy, después de visitar La Habana y de pasar por Panamá, donde recorrió en un yate las aguas del Canal y tuvo tiempo de conocer y admirar la obra grandiosa que se inaugurará en breve, el doctor Laínez ha vuelto al seno de su Ítaca, con todo el provecho que los hombres perspicuos y reflexivos como él saben sacar de los viajes a las tierras afortunadas de la civilización.

Nosotros le damos nuestra efusiva bienvenida.

(El Nuevo Tiempo — enero de 1915 — No. 1172).

ATENEO DE HONDURAS

Tegucigalpa, 8 de septiembre de 1913.

A Froylán Turcios.

Gentil compañero. Presente.

Los espíritus prestigiosos del país claman por la reorganización de nuestro Ateneo; y esto quiere decir que hay una primavera de entusiasmos y soplan voces de concordia en las liras.

Se unen los que trabajan la suela o disputan con la muerte en las cuevas donde brilla el grisú. Únanse los que llevan —atlantes del Ensueño— mundos de cristal sobre los hombros. Ya es hora de que la mentalidad de nuestra tierra tenga su cofradía, de que los atenienses del pensamiento se defiendan de los beocios crudos, y de que, cobijados por palios fraternales, desfilen nuestros íconos próceres.

Esta asociación, este sindicato de hombres de la pluma, no implicará la pérdida de sus personalidades. En medio, y más allá, de las nubes, los montes empinan sus cabezas. Días de sol o noches de luna, serán distintos, pero la floresta temblará bajo la unanimidad de las alondras. Saludemos este advenimiento con las palabras más puras del corazón; saludemos este reverdecer de nuestro jardín, cercano al gran 15; porque así verán los que vengan después, que si los escritores de hoy adoraron el tornasol del cielo, también, puestos los ojos aquí abajo, prefirieron, entre todas las cosas del mundo, el suave perfume de la Patria.

Le aprietan las manos.

RAFAEL HELIODORO VALLE

LUIS ANDRÉS ZÚÑIGA   SALATIEL ROSALES.

EL ATENEO DE HONDURAS

Con este prestigioso nombre acabamos de formar una verdadera simbiosis de espíritus, porque hemos comprendido que así como en lo físico, del connubio de las energías elementales resultan las fuerzas dinámicas, poderosas y omnipotentes, así también en lo espiritual, de la suma, de la comunión de unas cuantas almas dispersas, que son energía y luz al mismo tiempo, puede crearse un gran núcleo de acción, potente y luminoso.

Hemos asociado nuestros espíritus en la convicción altamente filosófica de que, con la diversidad de nuestros temperamentos, con la multiplicidad de nuestros matices interiores, formaremos algo que se parezca a un ideal y armonioso microcosmos, en el cual, como en una perfecta euritmia, nada faltará ni nada estará de sobra. Será el nuestro un concierto de tonos, un concierto de voces, un concierto de ritmos, y será también, y sobre todo, una sólida alianza de voluntades y de corazones para realizar una labor de cultura que, por lo decisiva e intensa, nos haga dejar muy atrás esa cruda noche de semibárbaro oscurantismo en que nos hemos debatido durante largas décadas.

Para los filósofos del sentido práctico, groseros evaluadores del progreso humano, que quisieran ver convertida a la nación a que pertenecen en una mesnada de porquerizos o en una sórdida banda de traficantes, un ateneo, una academia, un centro donde se haga luz, donde se elaboren ideas y se persiga un sereno ideal de perfeccionamiento interior, son cosas baladíes, que merecen la indiferencia, cuando no la burla, esa burla plebeya y cínica con que cierta empingorotada chusmocracia intelectual pretende abatir los gestos de aquellos que les son contrarios por el espíritu, por el corazón, por la idiosincrasia y por las tendencias.

Mas para nosotros, que pensamos que el verdadero progreso humano es interior, y que ese progreso va siempre de adentro hacia afuera, y que hasta las portentosas obras del músculo no son otra cosa que cristalizaciones, corporizaciones audaces de una idea o un sueño que han estado antes en la mente del hombre, todos aquellos esfuerzos que de algún modo u otro se encaminen a desarrollar el espíritu, a cultivarlo, a intensificarlo, son los esfuerzos más positivos y trascendentales que pueden realizarse en beneficio de un pueblo.

Penetrados, pues, profundamente de estas ideas, hemos emprendido nuestra labor, de una manera modesta, pero seguros del triunfo final, porque tenemos confianza en nuestro esfuerzo, porque nos conforta una fe muy viva, y porque nuestros pasos iniciales han sido presididos de los más risueños y felices augurios.

(Revista Ateneo de Honduras — 22 de octubre de 1913 — No. 1).

PALABRAS CON QUE SALATIEL ROSALES SALUDÓ A RAFAEL HELIODORO VALLE

(EN LA TARDE LÍRICA DEL 7 DE ENERO DE 1912, EN NOMBRE DE LA JUVENTUD INTELECTUAL DE HONDURAS).

Señoras:

Señores:

Tenemos aquí a Rafael Heliodoro Valle. Tenemos en este paraninfo a uno de los cerebros más prometedores con que cuenta hoy Honduras. Tenemos al poeta adolescente, al celeste anfión cuyo verso, lleno de una melodía sacra, comienza a vibrar triunfalmente en el vasto cielo de la poesía americana.

Todos sabéis la hégira mental de este joven insigne. Todos sabéis que hace hoy más de cuatro años que, movido por un secreto impulso de un Hado, dejó el nativo solar, el aula familiar, y puso en su pie de niño la ilustre sandalia, para encaminarse a México, la Nación de los heroísmos, de las grandes noblezas, que tiene tanta plata en el vientre de sus cerros como oro en la mente de sus hijos.

Llegó allá Rafael Heliodoro Valle, nuestro joven peregrino, a conquistar el Ideal, con la energía en el brazo, el anhelo en el corazón y en la cabeza el blanco ensueño y la tornasolada rima. No faltan los escollos en su ruta, no faltan esas lúgubres marejadas que la vida arroja sobre nuestra débil barca; no faltan las engañosas Circes que quieren adormecerlo, atraérselo con la melodía fatal de sus canciones; pero su esquife se ha salvado, nada lo ha detenido; su destino se ha impuesto; la fuerza suya ha triunfado.

En la capital de México este joven, con los más excelsos dones poéticos, se ha desenvuelto con hermosa gallardía. Sus versos han sido celebrados, y su lira —lira dulce y órfica— ha encantado los espíritus de toda una generación de estetas rutilantes.

Y en verdad os digo que Rafael Heliodoro Valle, que tiene ya conquistado un nombre a la edad de veinte años —veinte años floridos de arte y de ensueño—, es una promesa radiante para la poesía del Nuevo Mundo.

Joven de mentalidad precoz, aeda tempranero, adolescente hijo de Apolo, traes a mi memoria, hoy que he leído tus poemas inéditos, el recuerdo de Víctor Hugo, el estupendo galo, cuando en pleno albor romántico, con sus frescos quince abriles, maravilló a la Francia con la magia lírica de sus grandiosos poemas.

Sí, este joven está en su amanecer poético. Se me antoja un astro que se levanta glorioso en el cielo cerúleo del Arte. Se me antoja un árbol en su prístino florecer, pletórico de savia, de frondas, de dulces trinos, que dará mañana, tras el cultivo y las meditaciones, el macizo y jugoso fruto del otoño. Se me antoja, en fin, un balbuceante cachorro que hace pensar ya en el gallardo y majestuoso león del porvenir.

No es esta una consagración. No soy yo quien podría hacerla. Y no la necesita el joven Valle. No la necesita quien ha recibido ya la sanción y el aplauso entusiástico de Salvador Rueda, el eximio poeta hispano; de Luis G. Urbina, de Justo Sierra, de Salvador Díaz Mirón, los más altos entre los altos poetas aztecas; no la necesita Rafael Heliodoro Valle, que, como el Jesús bíblico entre los adustos doctores, ha estado entre cumbres mentales, ha departido, charlado amigablemente con viejos sabios, abarrotados de ciencia; con poetas canonizados, que se han quedado encantados de este armonioso porta-lira, delicado y prolífico, cuyo espíritu es de una fresca eglantina, y cuya musa tiene la viveza de Thalía, la gracia chispeante de Aglae y la inefable dulzura de Eufrosina, las tres Gracias del Olimpo.

Pero Rafael Heliodoro Valle no sólo es un poeta, un artista, sino un Maestro, en el más amplio y noble sentido del vocablo. En la Escuela Normal de la capital mexicana, que es una de las primeras de América Latina, acaba de recibir un fresco y verde laurel académico, después de largos y bien hechos estudios. Él nos trae no sólo el azul de su verso, no sólo el encanto de su rima policroma, sino la nueva doctrina, la saludable enseñanza que recogió allá, en el aula lejana, de labios de ilustrados profesores. La conferencia que vais a oír en este momento confirmará lo que acabo de decir. Valle predica un evangelio de energía fecunda, de optimismo sano. Su conferencia sobre la educación contiene puntos verdaderamente capitales, y sus observaciones sobre la unión de Centro América están inspiradas en un alto espíritu científico.

El problema trascendental entre nosotros es el problema de la educación. Por ahí debemos comenzar si no queremos perder miserablemente el porvenir. No creo que haya en el planeta razas absolutamente incapaces de perfeccionamiento, como lo han sostenido feroces antropólogos; pero sí creo que hay pueblos inferiormente dotados, a los cuales sólo la educación puede salvar. Nosotros, producto étnico de la conjunción de dos razas cansadas y agotadas, hemos recibido como una funesta herencia ese cansancio y ese agotamiento. Llevamos en el organismo la anemia, la laxitud profunda de nuestros lejanos ancestros. Nuestra debilidad física y nuestra lamentable complexión moral, nos vienen de muy lejos; del español católico e inquisidor del siglo XV y del indio retardado, o del estacionario amarillo, que hoy se pudre irremisiblemente en el fondo del Asia. Necesitamos reaccionar, reaccionar pronto, porque ya se oyen las pisadas de las razas conquistadoras, ante las cuales de nada servirían nuestras pueriles maldiciones —porque esas razas se precipitan naturalmente, fatalmente—, obedeciendo a inflexibles leyes de dinámica social. Reaccionemos por medio de la escuela, pero no de la escuela que vomita todos los años una horrible horda de funcionarios y de políticos de pacotilla, sino de otra escuela que, realizando una misión altamente educativa, opere una firme evolución en la conciencia moral de las jóvenes generaciones; hagamos, en vez de conquistadores del presupuesto o de pedantes atiborrados de sintaxis y de raíces griegas, hombres completos, espíritus con médula, almas armoniosas, cabezas bien hechas, como aconsejaba hace más de un siglo un ilustre filósofo francés.

(Revista de la Universidad — Tegucigalpa, abril de 1912 — No. 4).

RECUERDOS DE UNA CIUDAD DE PROVINCIA A RAFAEL HELIODORO VALLE

Llega el viajero a la ciudad de X, montado en una mula, bajo la lluvia de un cielo de invierno, que no tiene nada de riente y acogedor. Por las calles empedradas corre un agua color de fango. El trote de la cabalgadura en los empedrados produce un ruido que turba el silencio de la ciudad en aquella hora crepuscular. Caras asombradas se asoman a veros y al pasar percibis a vuestras espaldas un rumor de comentario. Los transeuntes se detienen a vuestro paso, os examinan con la boca abierta y los ojos dilatados. Os sentís molestos. ¿Qué? ¿Acaso no eres un hombre como aquellos ciudadanos que os ven con la curiosidad con que verían a un espécimen del planeta Marte? Y aquella entrada en mulo, y aquella gente que se para a veros, os matan ese encanto inédito que reservan al viajero hasta los más lamentables villorrios. Y con una lacerante melancolía,recordáis los viajes por mar y en ferrocarril, el cosmopolitismo ululante, los muelles, el hormigueo ruidoso de las estaciones, donde el grito triunfal de los autos pone en el alma del que arriba un soplo de esperanza. Luego la amistad del errante hermano espiritual, os abre un par de puertas hospitalarias, allí donde no hallaríais un mesón sórdido para moriros de hambre.

La curiosidad primero; después la indiferencia. ¿Eres un intelectual, nada más que eso. Un intelectual? El pequeño burócrata de provincia pasa altanero a vuestro lado;el leguleyo finge no conoceros, os llama "poeta" con desdén y pone a la excelencia de vuestro estilo, la grasienta literatura de sus libelos cotidianos; este fracasado de las letras os dardea al pasar su rencor de raté, y aquel tendero de pacotilla, en tanto que estafa al marchante, niega tu talento y desconoce tu obra, ante el corrillo deslumbrado. El acogimiento de la familia del hermano espiritual, la visita del viejo amigo que se ha renovado en viajes, la sociedad de la dama jovial y gentil, no alcanzan a atenuaros al tedio de aquella ciudad gris e indiferente.

¡Ciudad sin ideal y sin ensueño, qué fea, quérepugnante eres con tus casas sin balcones, tus calles infectas de detritus y tus seres anónimos, tas hombres insípidos,bigotudos y mediocres. Careces de un grande hombre que te dé realce, pero tienes en cambio a Homais que se cree más grande que Hipócrates y a Monsieur Prudhomme que te ilumina con los destellos de su panza miraculosa!

Pero hay en la ciudad sercs de nobleza y excepción. La madre del poeta errante. Este fervor, esta devoción hacia el hijo malogrado para la provincia porque nació con la locura del ensueño, ponen sobre la frente de esa madre un nimbo de excelsitud. Otros en la familia, deploran la senda que lleva el "extraviado". El tío de campanillas, que no hubiera sido comensal de Apolo en un ágape de Olimpo, desconfía de versos y de musas. La primera hacendosa y utilitaria, que antaño soñara en la mano de aquel Basilio huraño, ve con despecho que se lo haya arrebatado el amor de la gloria. Y el bachiller Sansón, desde su cátedra de sabiduría, anatematiza la funesta vocación de las letras que ha robado a la provincia tan "buenas inteligencias". "No son poetas los que necesitamos-dice Sansón a sus discípulos- sino agrónomos y veterinarios. ¿La poesía, de que sirve? ¿Quién ha comido versos? " Nadie, ilustre bachiller. Los versos no dan bienestar a la panza. Los versos son un alimento divino de esos seres casi divinos que se llaman los poetas. Dad al César lo que es del César... Dad la hartura al vientre del beocio y el ensueño a la mente del exquisito. Sólo esa madre hace honor al ensueño en ese mundo de devotos del interés. Sólo la madre tiene el éxtasis de la nube, en aquella humanidad de aferrados al sentido de la tierra. Sólo la madre, la madre del errante liróforo, sabe que un poeta es más que un leguleyo,y que la gloria que esos versos desdeñados deparan a sus elegidos, vale bien el dolor y las lágrimas de la ausencia.

El odio al arte, el desdén a la belleza, la feroz religión del interés y la utilidad. Mi amigo el señor Z., burgués connotado de la provincia, tiene un pequeño predio en maleza que prolonga los dinteles interiores de su morada. Yo le insinúo la idea de un jardín, le hablo de los rosales,del encanto de las flores, de los perfumes penetrantes. El señor Z me arguye que un jardín no es cosa útil, y que lo que debe sembrarse no son rosas, sino árboles frutales. ¿Qué va a hacer usted con rosas? Luego me perora su evangelio de la utilidad, me encarece la excelencia de un mango, la demanda de un aguacate en el mercado.

—Pero ahí tiene usted un rosal, sin embargo —le interrumpo—, señalándole una raquítica centifolia[1] que está cerca del muro.

—Sí, pero he dispuesto arrancarlo porque me le estárobando los jugos nutricios a ese aguacatillo que usted ve junto a él.

Y como insistimos en la necesidad estética de un jardín, el señor Z nos lanza por encima del hombro una mirada de infinita misericordia.

Pero no sólo es el señor Z el que profesa este desdén a las cosas de la estética... La dama X se va al campo en la próxima estación. Le hablamos de los paisajes. Nos lanza la misma mirada del señor Z. No, ella no va a ver paisajes;ella va a yantar carne y a beber leche. Ah Ruskin, amador de los crepúsculos, exégeta incomparable de la natura, cquéhubieras respondido a esa dama que no quiere ver el azul de las montañas ni extasiarse un minuto ante las maravillas de esos ocasos que tú pintas con maestría única?

Lo comprendemos. No resultamos en aquel mundo.Nuestro refinamiento espiritual nos vuelve antípodas del beocismo circundante. Nuestra cultura de hombres nuevos,que han degustado a Swimborne, a Baudelaire y a Verlaine,no place a la ranciedad castelariana y chateaubrianesca de aquella élite de provincia. Nuestras paradojas desconciertan a Monsieur Prudhomme y causan rubor a la honestidad intelectual de Pacheco. Tenemos demasiado élan en aquella sociedad congelada de materialismo. Somos demasiado soñadores, demasiado etéreos allí donde el Vientre parece ser la suprema razón de vivir.

(Revista Germinal -Diciembre de 1917- Núm. 23).

---

[1] Rosa de mayo, rosa provenzal o rosa "cien hojas".

TIERRA DE OLANCHO

Un cielo de un azul acariciador y benigno. El cielo aquí es muy grande, muy abierto, muy inmenso. Ante este cielo, el de Tegucigalpa, recortado por cerros áridos y monótonos, se me antoja pobre y menguado. De noche,cuando la bóveda se recama de luceros rutilantes, el alma que contempla extasiada tiene una sensación muy acabada y exacta del infinito. Tales deben ser los cielos de Africa,las noches de Africa, las noches de que nos hablan los viajeros.

Las lunas aquí son como en el suntuoso prólogo de Juan Ramón Molina, "infinitamente tristes, infinitamente pálidas, infinitamente melancólicas..."

Las tardes, como en la frase de lusitano, santifican.Tardes de una quietud religiosa y de una melancolía vaporosa y dulce. Parece que algo se quejara en el seno de la natura doliente.Mientras la tarde se va acabando lentamente,dulcemente, en el espacio, en el aire dormido, en la densa paz del ambiente campesino, vibran y se dilatan al son de las esquilas, el ulular áspero de las cigarras y la jubilosa algarabía de bandadas de loros que cruzan el horizonte hacia parajes desconocidos y lejanos.

A veces la monotonía del cielo azul y la uniformidad verde de los paisajes se tornan desesperantes.

Las sabanas, verdes e ilimitadas, abarrotadas de rumiantes, hacen pensar en la pampa, pero en la pampa virgen y riente.

Los bosques son francamente primitivos. Más de una vez, encontrándome en el fondo de una de aquellas selvas,sintiéndome saturado del potente hálito de las vegetaciones estupendas, he recordado el bosque indostánico o aquella selva brasilera que con un vigor prodigioso y extraño nos describe Graca Aranha en su novela Canaan.

Hay montañas que tienen vientres de agua. De sus entrañas vírgenes, como de un vientre inexhausto, manan multitud de ríos claros, alegres, murmuradores y espejeantes que se desparraman, refrescándolos y edenizándolos, por los valles anchurosos. Esos ríos, al descender por los lechos abruptos, forman saltos de agua, gentiles cascadas que encantan la vista con su espuma albicante y recrean el oído con su melodía agreste y polífona.

A veces, la serenidad límpida de un día solar es turbada de súbito por una desencadenada y brusca tempestad. Es alguna nube viajera, alguna nube errante que Preñada de agua, va echando su riego deseado y benéfico sobre prados, sotos y sementeras. Entonces el huracán desmelenado como una furia antigua ruge y abate los árboles octogenarios; el relámpago funambulesco traza sus piruetas en los cielos tenebrosos; el rayo inclemente abate las viejas e ilustres encinas,y los truenos, semejantes a descargas apocalípticas, siembran el espanto y el pavor en la creación sobrecogida.

Pero luego vuelve a brillar el día, el sol fulge en lo alto y cabrillea graciosamente en la verdura de las cordilleras lejanas, los torrentes crecidos se precipitan y mugen,los potros corren y relinchan en la llanura, y mil pájaros entonan sus más selectas canciones.

(Del Cuaderno "Prosas del Retorno").

JUTICALPA

Estoy bajo el cielo de Olancho. Los nacientes verdores y el olor sano de los campos —olor de vida en resurrección— me dicen a cada paso que sobre la adustez del verano la Primavera, diosa de juventud inmarcesible, ha venido a prender su encanto eterno y juvenil.

Los árboles, con una coquetería femenina, se visten de sus mejores flores; la tierra exhala su más geórgico aroma; y los pájaros, fantásticas gemas vivas, señores felices de la fronda, saludan con sus canciones divinas la gloriosa llegada de todas las auroras. Hasta la vieja ciudad, con sus calles y sus casas de modestia provinciana, parece en estos días salir de su letargo, reanimarse un poco.

Yo no sé qué poesía tan íntima tienen para mí, a la hora del atardecer, esos grupos de muchachas alegres, galateas sonrosadas y frescas, que vestidas de fiesta y acompañadas de sus galanes, van a la pacera próxima, donde el vino de coyol, hermano rústico del champagne, les quemará suavemente las venas y les pondrá en el alma una ilusión nueva y un ensueño caricioso.

Yo no sé qué inédito e intraducible encanto tienen para mí estos crepúsculos de Olancho, feéricos y esplendorosos, en que el violeta, el rojo y el lila forman una verdadera epifanía; pero me parece que fuera de aquí, en otros cielos, es imposible encontrarlos iguales, y estas tierras vírgenes, estas tierras núbiles que como las prometidas viven esperando la caricia fecunda del esposo, reclaman la oda fuerte, demandan a gritos el poema bárbaro.

Todo lo de esta tierra me produce emoción. Aquí viví yo mi vida de estudiante y de adolescente. No lejos de la casa hospitalaria donde estoy, yace, muda y en ruinas, la casa que entonces, consagrada a Palas Atenea, albergaba en sus aulas parvadas de alegres y bulliciosos estudiantes.

Esta mañana, frente al parque solariego, encontré a mi paso a un viejo y bondadoso profesor que ha encanecido aquí en la labor genitora de sembrar en las generaciones que surgen las generosas simientes de su saber.

Y cada vez que paso frente al busto que el reconocimiento ciudadano ha erigido en la plaza principal al maestro Francisco de Paula Flores, no puedo resistir el deseo de pararme a contemplarlo. En su mármol blanco y solitario, el famoso profesor, con la faz hacia el mediodía, parece bañado en un ambiente de serenidad y de reposo que nada turba ya. Esos ojos —me digo entre tanto— sufrieron la fatiga de las dolorosas vigilias sobre las páginas docentes; esos cabellos encanecieron prematuramente sobre la cátedra cotidiana; en esa mente de piedra hubo mucha luz de entendimiento y substancia de sabiduría, y de esos labios sellados para siempre, manó la sapiencia como un río de aguas vivas en el que abrevaron su sed nuestros padres desconocidos; de esos labios de mármol, labios de maestro, divinos labios de mentor, salieron las enseñanzas y las parábolas que corroboraron y edificaron a toda una generación de estudiantes; y a pesar del tiempo, aún hoy, en esta pródiga tierra de Olancho, os sorprenderá a menudo, aquí y acullá, algún fruto, alguna espiga tardía de la gran siembra que hace más de tres décadas hiciera aquel admirable maestro.

Juticalpa ya tiene algún derecho a ser ilustre entre nosotros. No hay en ella riquezas, no hay fausto, no hay suntuosidades, no tiene palacios, ni jardines, ni estatuas, ni ruinas, ni leyendas. Pero esta ciudad ha sido nido de hombres insignes. En estas casas humildes —quizá para afirmar la leyenda de que los profetas han de nacer en establos— han nacido los hombres más eminentes por el carácter, por el pensamiento y por la acción. Aquí fue la cuna de Manuel Bonilla; ésta fue la ciudad que vio, de niño, los juegos de aquel predestinado; aquí nació Francisco Cálix hijo, el recordado tribuno, a quien tempranamente se lo llevaron los dioses de Menandro; aquí fueron los primeros balbuceos de José Antonio Domínguez, aquel autumnal, aquel tímido y silencioso, que cantó dulces canciones y que supo tener el epílogo de los grandes tristes.

Esta es la ciudad nativa de Francisco Bertrand, el admirable gobernante, que en su juventud tiene ya el sello de un varón de Plutarco; aquí, en fin, fue la tierra en que Froylán Turcios, nuestro glorioso poeta, recogió los primeros matices, los primeros jugos y los primeros ritmos, para crear el bello mundo de su poesía.

También esta tierra es tierra de mujeres prestigiosas. Las hay morenas, de caderas redondas, de senos floridos y de ojos ardientes; las hay blancas, blancas como la azucena, con perfiles ilustres que hacen pensar con melancolía en las altivas beldades de la leyenda; las hay como aquellas sevillanas de Barrés, "con cuerpos en edad de ser amados", cuerpos armoniosos, divinas ánforas carnales, rosales de tentación, que mañana perecerán en el celibato o se marchitarán entre innobles y vulgares caricias; las hay tímidas y candorosas, con labios rojos y mejillas de rosa, con almas cándidas y ojos inocentes; las hay con voz que es un trino, azules ojos de niño y cabelleras de virgen; las hay que llevan consigo todo un tesoro de gracia y de simpatía; y las hay modestas y bondadosas, heroínas desconocidas, que en el fondo de sus hogares ven resignadas cómo los días mediocres y monótonos les van arrasando una por una sus mejores ilusiones y las más frescas y hechiceras rosas de su juventud.

¡Juticalpa! ¡Juticalpa! Mañana, ¡oh amada ciudad!, ya no seré tu huésped; pero conservaré intacto en mi sandalia el polvo bendito de tus calles.

(El Nuevo Tiempo — Mayo 1.º de 1915 — No. 1253).

LA SELVA INVICTA

El día, el día del caminante, muere lento e irreparable. El sol es un mal compañero de jornada, que llega a su ocaso de gloria antes que nosotros al fin de nuestra etapa. Salimos a tiempo, en la mañanita sonrosada, con el viejo sol; él en su carro de fuego, como un faetonte mítico; nosotros en el mulo precario y deleznable, viviente símbolo de nuestro atraso y nuestra desdicha. Allá va el sol rojizo y desmesurado, hacia el poniente feérico; nosotros nos quedamos acá, en plena selva, debatiéndonos sobre el lomo de nuestra caballería, con el accidente terco. El sol nos deja, el sol nos abandona. La tarde se va tornando en crepúsculo, y entre la sombra húmeda y verdosa, se notan ya las insinuaciones de la noche. Entonces sentimos el influjo poderoso de la selva. La selva es grandiosa. La selva que Graça Aranha pinta en su novela "Canaan", acaso no pueda compararse a esta selva hondureña, que sabe a siglos en su grandeza cuaternaria. Cómo nos sentimos pequeños y temerosos en medio de esta majestad, de este silencio poblado de rumores, maravilloso silencio, como dijo Cervantes. Cómo sentimos ahora nuestro alejamiento de los hombres, de las humanidades frívolas, y nuestra proximidad a las fuerzas obscuras, a las fuentes de donde emana todo, a Dios mismo.

¡Una choza! No aparece nunca y ya la noche, la noche de la selva americana, comienza a hacernos sentir su presencia terrible. Avanzamos, estimulando con la espuela a la bestia morosa que una nube de moscas hostiga, y cada vez vamos teniendo la sensación de que aquello es ilimitado y que no habrá ya un albergue humano que nos libre de la selva invicta...

La noche ha llegado, sin ambages. Nuestra cabalgadura está rendida. Por primera vez en la vida tenemos la noción absoluta del abandono. El miedo a la noche, un inmenso terror al misterio que nos rodea, a lo inconocido, nos crispa la carne y el alma en esos momentos. ¿Qué son en medio de esta selva solemne y grandiosa nuestras ideas, nuestras concepciones, nuestros menguados poderes espirituales? Nada. Y cómo nos sentimos pequeños, reducidos, anonadados casi, en el seno de esta naturaleza virgínea que no han esclavizado todavía las civilizaciones.

Busquemos el reposo, descansemos la cabeza sobre ese tronco longevo. Esta noche, Dios mío, los árboles, los viejos árboles insomnes, serán nuestros compañeros de vigilia en el regazo de la selva invicta.

(Agalta de Olancho, mayo de 1917).

(Revista Germinal — noviembre de 1917 — Núm. 19).

UN EPISODIO EN LA LLANURA

Conservo de mi vida gauchesca en la llanura olanchana un vivo y persistente recuerdo. Un recuerdo que me apesadumbra siempre surge en mi memoria al evocar mis días de existencia geórgica en la más rica y saludable campiña de mi provincia.

Tengo de aquella época añoranzas dulces que me dejan como un silvestre perfume en el espíritu, en mi pobre espíritu, tan saturado ahora de dolor y de tristezas. Pero entre los episodios de mi vida de entonces, hay uno cuyo recuerdo me conmueve dolorosamente.

Tenía yo, para correr en el campo, un viejo caballo, de gentil continente, famoso en la comarca por su inteligencia y la velocidad de su carrera. Ningún caballo podía enorgullecerse, en Agalta, de tener una historia más brillante que la suya. En sus buenos años —me contaban los campesinos— había hecho prodigios, en puyadas y vaquerías, corriendo tras los veloces toros. A la sazón, a pesar de su vejez, cuando yo corría sobre su lomo, azuzando las vacadas, con la soga en la diestra, en la desmantelada campiña, me parecía a veces que no iba sobre la tierra, en un bruto de músculos y huesos, sino en el lomo de un hipogrifo que hendiera el espacio en fragoroso vuelo. Tal era la rapidez con que aquel noble y querido animal devoraba los verdes llanos.

Un día, después de una fatigosa andanza por las playas de un río, tras los ariscos ganados en retiro, mi buen caballo, que ya estaba muy viejo, agotado por tantas horas de incesante cabalgar en las arenosas riberas, flaqueó bajo mis piernas, horriblemente. Luego llegó a tal punto su cansancio, que se paró en seco, negándose a dar un paso más, a pesar de los estímulos de las espuelas violentas.

Entonces yo, fuera de mí, presa de una de esas cóleras que revelan la gran dosis de animalidad que hay en el hombre, me desmonté, y airado, lleno de rabia salvaje, pegué a mi caballo, le di puntapiés, le azoté con un látigo.

Pero ¡ah!, muy luego, ya en la casa, sufrí el castigo de mi acción, en la forma de un remordimiento tan agudo, tan profundo, que no he sentido otro igual en mi vida. Aquella noche no cené, no dormí, y en los días sucesivos permanecí descontento, angustiado, lleno el corazón de una inmensa pesadumbre.

Hoy todavía, cuando rememoro aquella cobarde hazaña, siento una gran piedad por aquel caballo anciano, que tan cruelmente maltraté en uno de esos momentos en que surge a la superficie del hombre el sedimento de salvajismo atávico que lleva en su sangre; y aún repercute en mi corazón, dolorosamente, la emoción horrible que me embargó poco después, mientras los flavos resplandores de la tarde de estío se extinguían en la silenciosa campiña.

Y pienso que un delito, de esos que pena el código, acaso no me hubiera causado remordimientos tan intensos como los que me causó el maltrato que infligí a aquella bestia inerme.

(Revista Ariel — 1970 — No. 226).

EL GENERAL BONILLA

Cuando niño, en el fondo de mi pueblo provinciano, llenó mi fantasía el nombre del General Bonilla, con el prestigio de sus gestas resonantes. Tengo vivo el recuerdo de los ágapes familiares, entre la mamá y los buenos tíos campechanos, donde, al rescoldo de la lumbre, mientras afuera el agua caía y el viento resoplaba furiosamente, se leía el Boletín de la Guerra, con avidez en las almas y sobresalto en los corazones.

En aquellos Boletines, olorosos a humo de combate, aparecía a cada paso, coruscante y epopéyico, el nombre de Manuel Bonilla. Y mi corazón de niño y mi alma de niño se sentían atraídos, por manera singular, hacia el loado guerrero de aquellas ya olvidadas campañas. Y una admiración desmedida, casi idolátrica, surgió en mí hacia el hombre, a quien vagamente me representaba prudente y osado, generoso y valiente, cual un Cid autóctono.

Después de aquello, han pasado muchos años. Han venido las fatales rectificaciones, y mi edad ya no me permite los divinos entusiasmos de la divina infancia; pero, en el fondo de mi alma, se conserva vivaz la admiración hacia mi antiguo héroe, que hoy, cuando lo veo, se me antoja, con su fuerte vejez, un viejo león hastiado, harto de victoria, sereno, grande, augusto.

(7 de junio de 1912 — El Nuevo Tiempo — No. 355).

EL GENERAL MANUEL BONILLA

Un año hace hoy justamente que —llorado por la gran mayoría de la nación—, bajó a la tumba el más grande de los héroes que ha tenido Honduras en sus últimas décadas. El más grande de sus héroes y uno de los más grandes hombres de carácter que han fructificado esta tierra, desde el austero Dionisio de Herrera, cuya figura pasa por el proscenio de nuestra historia patria erguida sobre prestigioso coturno, ostentando en el porte todo el decoro de un varón antiguo y nimbada la cabeza venerable con una aureola de esplendor lumínico.

Manuel Bonilla, pese a sus enemigos que lo denigraron en vida y que acaso lo denigren todavía, cuando se le contempla con ojos desapasionados, ajenos al menguado partidismo, adquiere una talla colosal, casi de gigante, ante los hombres más o menos exiguos de su tiempo.

Aparece grande por su valor de guerrero —no guerrero de guardarropía—, sino de guerrero auténtico, que pasó casi toda su vida en el campamento, peleando contra los enemigos, librando terribles combates y subyugando siempre a la victoria que, dócil a su terco empuje, le abrumó la frente, la frente adusta, con los más ilustres e inmarcesibles laureles.

Como militar, como estratega, como soldado, bien puede compararse al General Bonilla, sin caer en hipérbole, con el General San Martín, con quien tuvo de común no sólo el valor guerrero sino la actitud sobria, la taciturnidad silenciosa y el gesto digno. Sí, en ciertos puntos, nuestro legendario héroe nacional y el héroe rioplatense son verdaderos mellizos.

Pero Manuel Bonilla no sólo fue un descendiente de Marte. Fue más que esto, un hombre de una singular moralidad, moralidad de Catón, de héroe romano, un poco anacrónica, si queréis, en esta época nuestra en que el hombre se ha tornado dúctil, maleable y onduloso.

Él cultivó las más difíciles y heroicas virtudes. La virtud de la sinceridad, la virtud de la probidad y la suprema virtud de ser siempre

—en todos los instantes de su vida— puro de corazón y recto e íntegro de alma.

Eso fue él.

Como algunos de nuestros abuelos, como ciertos venerandos próceres nuestros, Manuel Bonilla, libre de culturas que enseñan falsías y simulaciones, fue un hombre que vivió su vida desnudamente, y que tuvo el divino candor de amar el bien y de perseguir la honradez en su más noble y humana expresión.

Yo, que voy perdiendo la fe en los hombres, y que quizá para desgracia mía ya no puedo como antaño prosternarme ante dioses de barro, ahítos de ambición subalterna, admiro y siento casi veneración por el hombre, por el modesto ciudadano que nos dio con su vida la más fecunda y alta lección de honradez y de civismo que hemos recibido de nuestros compatriotas contemporáneos.

(El Nuevo Tiempo — marzo de 1914 — Número 912).

PALABRAS DE SALATIEL ROSALES, EN EL ACTO DE DESCUBRIRSE EL RETRATO DEL GENERAL BONILLA, EN LA ESCUELA NORMAL DE VARONES

Señores:

El 7 de junio de 1843 tiene una importancia extraordinaria en la vida histórica de Honduras. En un día como éste vino al mundo, allá en el seno recogido y tranquilo de una provincia, en una pequeña ciudad, en un hogar humilde, el hombre cuya efigie tenemos en ese cuadro y cuyo nombre, prestigioso y sonante, es de esos nombres que siempre repiten las bocas y que siempre vibran en las conciencias de las generaciones que se suceden.

Bendigo yo esta ocasión que se me ofrece, para deciros, con toda mi alma y con todo mi corazón, algo en loor de este héroe, de este héroe grande, de este héroe de historia, que por obscuras órdenes del Destino, tuvo un marco pequeño, actuó en un teatro humilde, donde él fue siempre protagonista. En ciertos momentos de su vida, de su vida de acción, yo le vi, señores, crecer, agigantarse tanto, que mi imaginación me lo representó como saliéndose del estrecho marco que lo contenía. Entonces yo me entregaba a las más remotas evocaciones. Iba a Grecia en espíritu, y allá me encontraba con Epaminondas, que fue silencioso como él, modesto como él, valiente como él, virtuoso como él. Después, en Roma, le encontraba su paralelo, en el sentido de Plutarco, en el humilde Cincinato; y salvando con la imaginación siglos y distancias, venía a la América sajona, y era su semejante un portentoso puritano, que fue leñador primero y que después redimió, con sólo un decreto de su pluma, a un espeso millón de parias.

No son éstos —no lo penséis— esos groseros ditirambos que personales intereses del momento suelen poner en boca de turiferarios viles. Mi pluma, señores, nunca se ha rebajado exaltando a hombres pequeños.

Yo amé, yo admiré a este hombre, porque yo soy admirador de la fuerza del espíritu y de la fuerza del bíceps, y en este hombre yo encontré una superabundancia tal de energías humanas, de energías físicas, de energías morales, que si en cuerpo no me le acerqué nunca, mi espíritu estuvo siempre como prosternado en secreto ante su grandeza evidente.

Señores: El General Bonilla, como toda superior entidad humana, ofrece muchas facetas, que algún día, cuando lleguen las tardías horas del farniente espiritual, hemos de ver, hemos de estudiar, poniendo en ello nuestra devoción y nuestro cariño.

Pero dejadme deciros en este pequeño discurso que fue un guerrero, un guerrero tan frío y tan valiente que, como en la frase del heleno, cuando entraba en los combates, su cuerpo no parecía hecho de carne y de nervios, sino de duro bronce: tantas eran su serenidad y su firmeza. Acaso sabéis algunos de vosotros que en más de una ocasión, él solo, con una pistola en la mano y el gran valor de su alma, que equivalía a un batallón armado, rindió, tal como se lee en Cabañas, cuarteles enteros. Acaso sabéis también que en la batalla, mientras en el espacio vibraba el son bárbaro de los proyectiles y la tierra recogía los cadáveres y se bebía la sangre humana, él, con un anteojo en la mano, sin temblar nada, se paraba sobre la trinchera a contemplar al enemigo, porque creía —y este es el secreto de los predestinados— que aquellas balas de plomo no lo tocarían nunca. Y así fue. Las balas lo respetaron siempre, y ¿sabéis por qué?... Fue porque él se hizo respetar y temer de ellas...

Dejadme deciros que, andando los días, el guerrero se transformó en el hombre de Gobierno, y la osadía del capitán y la espada indócil y victoriosa fueron reemplazadas, en los días laboriosos de la paz, en juicio prudente, en visión del estadista, en pluma que, firmando sobre el papel, operaba el milagro que los taumaturgos de los antiguos mitos realizaban con el Verbo. Fue lo que en estas democracias hispano-latinas llamamos un buen Gobernante. Un buen Gobernante es el que no se come el dinero de la nación, que es sangre de la nación; un buen Gobernante es el que vela por la honra, la dignidad y el prestigio exteriores de su nación; el que exalta las fuerzas benéficas de su nación; el que hace progreso material, progreso moral y progreso mental; el que multiplica las aulas, y, en una palabra, el que mira a la República, no como una cosa de pasajera explotación, sino, y esto se ha dicho ya, como un carísimo legado de los mayores, que debemos cuidar, dignificar, aumentar, engrandecer.

Dejadme deciros, en fin, que yo no recuerdo que en nuestra historia patria haya habido una figura moral más altiva que la que encarnó en vida el General Manuel Bonilla. Fue un varón de antiguas virtudes. Su alma jamás fue odioso habitáculo de la falencia, del fraude y del engaño. Tuvo la sencillez de los colosos. Jamás hizo el papel de comediante; era modesto, sincero, taciturno y silencioso. Nunca mintió, nunca dijo palabras vanas, nunca hizo la apología de su persona. Pero su silencio, señores, tenía una elocuencia de discurso. A veces su silencio ejercía tal influjo, que ponía en el alma de los circunstantes un secreto temor, una vaga inquietud. Su presencia tenía un no sé qué de terrible y dominante. Delante de él, muchos hombres se sintieron débiles y pequeños, tal como nos sucede a veces en presencia de ciertas cosas magnas y resplandecientes de la naturaleza. Ante él fueron muchos los que vacilaron, los que temblaron, los que enmudecieron. Su honradez, su pureza fueron siempre como una protesta viva contra la maldad y la infamia. Fue tenaz, inflexible, duro, austero. Cuando este hombre se proponía hacer algo, como que hasta las ciegas fuerzas físicas del mundo se preparaban a obedecerle. Sin embargo, como sucede con los héroes, en el fondo de todo eso latía un corazón generoso, sencillo y tierno que no pudieron corromper jamás los hombres. Fue bueno, piadoso, filántropo y caritativo. Su mano estuvo siempre abierta; su mano no se cansó nunca de dar. Cuando él se fue de la vida, los miles de pobres que tiene Honduras le lloraron con esa sinceridad con que lloran siempre los pobres. Si tuvo imperfecciones, las fatales imperfecciones de toda arcilla humana, yo no quiero rememorarlas, porque yo no he venido aquí a cazar flaquezas, sino a exaltar a un grande hombre. Mas, sea de esto lo que fuere, lo cierto es que la figura del General Bonilla, el tiempo, que barre muchas grandes figuras, la respetará. Y puede que, en vez de amenguarlo el tiempo, en vez de matarlo, le dé mayor vida, mayor relieve y lo haga, como sucede con algunas creaciones del arte, más real, más viviente, que lo que es ahora para nosotros.

Jóvenes que estáis presentes: éste que veis aquí, éste de la cabellera cana, éste en cuya faz se pinta una inmensa fatiga, cuyos ojos están revelando la tristeza profunda del alma, fue el General don Manuel Bonilla, el Lorenzo de Médicis de nuestra Instrucción

Pública, el que fundó esta Escuela Normal, el que tanto os protegió y tanto os amó. Vosotros estáis obligados a guardar en lo más puro de vuestros corazones el recuerdo de vuestro Mecenas, y debéis también edificaros con el ejemplo de su Vida, y pensar que si el triunfo le puso en la frente sus más frescos laureles, no fue por su buena estrella, como cree ingenuamente el vulgo, sino por su virtud, sólo por su virtud. La virtud es fuerza; los hombres virtuosos son los hombres fuertes por excelencia.

Señores: La muerte, que no sabe lo que hace, le hizo un gran daño a Honduras, privándola del más predilecto de sus hijos. Por mucho tiempo, el país sentirá la falta de la voluntad que florecía en esa alma; del sentimiento que germinaba en ese corazón; de la energía de ese brazo que tantas veces se alzó épicamente en blancas empresas de Quijote o de Cid.

Pero si debemos lamentar la desgracia que le vino encima a la República, debemos también regocijarnos de que el sucesor de aquel ilustre Mandatario haya sido el hombre que tenemos aquí presente, el señor Doctor don Francisco Bertrand, quien, como lo veis, está lleno de juventud y dispuesto también a consagrar las bellas energías de esa juventud a su Patria, a la Nación que hoy, con la ayuda de los hombres que le rodean, la conduce con el mismo acierto y por el mismo camino que la llevaba su glorioso antecesor.

(El Nuevo Tiempo — junio 10, 1913 — No. 666).

LA OBRA FUNESTA DE LOS PARTIDOS

Hace días que nos viene obsesionando esta idea: que los partidos políticos, los llamados partidos históricos, han sido los productores de los males que han aquejado a Centro América, a lo largo de su turbulenta historia, desde los días de la emancipación de España. Para tener acerca de esto un criterio más aproximado a la verdad, habría que hacer una labor de ponderación, poniendo en un plato de la balanza la obra benéfica de los partidos, como quien dice, su haber realizado en el curso de nuestra vida política; y en el otro plato la obra mala de esos mismos partidos, su saldo negativo, su triste deber histórico. Para hacer esta operación, debemos colocarnos necesariamente en el terreno de la moral y lo político. Lo material, a nuestro juicio, cuenta poco en la evaluación del verdadero ascenso y desenvolvimiento de una democracia.

Pues bien, la obra benéfica de los partidos políticos, en el terreno de lo moral y lo político, debía consistir en la depuración de la vida democrática, en el desarrollo creciente del civismo y en la consolidación de regímenes de verdadera justicia y libertad. ¿Realmente han logrado estas cosas los partidos políticos de Centro América? Nuestra respuesta no puede ser afirmativa. Los hechos, los hechos presentes y los pasados de la existencia política de nuestras nacionalidades, nos están dando también una respuesta negativa. Nuestros partidos políticos centroamericanos siempre se debatieron alternativamente en estos dos campos de lucha: la plaza pública o el campo de batalla; la primera fue una lucha cívica, la agria y envenenada pugna del comicio; la segunda fue la "revolución", el bárbaro y sangriento encuentro de las hordas encabezadas por los caudillos. La lucha cívica de los partidos —que sólo pudo llamarse cívica en contraposición a la del choque armado— degeneró siempre entre nosotros en un pugilato feroz y repugnante, que envenenó el ambiente y rebajó a muchos grados la moral del ciudadano; en cuanto a las llamadas "revoluciones", las más gloriosas y afortunadas no hicieron más que consignar en flamantes códigos y constituciones avanzados principios de derecho público que no pudieron ser cumplidos.

Sí, esa ha sido, en breves palabras, la gestión y la obra de los partidos políticos centroamericanos, que a imitación de los que existen en naciones verdaderamente organizadas, dieron en llamarse a sí mismos liberales y conservadores. Cuando a estos partidos se les dejó la libertad de acción, reinaron en las repúblicas el desorden, la anarquía y el bochinche; cuando la mano de hierro de un sátrapa o de un tiranuelo los redujo a la inmovilidad y al silencio, entonces la tiranía, la paz de las tumbas, reinó sobre las infelices patrias...

Pero no se crea que a nuestros partidos políticos sólo les debemos la corrupción política y las infecundas revoluciones; también les debemos los asoladores despotismos que por largos años han acogotado a estas desgraciadas repúblicas. Esos despotismos han sido tan pronto de filiación liberal, tan pronto de filiación conservadora; tan pronto de Rafael Carrera, tan pronto de Santos Zelaya, siendo unos y otros igualmente terribles y siniestros.

Parece una paradoja la existencia de un "despotismo liberal", pero es lo cierto que más de una vez los ha tenido Centro América en el pasado y que probablemente los tenga en el porvenir.

De todo lo que antecede puede sacarse la conclusión de que nuestros partidos históricos han sido la caja de Pandora para estos países, y que acaso nuestras repúblicas habrían sido más felices en lo pasado, y lo serían en lo venidero sin la existencia de tales partidos...

(Patria — Julio de 1921 — No. 32).

LOS PALADINES DE LAS PATRIAS CHICAS

No se crea que en la América Central todos desean con igual intensidad el advenimiento de la patria grande; existen, por el contrario, quienes parecen tener un púdico, un vergonzante amor por la patria chica; quienes, en la prensa, se atreven a dar voz a ese inconfesado sentimiento, fingiendo un escepticismo piadoso al Consejo Federal y tratando de sugerirnos algo así como las dulzuras íntimas y hogareñas de las patrias chicas.

Los que tal escriben, parece que quisiesen aducir en contra de la Federación el siguiente argumento: son preferibles las patrias pequeñas a la patria grande, porque las primeras son bienes ciertos y positivos, mientras que la segunda es un bien lejano y aleatorio... Sí, la patria chica es la choza, es el cortijo en el cual hemos vivido siempre, y el cual, por lo mismo, nos parece la cosa mejor del mundo; la patria grande es el palacio, que nos amedrenta con el esplendor de sus luces y la suntuosidad de sus mármoles y sus tapices.

No crean, pues, estos paladines vergonzantes de la patria chica que los vamos a deturpar por su aversión instintiva a la grande y decorosa patria del ensueño morazánico. No los deturparemos, porque comprendemos perfectamente que no es sino su mediocridad —mal incurable de nacimiento— la que los hace apartar la vista con disgusto del espléndido mosaico de la Federación. ¡La patria chica! Por ella clamarán siempre los mediocres y los bastardos. "Patria chica" dirán siempre los que tienen chica la mente y el corazón, y los que, por lo mismo, sólo pueden estar bien, sólo pueden vivir y respirar dentro de lo chico.

Hay una leyenda en "Las Mil y una Noches", en la cual un buen genio tuvo cierto día la veleidad de encerrarse en una copa. Aquel genio, según la fantasía oriental, permaneció encerrado en aquella copa muchos miles de años. Y aconteció que cuando al cabo de ellos quiso salir de su escondite y recobrar la forma primitiva, ya no le fue posible; había perdido en su larga inmovilidad el don de la metamorfosis.

Tal símbolo acaso pudiera aplicarse a los pueblos centroamericanos. Las largas décadas de vida separatista, mejor dicho, de patria chica, han quitado a estos pueblos, aunque de una manera relativa, la virtud de reintegrarse al primitivo organismo de la vieja nacionalidad.

Por eso debemos ser un poco tolerantes con esos separatistas, que nosotros llamaríamos por incapacidad congénita.

(Patria — marzo de 1922 — No. 121).

EN EL MAR

Los últimos rayos del sol poniente doran el costado izquierdo de la barquilla, se cuelan a través de su velamen y ponen una nota de pálido fuego sobre el delicado moaré de las ondas.

Un vientecillo benévolo impulsa al barco liliputiense que, chapoteando ruidosamente, se aleja cada vez más de la reventazón, muy encantador, con su flama bicolor en la sumidad del mástil y el foquito hinchado, albo y luciente.

De cuando en cuando la transparencia del agua nos permite observar esa extraña humanidad que se agita silenciosa en el fondo de los océanos.

Babosas, lapas inmóviles metidas en sus moradas caprichosas; anchas rayas de rabos colosales; mariscos bicornes arrastrándose penosamente por las rugosidades de las rocas; aquí una colonia de madréporas arborescente; allá un pulpo gigante que parece dormitar, estirando con voluptuosidad sus soberbios tentáculos; más allá un tiburón musculoso en acecho de una bandada de pececillos en que fulgen la plata de los sollos y el oro de los arenques.

Al caer el sol en la lejanía marina, en medio de un furioso incendio de arreboles que en minutos recorre toda la gama, desde el rojo intenso hasta el limón desvaído, para luego diluirse en una claridad neutra que agoniza y muere, de pronto se impone la belleza de la noche como una reina nubiense, descolgando sus sedas sobre el barquichuelo y las ondas, no habiendo ya nada que observar en las aguas oscuras.

En ese instante volvemos la mirada hacia arriba, para contemplar un mar distinto, de numerosas especies radiantes, profundas y cada vez más lejanas; y es cuando, con sorpresa, percibimos el abismo del sabio y tímido Pascal, dándonos cuenta de la pavorosa magnitud de ese abismo, con la diferencia de que no nos paraliza el terror del enfermizo físico y matemático de Clermont, sino que nos inunda el júbilo de sentir los latidos de nuestro corazón en medio del inefable Enigma.

Del Cuaderno "Prosas de Peregrinación".
Belice, 1919.
Rev. "Ariel" — 1927 — 193).

NUESTROS MALES

Con motivo de nuestro último artículo El Concepto de Patria, ciertas personas nos han dirigido cartas de desaprobación, en algunas de las cuales sólo vemos la estrechez del criterio ambiente, debida a una lamentable escasez de cultura científica.

No se nos ha comprendido bien. En una de las cartas que hemos recibido, se nos dice que hay que desarrollar en el niño el espíritu individual. Nosotros somos partidarios del individualismo. Creemos que él es uno de los primeros factores del progreso de las naciones, como están acordes en reconocerlo así no sólo los economistas de la escuela liberal, sino también los más ilustres sociólogos contemporáneos. Lo que no aceptamos ni aceptaremos es cierta especie de patriotismo que no ha cambiado nunca las condiciones de la vida en el seno de las colectividades y que, en la historia, no pudo salvar a Esparta de su prematura ruina ni contener tampoco la rápida decadencia de los Estados italianos de la Edad Media.

Nosotros, por nuestras actuales condiciones sociales, no podemos tener el patriotismo fundado en el sentimiento religioso, porque no habría ya para qué; ni el patriotismo fundado en la competencia comercial, porque no somos un pueblo industrial; ni el patriotismo del Estado, fundado en la ambición política, porque nuestra lamentable pequeñez haría ridícula tal pretensión; ni siquiera el patriotismo fundado en la independencia de la vida privada, porque cada uno de nosotros, lejos de pensar en bastarse a sí mismo, vive soñando en la munificencia del Estado.

Imposible es decidir de una plumada cuáles son las causas que hacen progresar a las naciones y cuáles los factores que las llevan a su decadencia. Los más sagaces sociólogos, los naturalistas más ejercitados y sutiles, no pueden ocultar sus vacilaciones cuando se trata de determinar qué circunstancias promovieron el engrandecimiento de tal pueblo y qué factores empujaron a tal raza al abismo de la ruina y la miseria. Pero a muy pocos se les ocurre —en estos tiempos de ciencia y de análisis— afirmar que el patriotismo, ese patriotismo vacío y anacrónico, pueda llegar a convertir un país pobre y atrasado en una jaula encantada. No. Las naciones no se forman así, los países no se transforman por virtud de unas cuantas palabras cabalísticas, como en los cuentos de hadas. Preguntad a un inglés, a un americano del Norte, por qué Inglaterra y Estados Unidos son hoy las naciones más prósperas del planeta y estoy seguro de que no os dirán porque los ingleses y los americanos son los hombres más patriotas del mundo, en el sentido que vosotros dais a esta palabra.

Porque se hable del amor a la patria en las escuelas y en las tribunas, los graneros no se van a saciar, las empresas no van a surgir, ni cambiarán en nada las condiciones vitales de la nación. Somos patriotas; nuestro patriotismo puede llegar hasta la locura y la demencia; pero esto no modificará nuestro viejo modo de ser fisiológico, y no nos sacará tampoco de la pereza ancestral en que vivimos sumidos.

Estamos convencidos de que la verborrea patriótica es uno de los síntomas más seguros de la degeneración de un país. Los pueblos sanos, los pueblos florecientes, son pueblos callados, silenciosos, que cumplen su función así como se cumplen ciertas leyes de la naturaleza. Los pueblos enfermos, incapaces, son pueblos gárrulos, parlanchines, cuya existencia se desliza entre propósitos de reforma y lamentos inútiles.

Cuenta Darwin que, viajando una mañana por una de las pampas de la América del Sur, se encontró en un recodo del camino con un gaucho echado bajo un árbol, sobre el musgo. Le pregunta qué hace allí, a lo cual el indígena responde que espera el sol para ponerse a trabajar... Nosotros, como el gaucho argentino, en cierto modo, estamos esperando, para nuestra regeneración, un mañana que nunca llega, en tanto que las razas escogidas se nos vienen encima cada día.

No comprendemos que en la época actual, de mecánica y economía política, vale más un azadonazo que veinte discursos, y que el golpe de un martillo bien dado sobre el yunque es más decisivo — en la obra colectiva del progreso— que insustanciales artículos de periódico.

La historia nos confirma que los pueblos decadentes se tornan habladores. Cuando los atenienses se lanzaban al Ágora tumultuosamente, estaban ya lejanos los felices tiempos de Pericles, y cuando los romanos se hicieron locuaces y verbosos, cuando Cicerón llenaba el ambiente de las siete colinas con sus recias arengas, el imperio de Augusto trotaba a su rápida disolución. Y en la época contemporánea hay al respecto ejemplos que no creo necesario citar.

Si se trata de los individuos, sucede lo mismo: hombres inhábiles, incapaces, viven alimentando siempre propósitos de reforma, de regeneración. Sé de cierto sujeto, débil de voluntad y de temperamento poco favorecido, que puso sobre su mesa de trabajo las trece virtudes de Franklin, con el objeto de someter su existencia a tan saludables disciplinas. Sin embargo, a pesar de todo, tal individuo siguió siempre lo mismo, lo cual nos dice cuán difícil es modificar con máximas muertas la idiosincrasia nativa de cada ser.

Y así como no se cambia un destino individual con simples apotegmas, tampoco se cambia un destino colectivo con simples deseos, cuando los pueblos carecen de nervio y de enjundia.

(La Prensa — 1910 — No. 1126).

¿POR QUÉ FRACASAMOS?

I

Trato de un fenómeno que se ha venido observando entre nosotros con una constancia segura. Tal fenómeno es el fracaso que han sufrido los hombres que aquí se han dedicado al cultivo de las letras. La historia de nuestra literatura, admitiendo que la haya, está llena de esperanzas contrariadas, de esfuerzos burlados, de ambiciones fracasadas. Son muchos, entre los muertos y los vivos, los que han acariciado los más hermosos sueños literarios en los albores de sus adolescencias. Algunos, los más afortunados, han visto escapárseles de las manos el éxito; otros, tras una brega sin fruto, después de haber agotado todas sus energías, han vuelto con el desaliento en el corazón, amargada la existencia por la inutilidad de la tentativa, comprendiendo tarde cuán caro se paga el error de emplear mal esa porción de fuerzas innatas que la naturaleza pone en cada ser humano.

Se ha escrito mucho entre nosotros, en prosa y en verso. Hemos visto surgir momentáneamente en nuestro horizonte reputaciones literarias que han desaparecido al día siguiente. Nuestro aire se ha llenado con las resonancias de nombres locales; muchos de nuestros antepasados, medianamente dotados, llegaron a domar la opinión, se impusieron al criterio ambiente y se delectaron en vida con una gloria de cortijo. Hojead los periódicos viejos, los infolios de antaño, y encontraréis en ellos la producción mental de nuestros predecesores. Con un poco de buen sentido, puede que comprendáis que no nos aventajaron o que nos aventajaron poco. Es fácil escribir versos así, de un romanticismo degradado, o prosas huecas y altisonantes, huérfanas de médula y de substancia. Ninguno de ellos hizo nada para librar su nombre del olvido. Hoy ya nadie se acuerda de Pepe Gutiérrez y de José Antonio Domínguez, y después que pasen cien años se habrán borrado por completo de la memoria de sus supervivientes los nombres de los más ejercitados hombres de letras que hemos tenido. Difícilmente se salva un nombre del olvido; tarea pesada es esa de conquistar la inmortalidad siquiera en dos generaciones. Los hombres pasan como en el verso de Kempis, pasan con su recuerdo para siempre, después de haber tenido sus días de brillo más o menos efímero. Pasan las ideas y las doctrinas con los hombres que las han engendrado, para dejar el puesto a otros hombres que vienen en tumulto predicando muy alto, con aire jactancioso, otras ideas y otras doctrinas, destinadas a correr la misma suerte de aquéllas.

Me pregunto ¿por qué hemos visto fracasados siempre nuestros esfuerzos en el sentido indicado al principio? Respondo así: por la falta de preparación, más que todo, en los hombres que se han dedicado al ejercicio de la pluma. Los viejos y los jóvenes, los que ya no existen y los que todavía vivimos, hemos pagado el mismo error, hemos sido víctimas de una misma fatal inexperiencia. Para ser escritor, escritor en el verdadero sentido del vocablo, se necesita, en primer lugar, una gran preparación, un buen acopio de sabiduría, acopladas a sobresalientes aptitudes naturales. Lo primero se adquiere estudiando la vida y haciendo atrevidas exploraciones por los campos de la literatura y de la ciencia; empapándose en los mejores estilos, nutriéndose de ciencia, llevando al cerebro leyes, ideas, teorías, fórmulas, en una palabra, un bagaje que sea una hermosa reserva para el porvenir.

Nosotros no hemos hecho tal cosa. El primer día que nos sentimos escritores o poetas, sin comprender que éramos analfabetas, corrimos con una mente vacía a la redacción del periódico, llevando el pobre ensayo en el bolsillo. Esta imprudencia atrevida ha sido la causa de nuestro fracaso. Nos hemos apresurado mucho. El progreso no se realiza con saltos bruscos, desordenadamente, sino de una manera regular, encadenada, lógica. La naturaleza, como se ha dicho tantas veces, no va dando saltos en sus evoluciones progresivas. Natura non facit saltus, dijo Linneo. El embrión de la semilla que se echa en el surco no se apresura a romper sus tegumentos; la fruta no madura en el árbol antes de tiempo; el pájaro del nido, implume y feo, no podría jamás adelantar sus vuelos por el ancho cielo. Así el hombre. Si habéis nacido para manejar una pluma, esperad, preparaos primero, abasteciendo vuestra mente, ensayando en secreto vuestros vuelos, que día vendrá en que, como la fruta del árbol y como el pájaro del nido, estaréis maduros para la pluma y tendréis alas para emprender majestuosas ascensiones.

Decía un refrán antiguo: "Dad abasto a vuestra tienda y vuestra tienda os bastará". Dad abasto a vuestra inteligencia, llenadla, que vuestra inteligencia os abastará más tarde, como la tienda del refrán.

Nosotros nos hemos precipitado. Con la tienda vacía nos hemos lanzado al campo de las letras, a cosechar no triunfos sino dolorosos fracasos y tristes desengaños. Tarde hemos llegado a comprender que el mejor medio de abordar la cumbre no es emprender una carrera desesperada y loca, sino ir con paso seguro, lentamente, immer langsam, como aconsejan los guías suizos a los bisoños ascensionistas.

Cuentan los biógrafos de Maupassant que cuando éste presentaba sus ensayos a Flaubert, Flaubert le aconsejaba que los quemara. Nosotros no tuvimos un maestro que nos diera tan saludable consejo, y nuestros primeros trabajos (acaso también los presentes), como los del autor de "Pedro y Juan", debieron haber ido a las llamas.

II

Todo hombre tiene una determinada cantidad de energía. La naturaleza, sabia y previsora siempre, no arroja nunca un ser al mundo sin dotarlo antes de ciertas aptitudes especiales. El hombre recibe al nacer su ración de dones, pero no recibe uno más después que ha salido del vientre de su madre, porque, como dijo Emerson, cuando se ha nacido la puerta de los dones se ha cerrado. En el mundo cada uno de nosotros obra obedeciendo secretos mandatos, sentencias obscuras. Existe una predestinación, de la cual no podemos librarnos; nos movemos en virtud de un Destino tan fuerte como aquel otro Destino, el Ananké que el pueblo griego colocaba por encima de los dioses y de los hombres. No me refiero aquí al destino de los turcos, ese fatalismo cobarde y vergonzoso inventado por un pueblo que yace atacado de la más profunda depresión fisiológica. Hablo del Destino en el sentido científico de la palabra. Todos estamos predestinados: el escritor que emborrona cuartillas, el generalote que lleva a la matanza un rebaño de infelices, el mercachifle que cuartea la manta, el vaquero que ordeña la vaca, el chalán que monta el potro. Hay energías para todo: energías para la acción material y energías para la elucubración mental; energías que piden una tribuna, una cátedra, el banco de un congreso, y energías que reclaman el fardo, la negra tierra de la granja, el pozo de la mina. El hombre que ha nacido para triturar canteras no podrá jamás manejar una pluma; el que ha nacido predestinado para arrancarle melodías a la lira, será inepto para remover la tierra y cortar bien las espigas.

El escritor debe ser hombre de ciencia. Nosotros somos medularmente ignorantes. Y hay razón. Estamos vírgenes de aula, vírgenes de banco. Hay que ir allí años repetidos a aprender primero que lo blanco no es lo negro, que tres y dos son cinco y no cuatro, y que línea es la más corta distancia entre dos puntos. Hay que tener siquiera el orgullo de llevar un postulado en la cabeza, de saber enunciar bien una ley. Nuestro alimento han sido las gacetillas de los diarios del municipio; nos hemos regodeado con todos los sueltos de los periódicos que se han editado en Honduras desde que la descubrió Cristóbal Colón (¡gran alimento!); pero no sabemos de un libro macizo y sustancioso. El cerebro es como el estómago, no lo neguéis, cerebro que no come, como cuerpo que no se nutre, se pone escuálido y macilento.

Los grandes escritores no han sido hombres ignorantes. Poe sabía matemáticas y tenía una irresistible tendencia al cálculo y al análisis; Hipólito Taine escribió un tratado de poderoso empuje sobre el mecanismo del alma humana, y Echegaray, el primer dramaturgo con que cuenta hoy España, sabe tan bien hacer un drama como construir un puente.

A la falsa noción que hemos tenido del escritor se debe que hayamos visto con desdén el saludable estudio de las ciencias. Hemos creído que decir que el cielo estaba como una turquesa, y que el crepúsculo era de sangre, es todo. Esto no es nada. Esto son palabras bonitas, frases pintorescas que se le pueden ocurrir a cualquier aficionado sin talento.

Los que más han hecho entre nosotros se han dedicado a la lectura de novelas. La novela enseña muy poco, debe tomarse como un simple pasatiempo, pero no como obra que puede fortificar la mente. El tratado de ciencia más elemental, como lo demostró don Juan Valera, enseña más que la novela más doctrinaria y mejor escrita. Esto es cierto. Dos páginas del pesado Darwin sobre la herencia y la selección natural aportan más ciencia a la mente que los treinta y tantos volúmenes de los Rougon-Macquart de Emilio Zola; un capítulo de La Inteligencia de Taine contiene más psicología que El Triunfo de la Muerte de Gabriel D'Annunzio. En las pretendidas novelas psicológicas de éste no hay ni briznas de verdadera psicología. Después de leer El Fuego, por ejemplo, no sabéis definir bien una sensación ni una imagen. La psicología que allí se pinta es una psicología de manicomio, no es la psicología del hombre normal y sano, sino la de seres desequilibrados y extraños que con dificultad se les encuentra en este mundo. El personaje de El Triunfo de la Muerte tiene todos los humos del superhombre nietzscheano. ¡Pero qué superhombre! Si así ha de ser la nueva humanidad preconizada por Zaratustra, mejor sería que no viniera; es preferible, en nuestro pensar, el hombre de hoy, rural y bonachón, a esos superhombres locos y asesinos que con tan ricos colores ha pintado el novelista italiano.

También los grandes poetas han sido hombres de ciencia, además de fuertes pensadores. Shakespeare tenía un conocimiento profundo de la naturaleza humana. Goethe fue un precursor de Darwin y escribió El Fausto, que es un poema científico; Leconte de Lisle sabía Historia Natural, y Víctor Hugo no sólo era imaginación osada como creen muchos, sino un completo hombre de ciencia, que no ignoraba los más ocultos secretos de la naturaleza. Los poetas, contra lo que aquí se cree, deben ser filósofos, pensadores; deben llevar dos alforjas, una de sueños y otra de ideas; deben tener, en fin, una clara visión del mundo, una concepción racional del universo.

Tegucigalpa, 1910.

(La Prensa — 1910 — Nos. 1026 y 1027).

CUESTIÓN PALPITANTE

Una de las cuestiones palpitantes del día es la cuestión feminista.

Sabido es que la mujer estuvo esclavizada en la antigüedad y que todavía, en el oriente musulmán, vive enclaustrada en el fondo de los harenes, donde es la bestia tímida y pasiva, destinada únicamente a los goces del Bajá.

Pierre Loti ha descrito en sus novelas la existencia de la mujer turca, encerrada desde muy joven, vedada al mundo en la paz inalterable de las viviendas, sin más alternativa que los versículos del Corán y las caricias de su señor.

La mujer oriental, como la mujer antigua, en las tierras de Alá y en las tierras de Confucio, es mujer esclava, sin ningún derecho, poco diferente de las simples cosas. Ello se debe en parte al modo de ser conservador y estacionario de esas razas, petrificadas en los prejuicios de sus viejas religiones.

En Oriente no ha cambiado, pues, en muchos siglos la condición de la mujer. En China está ahora lo mismo que en tiempo de Lao-Tsé, y en el Islam no es hoy más libre que en los buenos días del Profeta.

Sólo en el Occidente la mujer ha evolucionado. Se la ve ganar más terreno cada día en Europa y en América. El hogar se le antoja una esfera de acción muy estrecha, quiere algo más amplio, más ruidoso, más al sol. No se aviene ya con la rueca de sus antecesoras.

En Inglaterra y en Estados Unidos de Norte América la mujer ha llegado a la mayor libertad. Asiste a las universidades, frecuenta los clubs, predica en la plaza pública, da conferencias, dirige trenes. En Europa ha conseguido ya algunos derechos políticos y está en vías de conseguir los demás. El Parlamento inglés discute actualmente un proyecto de ley sobre el sufragio femenino. Será éste un gran paso si se realiza, la mayor conquista del feminismo.

El feminismo es la tendencia de la mujer moderna a salirse de su vieja y modesta condición, tendencia que se manifiesta en todo: en política, en ciencia, en filosofía, en arte, en literatura. La mujer quiere iniciarse en los ejercicios masculinos, en las disciplinas mentales, espigar en todos los campos de la sapiencia humana.

¿Hasta dónde llegará en su evolución? No es posible preverlo todavía. Si se piensa lo que fue en la antigüedad y en lo que es actualmente, se comprenderá que la diferencia es notable y que faltan todavía muchas evoluciones en el mismo sentido. Puede que algún día los derechos que disfrute la mujer sean tan amplios como los del hombre. Puede que, andando el tiempo, con los progresos del feminismo, progresos que nada parece contener, aquélla, dejando de ser un ángel dulce y risueño del hogar, se convierta en algo serio, temible y deforme: un orador de plaza pública, un diputado, un héroe de oficina, oloroso a finiquitos y expedientes. Esto ya casi se ve en otras partes. En Londres, que es el hogar del feminismo, la miss rubia, masculinizada hasta los tuétanos, no repugna las actitudes y los gestos más hombrunos. La miss va y viene, confundida con los hombres, en el tráfago ardiente de la existencia, desplegando con libertad su esfuerzo en la arena caldeada de la lucha.

Nuestro temperamento y nuestro modo de ser no pueden admitir así como así ese aumento de radio en la esfera de acción de la mujer. Estamos acostumbrados a verla en la tranquilidad del hogar, con el huso en la mano, fabricando la calceta. Estamos acostumbrados a verla siempre femenina, delicada, superficial, incapaz de pensamiento serio, incapaz de acción. Estamos hechos a verla así, sin ninguna trascendencia en la vida múltiple que nos absorbe diariamente. Pensamos que, saliéndose la mujer de la casa, abandonando el bendito hogar, puede llegar a desnaturalizarse, a perder ese encanto y esa poesía que hoy la hacen tan buena y deseable a los ojos de los hombres. Algo cierto hay en esto. La mujer que haya sido macerada por las multitudes sórdidas y ululantes; la mujer cuyas posaderas sepan de las durezas de un banco parlamentario, no gustará tanto, no atraerá tanto, no producirá en el alma esa dulce ilusión que produce la mujer del gineceo.

Sin llegar al extremo de la esclavitud y del menosprecio en que los asiáticos tienen a la mujer, creemos que ésta debe seguir en su casa, donde si su esfera de acción material es muy estrecha, no lo es en cambio su esfera de acción moral. Desde allí puede influir sobre el destino del hombre, sobre el destino de la sociedad, sobre el destino de la nación. Desde allí, sin perder su poesía ni su atractivo. Y el hombre, con superior inteligencia y más resistentes músculos, que siga saliendo fuera, a la caliente arena, donde se deciden los problemas del cerebro y de la acción.

(La Prensa — septiembre de 1910 — No. 1111).

LA FELICIDAD DE UNA NACIÓN

Hay una notable semejanza entre la vida y el desarrollo de un individuo y la vida y el desarrollo de una nación. Las necesidades del primero vienen a ser, examinándolo bien, las necesidades de la segunda; necesidades materiales, fisiológicas al principio, luego, morales e intelectuales.

La aspiración del hombre, considerado individualmente, es la felicidad, el propio bienestar, que consiste, ante todo, en comer bien, llevar indumentarias rozagantes, contar con el amor de una mujer, tener la hucha rebosante y saber que está repleto el granero de la casa. La base de la felicidad, la base científica, no puede ser otra que el bienestar material. Tan es así que cuando nos encontramos muertos de hambre, desnudos, víctimas de crueles afrentas pecuniarias, lejos de bendecirla, como lo hacen los hartos y satisfechos, lanzamos, llenos de rencor sordo, esas terribles lamentaciones, esas negras imprecaciones a la vida, que se nos antoja entonces una cosa infame y maldita. Pero si mejora nuestra situación, si en la mesa humea el bistec con las patatas y rutila el vino; si la alcancía está llena y tenemos un traje para salir decentemente a la calle, entonces, como por ensalmo, cambia la negra visión del mundo, y el cielo es más azul, el sol más alegre, y la vida, lejos de ser mala y sombría, es buena, clara y radiosa.

El fundamento del pesimismo es la incapacidad para el goce orgánico, como nos lo prueban dos ejemplos clásicos de la historia — Salomón, el viejo sombrío del Eclesiastés, y el popular Schopenhauer—; Salomón, como es sabido, llegó a decir que todo era vanidad de vanidades cuando, agotado y decrépito, sintió la inmensa desolación de su impotencia ante su serrallo florecido de trescientas concubinas; y el filósofo alemán también en la senectud fue cuando lanzó al mundo los lúgubres evangelios de su pesimismo, después de haber tocado la flauta y bebido cerveza largos años, como el mejor burgués de Frankfort. Y así como éstos, todos los maestros del pesimismo han lanzado sus maldiciones, han renegado de la vida, no jóvenes, porque la juventud, como lo ha dicho Víctor Hugo, es la edad propicia a la felicidad, sino en la vejez, cuando el agotamiento orgánico no les ha permitido ya gozar de las delicias y esplendores del mundo.

Pero hemos ido muy lejos de nuestro propósito. Conforme a nuestra creencia de que la vida de la nación es como la vida del individuo, pensamos que el secreto para que aquélla sea feliz consiste en que tenga mucho qué comer. Una nación pobre, indigente, hambrienta, no puede ser feliz nunca, como no lo puede ser un pobre diablo que para subsistir demanda un albergue y mendiga una limosna. Un pueblo, si quiere contarse en el número de los pueblos libres y felices de la tierra, debe comenzar, no por tener parlamentos, ni cánones de flamantes liberalismos, sino por enriquecerse, por abastecerse, por hacer que en toda la extensión de su territorio haya algo así como un florecimiento de cosechas y de trojes. ¿Cuáles son los pueblos más felices hoy en día? Los que pueden mejor satisfacer sus necesidades. ¿Cuáles son los más desgraciados? Los más pobres, los que no tienen nada.

Todo viene a su tiempo, no sólo en la existencia y desarrollo de las sociedades, sino que también en el universo entero. Hay una concatenación de hechos, de fenómenos en todas las cosas que es absurdo e imposible pretender modificar. Las naciones jóvenes, los pueblos incipientes, deben empezar lógicamente por buscar los medios de enriquecerse, por llenar los graneros de la casa, y no, como lo han hecho algunos pueblos hispanoamericanos, con vanos delirios románticos, con irrisorios anhelos platónicos.

Seamos pueblos prácticos, trabajadores y laboriosos, y no a semejanza de aquel iluso don Quijote de la Mancha, que pasó su vida confundiendo la noción de las cosas y creyendo santamente que la luna era queso. Trabajemos hoy, trabajemos mañana y siempre, si queremos que venga el día en que cada uno de nosotros tenga gallina en la olla todos los domingos, como los franceses en los buenos tiempos del rey Enrique IV.

Tegucigalpa, 1910.

(La Prensa — No. 969).

LOS POETAS Y LA CIVILIZACIÓN

Creemos fundadamente que los poetas cada día se adaptan menos a las condiciones de la vida civilizada moderna. Las edades plácidas del mundo, en que los hombres podían meditar y soñar a sus anchas, hacinando quietamente en un libro las propias cosechas mentales, están ya lejanas de nosotros; están ciertamente lejanas aquellas épocas tranquilas y desahogadas en que al espíritu humano le era dable recogerse, no en un breve día de asueto y de descanso, sino años, lustros, décadas enteras. Antiguamente, en los tiempos que ya no volverán, los hombres de cerebro, los productores intelectuales, se entregaban sosegadamente a trabajar con amor sus ideas y sus sueños, mientras que allá, en el predio distante, mansos ilotas cuidaban los rebaños, abrían el surco, cosechaban la espiga y hacían el pan para los meditativos holgazanes. Hoy no. Las condiciones de la vida civilizada moderna, cambiando notablemente, no permiten ya al hombre refugiarse en su mundo interior a la manera de los antiguos, sin la obsesión del mendrugo, libres, completamente libres, de las ingratas zozobras materiales. No podríamos, aunque lo intentáramos, marcharnos a la soledad o construirnos un Kremlin para encerrarnos allí por espacio de algunos años, y, tras una larga y feliz incubación, dar al mundo, maduros y plenos de jugo, los frutos de nuestra mente. Necesitamos, ante todo, vivir, y para ello es forzoso mezclarnos en el tráfago febril, ser hombres de iniciativa, armarnos de astucia, so pena de fracasar tristemente en un mundo donde, para alcanzar éxito, son casi siempre indispensables el apetito osado y la baja asechanza.

La humanidad, caminando a prisa, marchando siempre fatalmente en sentido evolutivo, ha cambiado de valores, ha sustituido el valor antiguo con el valor moderno, los ideales viejos por los ideales nuevos. Las viejas naciones de la historia pudieron muy bien haber fundado su grandeza en unos cuantos sabios y artistas, y así Grecia se enorgullece con Empédocles y Esquilo, o en unos cuantos reformadores religiosos, y así la China se siente satisfecha con Confucio y la India con Budha. Pero las naciones modernas, depositarias hoy de la civilización, están muy lejos de fundar su grandeza en unos cuantos poetas o en unos cuantos sabios; muy lejos de sentirse felices porque en su seno haya tres o cuatro hombres que escriban buenos versos o publiquen libros que sean sólidas condensaciones de sazonadas ideas. Esas naciones —y hablo aquí de las más adelantadas, las de origen teutón y anglo-sajón— fundan su grandeza, no en bellas estatuas ni en poemas de gran empuje, sino en el número de sus colonias, en su expansión económica, en el armónico desarrollo de su agricultura, de su comercio y de su industria. Y estas naciones hacen bien, porque así se adaptan a las condiciones de la época presente, muy diferente de las antiguas. Los pueblos, como lo ha demostrado el sociólogo italiano G. Sergi, sólo pueden alcanzar un alto desarrollo progresivo, amoldándose a las condiciones de las nuevas etapas, de las nuevas fases de evolución. Los que se obstinan en seguir encajonados, en persistir metidos en los viejos moldes, pagan su error muy caro, quedándose rezagados, inmovilizados, en ese estancamiento horrible en que hoy se hallan los estados del Oriente y en el cual parecen caer ya las naciones latinas del Viejo Mundo, España, Italia y Francia.

Pensamos que los poetas ya no se adaptan o se adaptan mal a las condiciones de la época actual, así como tampoco se adaptan ciertas instituciones que florecieron, sin embargo, en el pasado. Estamos en un siglo de carácter eminentemente práctico. Florece hoy en día una formidable civilización material que ya casi no da lugar a los vanos escarceos de la imaginación; las máquinas, el feroz industrialismo, ahogan a los poetas que, para dar libre expansión a los impulsos de sus temperamentos, se ven a menudo obligados a emigrar de las ensordecedoras cosmópolis hacia los pocos rincones dulces y apacibles que han quedado en el mundo. Imaginaos por un momento a un hombre pretendiendo ahogar con la débil melodía de una lira el estruendo de las máquinas londinenses, o las resonancias del dollar en la isla de Manhattan, o el bárbaro gruñido de los cerdos de Chicago.

Otro de los enemigos que en nuestro sentir tiene el poeta moderno, es la ciencia, que ha alcanzado ya un alto grado de desarrollo, porque el hombre, imaginativo al principio, ha venido adquiriendo poco a poco la madurez de su juicio y su razón. Gran número de fenómenos de la naturaleza, que no pudieron comprender los antiguos, están hoy explicados de manera satisfactoria. La gran ley cosmológica de la substancia, con sus atributos la fuerza y la materia, nos ha puesto en condiciones de resolver hasta aquellos problemas que más han torturado a los pensadores de todos los países y de todos los tiempos. Los datos se han multiplicado, el caudal de las nociones científicas se aumenta cada día considerablemente, y a las vagas y abstrusas concepciones metafísicas han sucedido las claras concepciones monistas, basadas en el estudio empírico y racional del universo.

Esto nos prueba que la humanidad sensitiva e imaginativa en sus comienzos, tiende cada día al mayor desarrollo de su razón y que llegará un tiempo en que al hombre —perfectamente maduro y dueño de un avanzado saber— le será muy difícil no sólo producir un poema, sino forjarse una ficción o concebir una simple imagen.

Tegucigalpa, 1910

(La Prensa — 1910 — No. 987).

ALGO SOBRE LAS DISERTACIONES

Disertar significa raciocinar, disputar sobre alguna materia, produciendo razones en favor de alguna opinión, impugnando las contrarias. Se comprende, desde luego, que la disertación es necesaria para la conquista de la verdad científica. Después que los hombres han charloteado a sus anchas, amontonando opiniones y doctrinas; después que se han dicho las mayores necedades y las más peregrinas extravagancias, después de todo eso, es que surge la verdad y los hombres entran en la plena posesión de ella. Notemos aquí de paso cuánto trabajo mental, cuánto desgaste de sustancia gris suponen hasta esas nociones más superficiales que hoy sabemos nosotros por manera instintiva. La más simple verdad que en nuestros días constituye el patrimonio intelectual de los más ignorantes, fue al principio fruto de un largo esfuerzo, de una fuerte tensión nerviosa, de una ingrata y prolongada vigilia.

La disertación se explica, pues, como medio de investigación científica; tiene su razón de ser en el terreno de las serias disquisiciones especulativas; pero negamos que ese medio de investigación deba implantarse en las escuelas, y menos en las de este país, donde el alumno raras veces llega siquiera a trasegar bien en su mente la ciencia de baratillo infusa en el texto de enseñanza; en este país donde son contadísimos los hombres que pueden envanecerse con un saber nutrido y encadenado y con una orientación definida en los campos de la compleja cultura humana; en este país, en fin, donde unas pocas frases hechas vienen a constituir a menudo el recio bagaje de nuestras personalidades científicas, incapaces por sí mismas de descubrir una ley, de formular un principio, de observar un simple fenómeno.

Sin embargo, hay escuelas en las cuales prevalece el criterio de que la disertación constituye las columnas de Hércules en materia de enseñanza. Hay algunos maestros para quienes el discurso escrito y pronunciado en clase con arrogancias oratorias viene a ser la poderosa palanca, la sabia solución del problema. Nosotros no pensamos como los aludidos maestros. Por el contrario, creemos que eso de obligar a un alumno a desembuchar ostentosamente lo que copió en un libro, es simplemente una manifestación de ese espíritu teatral que es uno de nuestros grandes defectos. Hay en nosotros una fuerte tendencia a la vanidad y a la farsa. Con exterioridades, con fútiles resonancias, queremos suplir u ocultar un fondo nulo e inconsistente. Vivimos engañándonos, muriéndonos de mentira convencional, aferrados al absurdo.

Uno de los argumentos que se han aducido en favor de las disertaciones es que, publicando esas mismas disertaciones cuando son buenas, se llega así a provocar un fuerte estímulo en el educando. El estímulo, el verdadero estímulo, no se provoca de ese modo, como no se provoca tampoco con la distribución de recompensas, condenadas ya en algunos países donde la educación ha hecho positivos adelantos. El verdadero estímulo es aquel que nace de un sentimiento profundo del deber, sentimiento que no puede tener su génesis en esos pagos que a guisa de premios se imparten en los establecimientos de enseñanza, no siempre entre los alumnos que más saben, sino, generalmente, entre los más gárrulos y parlanchines.

Tengan presente las personas encargadas de la educación, que el premio hace brotar en el alumno la idea del pago, un bajo interés que será en lo sucesivo el norte de sus acciones. Lo moral es enseñar al hombre a cumplir el deber por el deber mismo, como se hace en las escuelas anglo-sajonas que son hoy en día las mejores escuelas del mundo; y no inculcarle la idea de ese deber a la manera como algunos arrieros italianos hacen caminar sus recuas de pachorrudos jumentos, mostrándoles en el confín de la ruta un manojo de centeno.

Tegucigalpa, 1910

(La Prensa — 1910 — No. 1002).

RAPIÑAS MENTALES

Los malandrines asaltan en los caminos a los viajeros ricos para despojarlos de sus haciendas; en literatura, los autores buenos, jugosos en ideas y en frases, sufren a menudo asaltos más o menos violentos. Y hay razón. Nadie me negará que las obras bien escritas, nutridas de maduros pensamientos, son incitantes, despiertan la codicia, como los tesoros de los sésamos orientales. ¿Quién no ha sentido la tentación de apañarse una idea hermosa o de desgajar una frase lapidaria y brillante? Homero y todos los poetas antiguos han sido escandalosamente saqueados por las generaciones literarias que les han sucedido; los literatos del Renacimiento, con ser tan grandes algunos de ellos, no hicieron otra cosa que enderezar la proa de sus naves hacia las costas de la Grecia, de donde regresaban cargados con espléndidos botines, ahitas las bodegas de sus trirremes con todos los tesoros de los clásicos helenos. La historia del Arte y de la literatura está llena de rapiñas, de feroces piraterías. El viejo ciego de Esmirna sufrió los asaltos de Virgilio; Miguel Ángel y Leonardo de Vinci fueron a la Hélade por la brocha de Panaenos y el cincel de Fidias, y Dante, el poeta máximo del Renacimiento, tomó de no sé quién los bloques de su portentoso monumento poético. Antes de éstos, el glotón Horacio se había sentado a la mesa de Anacreonte, en donde condimentó sus más sabrosas odas, y algunos siglos después, un poeta inglés, cuyo nombre no lo cito por ser demasiado conocido, revivió en toda su plenitud el genio bárbaro de Esquilo.

(La Prensa — 1910 — No. 1009).

MELANCOLÍA DE NAVIDAD

Mientras la gozosa muchedumbre ulula en las calles y las matracas asordan el ambiente con su ronca música, el solitario teje la urdimbre de sus meditaciones en el silencio monacal de su estancia.

Mas esta noche —¡cosa extraña!— no le toma gusto a la soledad, y su eterno compañero —el pensamiento— no le satisface del todo. Ese solitario, ese eremita enamorado del desierto, siente que de la raíz de su substancia le sube un tierno deseo de estar en esta hora bendita de Noche Buena, rodeado de los ingenuos consanguíneos que viven allá en el fondo de la florida provincia.

Y un sentimiento de melancolía vivaz le humedece el alma —el alma grave y áspera— en esta noche de felices evocaciones en que vino al mundo, en la más humilde villa de Palestina, Jesús Nazareno, el más amado, dulce y etéreo de los profetas que han visitado la tierra.

Y su imaginación, alucinada por los recuerdos, lo transporta de súbito a los años de la infancia, a las remotas noches buenas de su aldea maternal, cuando sus interiores retinas veían al Niño Dios en su cuna de Belén, rodeado de los Reyes Magos, iluminado por extraterrenas claridades, tal como se mira en algunos retablos de los quattrocentistas.

Y echando una mirada introspectiva, ve, con profunda tristeza, que el árbol de la creencia que su madre plantó en su alma, en la imposible edad de su infancia, fue arrancado por Belcebú, para sembrar en su lugar las simientes de la Sabiduría.

Y un repentino anhelo de tornar a ser sencillo y bueno como antes, de reconquistar su perdida idealidad candorosa, de volver a balbucir la casta oración, en los ardientes éxtasis, le invade el alma en estos momentos en que las multitudes discurren felices por las calles, celebrando el nacimiento de Jesús, en la gloria de la noche, bajo el firmamento florecido de peregrinas gemas...

Tegucigalpa, 1912.

(Revista GERMINAL — Diciembre de 1917 — No. 24).

MI SALUDO AL INVIERNO

Con sus aguaceros monófonos y la fanfarria de sus truenos, con desbocados vientos y tenebrosos nubarrones, con gestos bizarros de señorío y de conquista, ha venido el viejo, el opulento, el rico Invierno a poner en fuga al sórdido y escuálido Verano.

La Tierra, como una hembra encelada, llena de furiosas ansias maternales, le ha recibido con júbilos, como a un esposo amado, que es objeto de impaciente espera. Los aletargados gérmenes relinchan de gozo, y la vida vegetal, después de sus dilatadas somnolencias, se apresta con sus millones de óvulos a los gloriosos florecimientos.

Dentro de poco, la escueta campiña, libre ya del ardiente flagelo canicular, se vestirá de sus más ricas verduras, y el jardín solariego saldrá también de su estado agónico, y se enorgullecerá de nuevo con su festín de brotes y la fresca eclosión de sus más fragantes rosas.

Dentro de poco, los áridos fundos campesinos, imágenes hoy de la devastación y de la muerte, se tornarán, al conjuro de los bienhechores riegos, en prometedoras sementeras, en cristalizaciones de racimos, en mares profusos de áureas espigas; y el hambre, el amarillo vestigio del hambre, huirá espantado de los cortijos al advenimiento de las cosechas, ante la irrupción formidable de los granos, que son los guerreros de la vida.

Y a la horrible neurosis del Verano sucederán el bienestar y la dulcedumbre en los espíritus. Vendrán los días de lluvia, de frío, de viento y de bruma; los días en que, con una indefinible beatitud en el alma, nos refugiamos en la celda de alquiler, que entonces adquiere un valor grande a nuestros ojos, y horas enteras, horas interminables, mecidos por la cantinela familiar del agua, permanecemos así, echados en la cama o en la chaise-longue, gozando con egoísmo nuestros tesoros interiores, o sumidos a veces en una vagarosa y dulce somnolencia de animales dichosos.

Ya veremos cómo este viejo Invierno, trayéndonos el pan, trayéndonos la abundancia, trayéndonos la hartura, nos trae también la paz, la concordia, la dicha y el amor, porque los hombres, como lo dijo un antiguo dolorido, se hacen la guerra cuando están hambrientos, y sólo viven en paz, en armonía y en amor cuando se encuentran hartos.

¡Viejo y buen Invierno, yo te saludo!

SALATIEL ROSALES.
Abril de 1913.
(El Nuevo Tiempo — abril de 1913 — No. 630).

EL ÁRBOL

El árbol, cual el hombre y el animal, es una de esas insólitas apariencias del Espíritu del Mundo, como diría Emerson. Forma efímera, fantasma pasajero, caprichosa encarnación de esa fecunda y renovadora energía secreta que no comprendemos bien, pero que, sintiéndola en nosotros mismos, la adivinamos, la sospechamos vagamente; la vemos en el planeta que se solidifica, en el germen que se desenvuelve, en la gestación del ser, en la dulzura del trino y, más que todo, en esa prodigiosa fuerza interior que lleva el hombre dentro de sí mismo.

Para el filósofo naturalista, el árbol es apenas un organismo, un ser vivo, inferior al animal, colocado en las vagorosas fronteras del mundo inorgánico. Un ser rudimentario, perpetuamente adscrito a la tierra, sin palabra, sin alma, sin conciencia, condenado a envejecer y a morir en el lugar donde nació. Para el hombre vulgar y utilitario, es una cosa útil, indispensable a su egoísta bienestar. Para el espíritu amante del Arte, devoto sincero de la Estética, el árbol es, entre las infinitas formas de la naturaleza, quizá la más digna de admiración por su rica y sencilla belleza. Y, en fin, para el hombre finalmente altruista, saturado de un amor búdico hacia todo lo creado, el árbol es uno de esos seres humildes y desamparados, a los cuales la humanidad debe proteger. Debemos hacer irradiar nuestro amor, nuestra ternura humana a esta inmensa cadena de hermanos retardatarios que va, en una prodigiosa escala descendente, desde el vivaz cuadrumano hasta la informe esponja; desde el pino altivo y armonioso, cantado por los poetas, ensalzado por los filósofos, hasta la rastrera y obscura yerbecilla que cumple su Destino tapizando con una alfombra de verdura a la negra tierra; porque todos ellos, como nosotros, seres perfeccionados, hombres civilizados, somos creaciones de la misma mano, obras forjadas en los mismos yunques infatigables de ese gran Artífice, de ese supremo Laborioso que, con igual facilidad, fabrica el grano aquí abajo y más arriba la constelación.

El árbol no es un ente extraño a nuestra vida. Entre él y nuestro espíritu existe un vínculo secreto, una inefable correspondencia. De su jocunda serenidad se desprende yo no sé qué misterio y bienhechor influjo sobre el corazón del hombre. De los benditos follajes desciende no sé qué onda de paz y de dulzura sobre el alma fatigada. El árbol es consolador, es emoliente, es refrigerante; es como un amigo afable e inocente que no traiciona nunca y que os indemniza a menudo de las penas que cosecháis en la lucha diaria con los hombres. Bajo el frescor de la fronda, no hay quien no sienta su alma acariciada por un hálito de pureza fragante.

El árbol nos edifica con su sencillez, con su rudeza ingenua, con su fuerza tranquila; nos da el deseo de imitarle, de ser cual él fuertes, sanos y buenos; es un maestro silencioso, que predica con su ejemplo un vivo y enérgico evangelio. No es charlatán, no es maldiciente, no tiene el alma llena de odios estériles, de infectas carroñas; pero vedlo, sin embargo, cuán fuerte, cuán colosal, cuán majestuoso, asentado sobre el pecho de la tierra, ebrio de savias, henchido de jugos, orgulloso de sus silvestres opulencias, grande en su radiosa sencillez serena.

Amad los árboles. Si ellos os regocijan, si son para vosotros manantiales de paz y de alegría; si bajo sus magnificentes follajes habéis, en más de una ocasión, hilvanado ensueños y encontrado lenitivos a vuestras urbanas pesadumbres, protegedlos, cultivadlos, plantad en vuestros yermos a estos silenciosos benefactores de la Humanidad, para cumplir así con un deber de gratitud hacia las criaturas que, como en la frase de Ruskin, "pasan la vida sin conciencia y mueren sin dolor".

¡Amad a los sedantes árboles!

(15 de mayo 1912 — El Nuevo Tiempo — No. 336).

ALGO SOBRE AGRICULTURA

Uno de los grandes consuelos que tenemos, aparte de los lugares comunes de que nos servimos para elogiarnos, es ponderar nuestras riquezas naturales, la feracidad de la tierra, la esplendidez de las montañas. Esto es cierto. Pero ese suelo que tanto nos enorgullece está virgen porque no lo hemos cultivado; esas montañas, buenas para la contemplación poética, no han recibido todavía la acción de nuestro brazo ni han sido holladas siquiera por la planta del explorador. Así que, en medio de tan salvaje opulencia, vivimos como los pueblos más pobres del mundo, sin industrias, sin comercio, con los graneros vacíos, muriéndonos de hambre en medio de nuestras riquezas, como el rey aquel de la leyenda antigua.

Nada más desconsolador para el hijo de Honduras, que viaja por el territorio de la República, que los cuadros que a su vista se le van presentando. Pueblos sin patrimonio donde no se halla una vianda, pero sí muchos políticos, zascandiles y letrados; aldeas misérrimas que son verdaderos cubiles de gente perezosa y abyecta; viviendas de campesinos, sórdidas y primitivas, a la vera de exigüos predios y de mezquinas heredades, que no bastan al sustento del bohío; en medio de frescas vegetaciones, la zacatera de cien varas cuadradas, el frijolar, algo más grande que una madriguera, la milpa, el clásico matambre y el pequeño bosque de plátanos en la caliente y fecunda ribera. Esta tierra no se abona, no se rotura, no sufre ninguna labor preparatoria. El arado, cuando existe, es el arado en la primera fase de su evolución; los instrumentos de labranza son desconocidos; el machete, el taco y la barreta lo hacen todo; las cosechas son mezquinas, y cuando llega el mes de junio las trojes se hallan exhaustas y el hambre, un hambre pavorosa, azota pueblos y cortijos.

En orden a la ganadería, encontramos el mismo atraso y la misma incuria. Hay en el país extensas regiones, praderas favorecidas, propias para la crianza del ganado. Sin embargo, a pesar de eso, nuestro ganado vacuno, superior al de Cuba y Venezuela por la calidad de su carne, no tiene todas las condiciones que debiera tener para ganar la preferencia en los mercados extranjeros. Ello se debe al espíritu rutinario e indolente de los hacendados, que, faltos de saber técnico, ignorantes hasta de los más sencillos procedimientos de selección, nunca han hecho nada para mejorar las razas, que caminan cada día hacia una completa degeneración. La vaca hondureña es pequeña y pobre de leche; los caballos, con excepciones cada vez más raras, son exiguos, de feo continente y de muy poco alcance y vigor en la carrera. Los viejos campistas se lamentan de no encontrarse ya aquellos caballos que antaño servían para enlazar toros en vivas llamas.

Nunca hemos visto una hacienda de ganado donde se practiquen cruzamientos y se alimenten los animales debidamente con el fin de aumentar su tamaño; nunca hemos visto caballos padres ni toros sementales traídos del extranjero. En Olancho, que es uno de los departamentos ganaderos del país, el hacendado es un ente rezagado, apático, que vive sumido en un eterno marasmo, esperando que caiga del cielo la lluvia providencial, que el ternero crezca, que la vaca dé la leche, el buen queso y la rozagante vejiga de mantequilla. Esas haciendas de nuestro país distan mucho, en verdad, de las haciendas americanas, limpias, floridas y opulentas; y nuestros hacendados, en sus destartaladas viviendas, con sus pantuflas y sus burdas estameñas, no se parecen en nada al hacendado americano, que habita casas confortables, llenas de comodidad y bienestar, y puede ser un verdadero gentleman.

Comprendo perfectamente que no es con charlas periodísticas como vamos a cambiar nuestro modo de ser. Nuestros males, en todo, tienen un carácter antropológico, reconocen causas profundas, fisiológicas, étnicas, que a menudo pasan desapercibidas a la observación superficial. Llevamos en la sangre toda la degeneración de nuestros antepasados, que, doloroso es confesarlo, nos legaron muy pocas cualidades y muy pocas virtudes. He vivido algunos años entre la gente del campo, la he observado, he visto sus defectos, he medido sus aptitudes para el progreso, y confieso que me he desconsolado ante el poco vigor corporal, ante la mísera energía del carácter, ante el débil poder intelectual y volitivo de lo que constituye la materia prima, el plasma, por decirlo así, de la nación.

Mas esto no es una condenación. Por medio de una educación, pero de una educación esencialmente práctica que no tenga nada que ver con los pasatiempos filológicos de las escuelas de hoy, creo que podemos llegar a mejorarnos, a renovarnos, tal como ha sucedido en otros pueblos del mundo.

Pienso que la fundación de una gran escuela de agricultura, montada a la altura de las escuelas inglesas y americanas, y el establecimiento en todo el país de escuelas, no para abarrotar al alumno de huera sapiencia, sino, sobre todo, para educarle el cuerpo mediante serias prácticas deportivas, serían grandes pasos en el sentido de una sana evolución.

Porque los mares que bañan nuestras costas, la feracidad de nuestros bosques vírgenes y el modo de ser de la época actual, nos están diciendo a las claras que nuestro destino como nación no es vivir enredados en tartariniescas empresas políticas, sino constituir una colectividad seria, honrada y laboriosa.

(La Prensa — 1910 — No. 1072).

LA CIENCIA Y EL MITO

Existe un hecho que debiera servir para atenuar un poco los orgullos de la Ciencia: ese hecho lo constituyen los milagros que esa misma Ciencia, con candor casi místico, erige a menudo en su campo de acción, como verdades de tomo y lomo, conquistadas gloriosamente en ese terrible combate que la humanidad, desesperada de sus tinieblas, ha trabado desde hace siglos para abrirse algunas temerosas brechas de luz a través del hermético gran Todo.

Entre esos milagros de la Ciencia y los estupendos fraudes de los mitos, en los cuales sólo vemos una descarada burla de las leyes naturales, acaso sólo existan diferencias cuantitativas.

Los agentes antropomorfos del mito no se han parado en pelillos para operar en un minuto las más brutales y cínicas evoluciones de la materia; en tanto que la ciencia, más recatada, procede tímida o dolosamente, disfrazando su milagro con las apariencias de la realidad científica.

El héroe del mito, en un instante de ansia creadora, del oscuro légamo hizo la vida y todas las formas orgánicas, hasta las más complejas que se conocen hoy; y la ciencia ha repetido después el milagro —no engendrando en un momento criaturas perfectas como en el cuento judaico— sino extrayendo la vida, el plasma primigenio, de unas cuantas substancias que carecían en absoluto de llama vital.

Cómo del lodo salió el hombre y cómo de una combinación de hidrógeno, carbono, azoe, etc., pudo engendrarse un microorganismo, son cosas que no las dicen ni el viejo libro de Moisés ni la filosofía biológica contemporánea.

Preguntamos ahora: ¿tendrá razón la Ciencia para burlarse tan groseramente, como lo hace, de las ingenuidades de la Sagrada Biblia?

(Junio 23 de 1913 — El Nuevo Tiempo — No. 677).

DE LA VIDA INTERIOR

El sueño de ayer que nos embriagó el alma y nos aguijó a la acción, es hoy un motivo de dolor y de pesadumbre; la nueva ilusión que hoy brota, y a la cual confiadamente nos rendimos, será mañana una realidad dura y desangrante. Lo sabemos. Tenemos la experiencia de los que han sido engañados y defraudados muchas veces. Sabemos que esta nube rosada que hoy brilla en nuestro cielo interior, hermana es de esos celajes inestables que decoran los crepúsculos en las tardes suntuosas del estío. Sabemos que este sueño que ha venido a ponernos beodos como el vino, se va a trocar más tarde o más temprano en un acerbo licor de desesperanza... Sabemos todo eso, pero no podemos, ¡ay!, sustraernos al encantamiento. En nuestra alma, en lo más íntimo de nuestra alma, vive un quijote, dolorido a veces, pero nunca escarmentado; un quijote presto a darse a la alucinación, y remiso, remiso siempre ante esa realidad del mundo que todos los días llama a nuestra puerta.

Ah, la vida es un eterno despertar de un sueño y un eterno volver a caer en otro sueño.

El alma humana es renaciente. El alma humana es obstinada en la quimera y en el sueño. Hoy, vientos de desolación la ponen mustia y descarnada como árbol en otoño, y mañana una dulce y ardiente primavera la vuelve a llenar de flores y de perfume; hoy el dolor la abate hasta lo inconcebible, tanto que parece que no sobreviviera, y mañana esa misma alma se yergue ante la vida ostentando una lozanía y una juventud nunca vistas; hoy va vestida de luto, entonando una fúnebre elegía, y un día después, va de gala, ebria de amores y de sueños, cantando a la vida, al placer y a la esperanza.

¡Bendita manera de ser del hombre! ¿Qué sería de una pena que nos mordiera el corazón eternamente? ¿Qué sería de nosotros si la dicha, como una querida contumaz, se empeñara en no abandonarnos nunca? ¿Qué sería del hombre si se viera condenado en sus días a beber en una misma copa y a gustar de un mismo vino?

Oh, Señor, necesitamos que todo cambie, que todo se renueve; que nos des hoy una ilusión y nos pongas otra mañana; que nos cambies el deseo, que nos hagas múltiple la esperanza, que nos depares las emociones y que cada día que nace con tu luz traiga para el alma, fatigada de lo viejo, un nuevo estremecimiento, una vibración desconocida.

Diciembre de 1915

(La Semana Ilustrada — diciembre de 1915 — No. 6).

NUEVA FE

La Edad Media tuvo un carácter religioso, pero la época moderna es eminentemente científica.

Estamos ya bastante lejos de los períodos de mentira religiosa; vivimos en un siglo de ciencia, de investigación y de análisis.

El universo es cada vez más conocido, se confirman teorías, se descubren nuevas leyes, se ensanchan sin cesar los horizontes del saber.

Estamos llenos de nociones, y una sed de verdad insaciable nos lanza cada día a nuevas conquistas.

Tendemos a la ciencia. Indagamos, formulamos hipótesis, hacemos experimentaciones.

No nos conformamos con nociones vagas, a priori. No creemos en la Metafísica. La Teología, con sus dogmas, se nos antoja un juego de niños.

Somos positivistas, no aceptamos lo que no hemos visto, lo que no hemos comprobado.

Creemos en la ley cosmológica de la substancia, con sus atributos la materia y la energía, y negamos con una sonrisa en los labios esos dioses antropomorfos y extramundanos creados por la fantasía de los hombres.

El universo para nosotros es uno; somos monistas, no dualistas.

Aceptamos el principio de evolución como lo han formulado Darwin, Spencer y Haeckel. Lo aceptamos para todo el cosmos.

Todo está cambiando, renovándose sin cesar; todo se mueve como en un círculo, lo grande y lo pequeño, el hombre y la nebulosa.

Nada es eterno, sólo la materia y la fuerza. Los astros envejecen y mueren, los sistemas planetarios se acaban, y el hombre cae en la fosa, ya se sabe.

No hay más que materia y fuerza por doquiera.

La Física y la Química nos explican todos los fenómenos, hasta los del pensamiento.

El hombre no ha caído de arriba ni ha sido fabricado como un artefacto cualquiera. El hombre es el último esfuerzo de la naturaleza creadora, el último estadio de la evolución orgánica sobre la tierra.

Venimos de formas inferiores. Venimos del cuadrúpedo, del ave, del anfibio, del pez.

Hace algunos siglos fuimos ese sapo que brinca en el lodo; esa víbora venenosa que se arrastra por el bosque umbroso.

Hay en nosotros algo del caballo que corre, del ave que vuela, del anfibio que se arrastra, del pez que nada.

Todos son animales que tan admirablemente se eslabonan en la cadena zoológica; son nuestros antepasados, nuestros progenitores, son nuestros padres.

Nuestros antepasados directos no fueron Adán y Eva, sino los monos catirrinos.

Nuestro primer padre no fue un hombre bello y perfecto; fue un mono deforme, el pitecantropus.

NOTA: Este artículo dio principio a la acalorada polémica científica y teológica entre el escritor Salatiel Rosales y el Doctor Agustín Hombach, después Arzobispo de Honduras. Rosales debió haber dicho millones de años, milenios, que no siglos.

EL EVANGELIO DE LA BONDAD

A Froylán Turcios, el poeta de la rara emoción.

Jeremías Bentham, el maestro inglés de la moral utilitaria, decía a sus buenos sajones que la probidad era el mejor de los cálculos. Nosotros, que hemos buscado la meta de Jesús; que hemos atemperado nuestra sed cabe la fuente platónica, y que más de una vez, en horas de desesperanza, nos hemos sentado a la sombra del árbol de Marco Aurelio, no podemos aceptar ya el bajo sentido epicúreo que dieron a la moral los discretos filósofos ingleses del siglo XIX. Reclamamos más bien el severo imperativo categórico de Emmanuel Kant. Queremos, como nervio fecundo de la ética, un etéreo y luminoso sentido ascético, y sobre las arideces de la moral sensualista, pedimos que se plante un brote de aquella fraterna simiente que Jesús aventó en el sermón de la montaña.

Glosando a Bentham, podríamos decir a nuestros hermanos: "Sed buenos, porque la bondad es el mejor de los cálculos". Imitando a Guyau, podríamos repetir: "Sed buenos, porque la reacción de la bondad es la bondad". Y en verdad que a los hombres que se han quedado retardados en los senderos de la perfección espiritual, hay que despertarlos de su letargo ofreciéndoles en la lejanía de su conciencia aquel sórdido estímulo. Como el asno de que habla Schopenhauer, ellos necesitan, para acelerar su avance, que se les finja en la ruta, no lejos de sí mismos, el premio tangible de su esfuerzo.

Mas sobre esa bondad asequible al hombre medio, sobre esa bondad externa y material que se revela en las obras realizadas en bien del hermano, está otra bondad superior, que nace del alma, que brota del corazón, bondad pura, de génesis divina, limpia de toda mácula y dueña de esa belleza propia de las cosas que no han sido amasadas con el fango impuro de la carne.

Alabemos al hombre que no le quita la mujer al hermano; alabemos al hombre que no se alza con la hacienda de su hermano, al que no le despoja en la encrucijada, al que en público no mueve su lengua para mutilarle la honra.

Alabemos también al hombre que alarga una mano bienhechora al hermano caído; al que brinda su óbolo al menesteroso; al que da el pan de sus palabras buenas; al que en público le erige un trono a la honra ajena. Pero pongamos una aureola de santo sobre la frente del hombre que, sin vanas palabras y sin grosera mímica, lleva en su corazón esa bondad silenciosa del justo, que no esparce a su alrededor bienes terrenos; que no riega dinero a rebatiña; que no va al asilo, ni al hospital, ni al manicomio, pero que no ha sembrado jamás un dolor, ni arrancado una lágrima, ni apesadumbrado una vida, ni acrecentado con la más leve partícula de odio o de violación el caudal del mal existente sobre la tierra.

"Cualquiera que haya visto con deseo a la mujer de otro —dijo Jesús— ha cometido adulterio en su corazón". Cualquiera que haya alimentado en su alma un impulso contrario a la felicidad de su hermano, ha dejado de ser puro y ha delinquido a los ojos del Eterno. El que ha concebido bajos pensamientos; el que en secreto se ha dado al odio y al rencor; el que ha meditado en su corazón la desgracia de un hermano, desde ese momento ha dejado de ser bueno, ha transgredido una ley divina.

¿Pensáis acaso que sois inocentes cuando vuestro sentimiento se ha apartado de las normas eternas de la moral? ¿Pensáis que el odio estancado en vuestra alma no va a marcar su huella en la vida, cual el odio violento? Os digo que sí. La perversión de un alma es algo que, como la bondad de un alma, trasciende de manera sutil e invisible más allá de lo que puede concebirse. Se expande por doquiera como un vaho de pestilencia. Tiene a veces, en los más distanciados, extrañas y dolorosas percusiones. Cuando en una comunidad de hermanos vive uno de esos protervos, se cierne en el ambiente un descontento, una inquietud temerosa, que no se acierta de dónde viene.

Cuando un malvado se instala frente a nuestra casa, aunque vaya revestido de santidad, sentimos desde ese momento que algo fatídico ha comenzado a flotar por encima de nuestras cabezas. Sus mejores palabras no engañarán a nadie, y a pesar del sello bondadoso que ha logrado imprimirle a su persona, a pesar de su sonrisa, a pesar de su mirada, habrá resistencias, habrá rebeldías obstinadas en las almas de los otros que sólo se abrirán al justo que sabe merecerlas.

¡Ah, la vida es una trama de misterios insondables! Cuando habéis pensado mal de vuestro hermano, cuando en vuestro corazón hay veneno y ponzoña, sabed que más de un ser se ha estremecido, lejos de vosotros, en aquel mismo momento. Cuando os asalte una melancolía sin nombre, cuando algo parecido al llanto bañe vuestro ser interior, cuando se humedezcan sin saber por qué vuestros ojos, será que, en las ondas del misterio, os ha llegado el influjo adverso de un alma lejana.

¡Oh, el bueno de corazón! Su presencia nos llena el alma con algo indecible. Nos perfuma y nos conforta. Nos da la sensación de algo incontaminado, impregnado de inocencia y de belleza. Un hombre bueno y puro es para nosotros un hermano de los manantiales, hermano del lirio, hermano de la espiga. Ese hombre va por el mundo, no sonando una rajada trompeta de benefactor, sino desparramando aquí y acullá el bien con una actitud recatada y silenciosa. No hace donativos, no riega con lujo los millones, no practica la virtud ostentosa del fariseo y el publicano; pero ese hombre, sabedlo, vale más que el fariseo y el publicano, porque sobre las ingratas asperezas de la vida, él ha sembrado su benéfico árbol de bondad, y porque con el solo ejemplo de su alma y de su corazón, quizás haya dado a la tierra bienes más ciertos que los de ese filántropo que pasa a nuestro lado.

Que cada hombre se haga un evangelio de la bondad; que cada hombre aprenda a dulcificar su entraña en presencia de su hermano; que cada hombre, sintiéndose divino, acorde su existencia a una pauta divina.

La vida, reparadora y justiciera, premiará al bueno, tejerá una corona para su frente de justo. El bueno, señores, se verá exaltado, se verá dignificado.

Mas el malo, el que ha menospreciado la ley natural y escarnecido a los dioses, aunque evite la cárcel y la horca de los hombres, no podrá escapar a la sanción que le haya reservado la justicia invulnerable del universo.

(Ateneo de Honduras — agosto de 1923 — No. 51).

NUESTRA SOLIDARIDAD CON EL GRAN TODO

No se necesitan los cristales interiores del meditativo para ver en esta época lo que no vieron los antiguos, la necesaria solidaridad que existe en toda esa trama de realidades bajo las cuales le place mostrarse a nuestros ojos la enigmática Substancia.

Un poco de ciencia trascendental —no de esa ciencia minuciosa y episódica con que se envanecen ciertos ratones de biblioteca— le ha bastado al hombre de hoy para encontrar esa soberana armonía, esa grandiosa complicidad de las fuerzas arcanas que tan lejos estuvieron de adivinar los más perspicaces e interrogadores de los antiguos.

Hemos substituido el anciano dogma antropocéntrico, que divorciaba al hombre de la natura, considerándolo gratuitamente como un eje o un centro, con una equilibrada concepción unitaria, ante la cual el rey de la creación ya sólo es un simple fruto cósmico o una paradojal modalidad de la Substancia, elaborada, como todas las otras, por la acción de fuerzas mecánicas —físicas y químicas— que han trabajado paciente, sorda y ciegamente en el seno del tiempo eterno.

Estamos ligados al Todo, somos una resultante de las mismas leyes obscuras que han engendrado la bestia y la nebulosa. Intuiciones muy íntimas nos dicen que nada se encuentra aislado, extraño a los demás, sino que hasta el más anónimo guijarro es solidario del conjunto en ese sempiterno ser y devenir de energías y de formas fantasmagóricas que integran el universo sensible.

Sí; hay una complicidad tal en todo lo que existe, que cuando se medita en ella, algo como un enternecido éxtasis se apodera de nuestra pobre alma humana. Se piensa entonces cómo las fuerzas más lejanas nos influyen y actúan a cada minuto en nosotros y alrededor de nosotros. Ese pensamiento que vive dentro de ti, ese sueño rosa, esa idea que habita vuestra mente, os vienen de la fuente de ese Sol que vierte todos los días sobre la tierra, con munificencia de gran señor, su caudal de rica y benéfica luz; de ese sol a quien, como los dioses de la fábula incaica, le debemos la vida los hombres, las bestias y las cosas que nos debatimos en este bajo mundo.

Así, no os asombréis si os digo que el universo ha trabajado la suculenta patata de vuestra mesa y el vino rutilante que hierve en vuestro vaso; que ha hecho nutritivo el pedazo de carne con que os reparáis diariamente; y que ese mismo universo es cómplice secreto de la lámpara que está brillando en vuestro cuarto; del aroma de la flor que lucís en el pecho; del numen que lleváis en el cerebro, y del milagro de vuestra propia existencia.

(El Nuevo Tiempo — junio de 1913 — Núm. 681).

LA TIERRA ES UN ORGANISMO QUE ENVEJECERÁ Y MORIRÁ

Es generalmente aceptado entre los filósofos y geólogos más eminentes de nuestra época que la tierra es un organismo viviente, parecido en cierto modo a los organismos individuales. La tierra puede considerarse como una resultante de la simbiosis cósmica. Es un ser vivo, dotado de lo que pudiéramos llamar un psiquismo terrestre.

Luis Bourdeau ha dicho lo siguiente a este respecto: "La tierra, considerada como un organismo vivo, está animada del mismo modo que nosotros. Tiene personalidad real. Hay un alma del mundo, como creían los antiguos. Si todos los seres de que se compone este gran ser (la tierra), sociedades humanas, humanidad, reino animal, hasta en sus menores elementos, están en diversos grados dotados de un principio anímico que los dirige, ¿no podría admitirse, por analogía que resulta de su conjunto, una especie de alma cósmica y que el acuerdo de todos estos espíritus, coordinados y unificados en uno solo, se resuelva en ella en una conciencia superior, como el yo consciente se confunde en una multitud de conciencias elementales?".

Esto dice Bourdeau, uno de los pensadores más originales de la época contemporánea. Esto puede decir también cualquiera que acepte los principios monistas de la substancia, con sus derivativos las leyes de la evolución, que rigen todo el universo.

Entre las teorías más notables que se han dado sobre este difícil problema, está la teoría mecánica de Laplace sobre la formación de los mundos, ligeramente modificada por la llamada fisiológica de Bourdeau, y que considera al sol como engendrador de todos los planetas de nuestro sistema solar, siendo la tierra, al principio, en virtud de esta teoría, una masa gaseosa primero e incandescente después.

Nacida la tierra y llegada al concierto sideral, tendió por las fuerzas y circunstancias que sobre ella obraron a la conformación actual, después de haber sufrido grandes conmociones, génesis de continentes y altos picos, fenómeno originado por las oleadas del fuego central de una temperatura de 193,234 grados, que no puede ser concebida por la estrecha latitud de nuestra débil imaginación.

El problema de la edad de la tierra no puede decirse que haya sido resuelto todavía. La mente humana, con sus estrechas nociones sobre el tiempo y el espacio —nociones puramente relativas— es impotente para abarcar la inmensa duración de los períodos que ha recorrido nuestro planeta en su desarrollo, desde el momento en que se desprendió de una nebulosa como una simple masa gaseosa, o del sol, bajo la forma de un círculo incandescente.

No nos es posible siquiera representarnos la duración de lo que se ha llamado la geología orgánica, que comprende el desenvolvimiento de la vida orgánica, desde la simple manera primordial del período arqueozoico hasta la complicada estructura del hombre del período antropozoico o época diluviana, período que, según unos, sólo mide doscientos millones de años, y según otros, alcanza hasta mil cuatrocientos millones de años.

Pero es indudable que la tierra se encuentra en su juventud cósmica, a pesar de las inmensas etapas de desarrollo que ha recorrido para llegar a su forma actual. Su vejez no se columbra todavía, porque encontrándose ella también sujeta a la ley biológica de que la duración de la vida del ser está en relación directa con la duración de su desenvolvimiento, y admitiendo, por otra parte, que uno de los fenómenos que contribuirá a su muerte será el enfriamiento del sol, que se realiza de un modo lentísimo, la pluma se detiene, no puede aventurarse a lanzar una predicción sobre una época que se pierde en las brumas de un futuro asaz lejano.

Sin embargo, la tierra envejecerá; vendrá, por fuerza, como ha venido para otros astros, su vejez planetaria, vejez triste, en que nuestro planeta ya no podrá alimentar la vida, porque perderá su calor propio, el sol dejará de vivificarla, los hielos del polo se precipitarán en su ecuador, los mares se secarán, la atmósfera concluirá por desaparecer tras una lenta rarefacción, y al fin de cuentas, la tierra, envejecida, caduca, agónica, sufrirá un choque, del cual surgirá otra nebulosa, para volver de nuevo el viejo juego de las fuerzas mecánicas del universo.

(La Prensa — 1910 — No. 1148).

ELLOS Y NOSOTROS

(Fragmento de un estudio)

En la lucha vital internacional en que nos vemos empeñados, nuestros enemigos son muy grandes y poderosos, y se hallan revestidos de la audacia que el poder y la fuerza han dado siempre a las naciones. Cuando digo enemigos, le doy a la palabra su sentido biológico. Enemigos de una nación, en este sentido, son todas las naciones del globo con las cuales vive en contacto, así como los enemigos de un individuo dado serán todos los individuos de su especie con los cuales esté en relación. Enemigo, tanto para las naciones como para los individuos, no sólo es el que nos dispara tiros, sino el rival y el concurrente en la lucha por la vida. El peligro, en ese struggle for life de naciones, estriba en que las naciones fuertes no siempre respetan los derechos de los débiles. Esto ha sucedido siempre así. Los que creen que los abusos de la fuerza son producto de esta época, olvidan que el pasado, el pasado histórico, está lleno de expoliaciones, de rapiñas y de conquistas descaradas y brutales. Y los que, llenos de asombro, maldicen indignados al conquistador, acaso olvidan también que ese conquistador no es otra cosa que muchos millones de bímanos, que llevan todavía en las entrañas, bajo el delgado barniz de su civilización, toda la ferocidad primitiva de los antepasados cuaternarios.

Los pueblos fuertes raras veces vacilan, cuando les conviene, en violar el derecho de los pueblos débiles e inermes. Y no vacilan porque nada tienen que temer de los ofendidos que, careciendo de fusiles y cañones para amparar su derecho, se contentan, a veces, con elevar al cielo un gemebundo grito de protesta, grito santo y justo que, a menudo, se diluye en el vacío. Es doloroso pensar que después de tantos siglos de progreso moral, el derecho sólo sea, sin el concurso de la fuerza bruta, una hermosa quimera de la mente humana; y es porque, en medio de esa aparatosa civilización nuestra, el hombre, que no se modifica en un día, lleva un fondo ancestral de barbarie muy parecido al de sus obscuros y lejanos abuelos. El hombre de hoy, el hombre del radium y de la electricidad, el osado conquistador de la naturaleza —¡quién lo creyera!— sigue siendo, bajo una falsa moral que no es sino una refinada máscara de hipocresía, la misma bestia agresiva y violenta de los períodos iniciales de la evolución humana. La violencia de las naciones es una imagen de la violencia de los individuos. Con una brutalidad que desconcierta a los apóstoles de la fraternidad internacional, esas naciones viven consumando en los pueblos débiles despojos crueles, odiosos atentados que serán en la historia una eterna mácula de la civilización y un baldón para los pueblos que las ejecutan.

Pero los pueblos débiles tienen derecho de vivir y tienen derecho de defenderse. Los pueblos débiles que sucumban esbozando un supremo gesto heroico, serán pueblos grandes, pueblos gloriosos que tendrán su página de oro en el libro de la Historia.

(Revista Ateneo de Honduras — 22 de noviembre de 1913 — No. 2).

A FROYLAN TURCIOS

Poeta Ilustre

Cuando Ud. vino al mundo, las hadas benéficas, entre otros dones magníficos, le dieron el don de la poesía, el don del Ideal, el don de una inmarcesible juventud de espíritu; porque podrá la vida, podrá el bajo dolor humano blanquearle de canas el cabello, surcarle de arrugas la frente; pero no podrán nunca acabar con esa florida primavera de entusiasmo y de ensueño que Ud. lleva en el alma.

Así, jamás se marchitará en su frente el laurel délfico.

Tegucigalpa

(Revista Ateneo de Honduras — 1915 — No. 21).

EL HOMBRE ACTUAL

Hay en el hombre actual una animalidad persistente y atávica, la animalidad del hombre antehistórico que durante ciclos incalculables departió acaso amigablemente con el elephas primigenius y el oso de las cavernas. En el fondo su naturaleza fermenta la crueldad de sus lejanos antecesores, y en ciertos actos, como la guerra, da ejemplos de una ferocidad tal, comete tales excesos de barbarie, que no tiene nada que envidiar en este sentido a sus viejos progenitores.

Sin embargo, el hombre se ha venido desanimalizando poco a poco, y hay una diferencia enorme entre el hombre de hoy, que respeta y venera a sus abuelos, y los salvajes de las más remotas tribus que sacrificaban sin piedad a sus miembros más ancianos. La moral, ganando terreno, cada día se acerca a su ideal, a su verdadero ideal, que no es ni puede ser la moral que Cristo predicó en la montaña, sino la que concilie, la que armonice mejor los principios fundamentales del altruismo y del egoísmo, los dos mandamientos del amor de sí mismo y del amor hacia el prójimo que constituyen la base más importante de la moral monista, que es una moral científica, llamada a triunfar definitivamente en el porvenir.

El odio a la ciencia, el odio al lujo, el odio a la mujer y a la civilización que profesaron Jesús y sus discípulos, es contrario a la naturaleza y contrario también al progreso que tiene que cumplirse siempre, a despecho de todo, como que es un resultante de las leyes de la evolución, leyes fatales que presiden eternamente los cambios y las transformaciones del universo.

La civilización actual, con todas las deformidades y miserias que acarrea, debe llenarnos de orgullo; debemos sentirnos satisfechos de los progresos del vapor, de la electricidad, de los inmensos progresos científicos que nos han puesto en comunión más íntima con la naturaleza, y que, llevados al terreno de la aplicación práctica, han venido a centuplicar nuestro bienestar material, que dista mucho o que supera en mucho al bienestar que pudieron disfrutar los babilonios de Semíramis, o los hombres de Atenas en tiempo de

Pericles, o los hombres de Roma, bajo la égida de Augusto, con haber llegado éstos al más alto grado de esplendor, de lujo y de refinamiento. Hoy, París, con su maravillosa cultura intelectual, vale más, mucho más de lo que pudieron valer Menfis y Palmira en la antigüedad; Londres, con su espacio erizado de tubos, y Chicago, con sus carnicerías y sus fabulosos graneros, dejan muy atrás a Tiro y a Cartago; los muchachos de nuestras escuelas saben más ciencia que la que supieron Confucio y Aristóteles, y nuestros comerciantes conocen latitudes y surcan mares que no sospecharon siquiera los opulentos mercaderes fenicios.

El progreso no se detiene, siempre marcha, ya sea vertiginosamente, cual raudo corcel, ya sea a pasos cortos, cual tardo plantígrado. Querer detenerlo, echarse sobre él como a grito pelado lo han hecho algunos escritores evangélicos, pretendiendo que sería mejor volver a la vida primitiva, volver a ponernos hirsutos sayos de cuero y alimentarnos de hierbas y miel agreste, en vez de las sedas que usamos hoy y de las civilizadas viandas que comemos, es malo, es absurdo y es utópico. Dejemos marchar a ese centauro, dejémosle que, en su galope grandioso, arroje mucha espuma y resople fuertemente. Los ascetas ya no son de estos tiempos. San Simeón el Estilita y San Bruno no hallarían cavernas ni bosques donde meterse con sus santas aspiraciones de vida trascendente. Pero el ermitaño no encontraría tampoco secuaces para ir a París o a Berlín a sustituir en esas ciudades el rojo imperio de Satán por una blanca colonia de Cristo. Hoy los hombres, formando poderosas colectividades, viven empeñados, no en preparar los caminos del más allá ilusorios, no entregados a locas esperanzas satanísticas, sino en resolver problemas terrenos que atañen directamente a su existencia individual y colectiva.

Mas, a pesar de ser inmensos los progresos que ha alcanzado en el camino de la perfección, el hombre, como lo iniciamos al principio, está todavía muy imperfecto, muy primitivo en el fondo, y se necesitan muchos millares de siglos para que lleguemos a ser del todo diferentes del hombre primordial, dominado todavía por los instintos del primate, su más próximo antecesor. Llevamos un sedimento de animalidad persistente, del cual no hemos podido despojarnos en muchos siglos de cultura, a pesar de que en nuestra historia, arrancando de las más lejanas edades, se nota un proceso de desanimalización continua, una humanización gradual, una serie no interrumpida de conquistas ganadas penosamente, día por día, a la bestia primitiva.

Tegucigalpa, 1910

(La Prensa — febrero de 1910 — No. 948).

FAUNAS INTELECTUALES

Hay un medio intelectual —así como hay un medio físico— que puede apreciarse aun en los pueblos de más rezagada civilización, ya sea estudiando los aspectos que ofrece la cultura ambiente o, como quería Hipólito Taine, haciendo un examen crítico de tres o cuatro de las intelectualidades más salientes del medio que se trata de conocer. La relación que existe entre un medio intelectual y los hombres que en él viven y se desarrollan es exactamente igual a la que se observa entre un medio físico y la fauna que sustenta. No creemos llegar al absurdo afirmando que en los tiempos que alcanzamos, por causas complejas que no caben en las dimensiones de un artículo, casi no son posibles ya aquellos colosos de la inteligencia, que cual soberbias torres han resistido los embates de los siglos, así como tampoco son posibles, en las condiciones actuales del planeta, ciertas especies de animales monstruosos que ha reconstituido sabiamente la paleontología moderna. Aristóteles con su vasto genio y Esquilo con su numen salvaje y grandioso, estarían entre nosotros tan fuera de lugar y de tiempo como aquellos gigantes proboscidios de la época terciaria, que fueron el terror del hombre prehistórico durante los largos siglos que éste erró desamparado y solo por los bosques milenarios. Aquellos genios pasmosos fueron producto de una época en la geología del espíritu humano —válganos la frase—, tal como los mastodontes que hoy figuran en nuestros ricos museos son producto de una etapa geológica determinada de la tierra; y la admiración que en nosotros despiertan los serenos pensadores antiguos —tan lejanos y tan actuales— es hermana de la que hoy sentimos en presencia de las formas geológicas desaparecidas, cuya sencillez rudimentaria, dicho sea de paso, dista mucho de las complicadísimas estructuras de la época presente. Quiere esto decir que en el orden espiritual hay faunas ni más ni menos como las que hay en el orden zoológico. Podríamos, sin un esfuerzo mental muy grande, percibir las enormes diferencias que existen entre los intelectuales de la fauna antigua y los intelectuales de la fauna moderna; entre aquellos maravillosos videntes del porvenir y nuestros pensadores de hoy, de tallas reducidas, almas exiguas y pensamiento limitado; la enorme diferencia que va de un profeta de la Biblia o de un filósofo heleno al conde León Tolstói o a un profesor de una universidad alemana, diferencia que, si queremos apreciar, basta simplemente con comparar la producción intelectual del día con la producción intelectual antigua. La primera es indudablemente más numerosa, mil veces más numerosa que la segunda. Hoy, por las condiciones mismas de la vida moderna, sumidos en el tráfago febril de la civilización los hombres, como justamente lo ha observado un insigne escritor americano, no podrían ya, aunque lo quisieran, madurar una idea, llevar en el cerebro una obra luengos días, luengos años, como lo hacían los escritores y poetas antiguos. Aquellas tranquilas y dilatadas gestaciones, aquellas amorosas y pacientes incubaciones que precedían a los grandes alumbramientos, ya no son posibles en los tiempos que corremos, porque vivimos aprisa y aprisa producimos, no para alcanzar la inmortalidad ni en una generación, sino solamente para poder sobrevivir, para ponernos a flote en la lucha diaria de la vida. De esto resulta que las obras que hoy salen del cerebro de los hombres, careciendo de la consistencia, grandeza y majestad de las antiguas, tienen que ser necesariamente deleznables y mediocres. Antes se grababan sobre el bronce o el papiro las vastas concepciones de las almas, llamadas a vivir con vida intacta a través de las edades; pero en la época presente, entre el inmenso fárrago de libros que salen diariamente de las máquinas, para inundar el mundo en un éxodo incesante, son muy pocos, poquísimos, aquellos a quienes está reservada la suerte de perdurar siquiera en una generación.

Tegucigalpa, 1910.

(La Prensa — 1910 — No. 956).

SEPAMOS VIVIR

A través de su vida, esta es la más fuerte preocupación del hombre: alcanzar la felicidad. La moral antigua, tratando de mejorar a los hombres, daba máximas para llegar a la dicha, el fin supremo. La moral nueva, persiguiendo igual fin, desde Emmanuel Kant hasta nuestros días ha venido sembrando de imperativos categóricos los campos de la ética.

Pero los hombres nunca han llegado a sentirse plenamente felices. La queja, el lamento acrimonioso, la imprecación sorda del hombre que sufre, han sido escuchados siempre, en todos los tiempos y lugares. Las leyendas de la vieja Asia nos hablan de inmensos rebaños de hombres doloridos aguardando taumaturgos, mesías o marchando hacia lejanas y felices tierras prometidas. En Egipto, bajo la irresistible omnipotencia de Ramsés, rapsodas mendicantes lanzaban su prédica doliente en el aire sereno del desierto. En Grecia —el pueblo más alegre y radioso que ha habitado bajo el sol— la filosofía dejó oír por boca de Plutarco y de Antígono sus más amargas exclamaciones, y algunas décadas después, en Roma, Séneca afirmaba que la muerte era el mejor invento de natura y Marco Aurelio, el más espiritual de los hombres, repetía la frase desoladora del viejo Salomón.

Corre, a través de la vida antigua, un soplo de dolor. En la Biblia los hombres se quejan; Buda promete el nirvana a una raza abatida y miserable; y los griegos, cuando habían perdido ya la alegría de vivir, proclaman el dolor como ley universal y la imposibilidad de escapar al fantasma de la predestinación. Hasta Horacio, el más dulce y optimista de los poetas latinos, en un momento de cansancio llega a lanzar una blasfemia que disuena en sus labios, hechos para la bendición y el epitalamio.

El hombre moderno, con la herencia de una enorme civilización, ha recibido también, como un duro legado, todo el dolor de los antiguos. Un negro pesimismo sistemático, más sombrío todavía que el de las pasadas edades, mata hoy los ensueños de los hombres. Una filosofía de negaciones sopla de un extremo a otro del universo, envenenando los espíritus y asolando las almas.

Mas ¿hasta qué punto son exactas las afirmaciones de la filosofía pesimista? ¿Tienen y han tenido siempre los hombres razón para quejarse? Imposible sería negar la existencia positiva del dolor. La debilidad y la miseria son cosas anejas al barro humano. Por doquiera, una naturaleza inclemente, mala, aplasta al hombre, lo detiene en su marcha, le disputa la victoria. A menudo, algo que llamaremos la fuerza de las cosas limita su querer, pone un valladar a su ambición y trastorna sus designios. El dolor físico y el dolor moral, el achaque del cuerpo y el achaque de la mente, se disputan con encarnizamiento el imperio de las vidas humanas. Terremotos, pestes, guerras, calamidades innumerables diezman a la humanidad y despachurran a los hombres como insectos. La vida misma del ser, evolucionado en virtud de leyes fatales, recorriendo un irrevocable ciclo, no parece sino una "lúgubre" caminata hacia la muerte.

Pero la sabia armonía universal ha querido que estos grandes males sean compensados con grandes bienes, y que al lado de la perspectiva negra e inquietante se alce el miraje nítido y consolador. La vida está henchida de bienes. La naturaleza, despiadada y terrible a veces, nos brinda tutelarmente sus ilimitados dones. Brota de la santa tierra el pan que nos renueva; un oxígeno bienhechor purifica nuestra sangre; el manantial que baja saltando de la montaña refresca nuestras enardecidas entrañas con su agua clara y pura; nuestros ojos disfrutan de la luz del ancho espacio, y el dulce cielo, el bosque aromado y el sonoro e ilimitado océano recrean nuestra vista y regocijan nuestra mente.

Sepamos vivir. Se ha dicho que el matadero es la exacta representación del mundo en que vivimos y que en el struggle for life los hombres se devoran los unos a los otros como las fieras de los montes. Se ha dicho también que el odio y la guerra son el estado natural de los hombres asociados. Hay, sin embargo, una moral dulce que predica el amor, la paz y la concordia, y a esa moral debemos acogernos. Nuestro ideal, el ideal de todos, debe ser amarnos los unos a los otros, vivir en paz en la tierra, conciliando pasajeros egoísmos y pasajeros intereses. Esta es la ley de la naturaleza. El egoísmo y el odio nunca han sido la mejor pauta para vivir bien aquí abajo. El altruismo, que sacrifica algo del propio yo al bienestar de nuestro hermano, es la más sana y la más sabia regla de la vida.

Lo que es útil a la abeja es también útil al enjambre, y lo que es útil al enjambre lo es también a la abeja —dijo el filósofo antiguo—.

(La Prensa — 1910 — No. 1050).

ACERCA DE DON QUIJOTE

Ya pasó el tiempo en que nos era dado leer el Don Quijote para morirnos de risa. Hoy, el célebre caballero ha perdido a nuestros ojos su encanto de héroe de entremés, para tornarse cada vez más en una realidad dolorosa y trascendental. Alonso Quijano el Bueno ya no es un personaje para divertir a los niños, sino un hombre que ha dejado de ser lo que era en apariencia, para convertirse en un símbolo sobre el cual deben caer las meditaciones del pensador.

No se ha escrito hasta ahora un libro que tenga el alcance del Quijote. No es sólo la caballería andante y el afán del ideal y el sueño encarnado en un hombre. Es algo más; es algo que va más lejos, algo que para ser entrevisto necesita los lentes del filósofo y del meditativo.

¿Os habéis burlado de Don Quijote de la Mancha cuando trueca las ventas por castillos; las manadas de carneros por ejércitos; las bacías de barbero por yelmos de Mambrino? ¿Os habéis reído a mandíbula batiente cuando el pobre caballero endereza su lanza y su caballo contra el molino de viento? ¿Cuando en su sueño toman forma de princesas las groseras aldeanas?

Pues sabed que vuestra realidad no es más sólida que la del caballero andante. Vos también, quienquiera que seáis, ignaro o genio, esclavo o príncipe, vais por el mundo engañado, seducido por iguales fantasmas.

Carecemos de la certidumbre de nuestras realidades. La vida es una suerte de sonambulismo que a menudo nos defrauda, y si nos fuera dable despertar por un instante de nuestro sueño, veríamos, ¡oh asombro!, desvanecerse como a la voz de un ensalmo todo ese mundo mágico de apariencias que nos rodea. Veríamos que las cosas no son entidades que viven con existencia propia, sino criaturas nacidas en nuestro pensamiento, sin más atributos que los que les ha querido prestar nuestra fantasía. Lo único verdadero es el alma humana. Ella crea las cosas, les da forma, matiz, vida y movimiento. Las cosas, por lo tanto, son las hijas legítimas de nuestro sueño. Como los frutos, se desprenden de nuestra mente. Si somos unos Don Quijotes, nos agitaremos en una atmósfera de realidades aromadas y resplandecientes; si somos como Sancho, nuestro miraje será hermano del que se dibujó en la baja mente del escudero.

La humanidad, desde hace muchos siglos, viene siendo víctima de sus propias fantasmagorías, adorando mentiras que se le desvanecen al día siguiente, y arrastrada y embriagada siempre por el doloso fulgor de la ilusión.

"Hay tantas almohadas de ilusión como copos en la nieve. Los juguetes son variados y están graduados en refinamiento, según la cualidad del engaño. El hombre intelectual requiere un hermoso anzuelo; a los tontos fácilmente se les pesca. Pero todos van arrastrados por su propia fantasía, y la procesión marcha a todas horas con música, banderas y bagajes".

Sí, como en el libro de Cervantes, todo es ilusión; todo es alucinación; todo es encantamiento. El amor, el dolor, el destino, las cosas más graves no son más que ilusiones. El universo mismo, ya lo conciban Spinoza o Ruysbroeck el Admirable, o el patán que pasa por el frente, es también otra ilusión, la más enorme de las ilusiones.

Esto fue lo que Miguel de Cervantes quiso demostrarnos en su libro imperecedero.

(El Nuevo Tiempo — febrero de 1915 — No. 1193).

EN DEFENSA DEL IDEAL

Quien a la hora de la desgracia le tienda a uno la mano; quien en los días de necesidad, en las negras horas de la pobreza y del hambre le socorra con un mendrugo; quien en los períodos de la cesantía le abra generosamente los caminos de la burocracia, raras veces se encuentra en el mundo, desgraciadamente. Pero quienes le den consejos, quienes le digan: "Joven, está errado, está desorientado, va por camino de la perdición", sobran, también por desgracia.

No damos dos pasos sin encontrarnos con la Ninfa Egeria. La Ninfa Egeria nos detiene, nos estrecha la mano, nos sonríe dulzona y socarronamente. Finge querernos, interesarse por nuestra suerte, preocuparse por nuestro porvenir incierto. Luego, extiende su ala protectora y comienza a reprocharnos suavemente nuestra manera de obrar y de comprender la vida, espetándonos los consejos que, a juicio de él, han de operar nuestra salvación.

Si somos hombres de letras, si nos gusta cultivar nuestro pensamiento y soñar un poco, el consejero —que así lo llamaremos en adelante—, desde la altura de su desdén hacia las cosas de la mente, trata de convencernos de la inutilidad de esas labores en estos tiempos de utilitarismo y de sentido práctico.

Os dirá en su lenguaje un poco rudo que la Literatura no da de comer, y que es una locura, la mayor de las locuras, pasarse la vida haciendo artículos o versos para acabar en el asilo, en el hospital o en el manicomio.

Si tratáis de replicarle, ya veréis cómo se burla de la belleza y cómo, con una carcajada cínica, anonadará al arte humano. Con su sonrisa de bellaco, escarnecerá al Ideal y llamará tontos a todos los que, obedeciendo a fatalidades oscuras de su temperamento, consagran su vida, con sus días y sus noches, a dar al mundo frutos de oro de su sueño y su pensamiento.

En cambio, el consejero os hará la apología del sentido práctico. Os exhortará a ser prácticos, a no suspirar más por el ideal del caballero andante, sino por las colmadas alforjas y la redonda barriga del escudero. Os predicará el evangelio del hartazgo y la pitanza. Os dirá que los hombres que carecen de sentido práctico son unos entes inútiles y nocivos a la comunidad en que viven. Que los hombres que siembran las papas, que hacen un adobe y calculan para ganar dinero, son los hombres necesarios, los hombres eficientes, que traen el bienestar a las sociedades y procuran su progreso a todas horas.

Yo creo, sin embargo, que se engaña el consejero. El consejero ignora esta vieja y sencilla verdad: que la Naturaleza, al hacer al hombre, pone en él una aptitud especial, un don particular, para que se encargue más tarde de desenvolverlo en la vida. Es lo que austeramente llaman vocación los pedagogos. Y la vocación, es decir, ese impulso secreto que tiene sus raíces en el alma y en la sangre, no se defrauda impunemente, como cree el consejero. Así, pues, cuando venimos a este mundo ya nos está esperando el plano de acción en que nos hemos de mover.

El que hace los versos no podrá picar la piedra o sembrar el grano. El que tiene genio en la masa encefálica no podrá nunca avenirse a ser un prestamista o pinche de almacén. Bergson es una cosa; Rockefeller, otra cosa; Anatole France, otra.

Cuando unos caminantes preguntaron a Don Quijote, llenos de extrañeza, por qué andaba armado de tal suerte en aquellas tierras tan pacíficas de la Mancha, les contestó el andante caballero:

"El ejercicio de mi profesión no consiente ni permite que yo ande de otra manera: el buen porte, el regalo y el reposo, allá se inventó para los blandos cortesanos; mas el trabajo, la inquietud y las armas, sólo se inventaron e hicieron para aquellos que el mundo llama caballeros andantes".

Así es; las buenas cosas de la tierra son para los hombres que poseen el sentido práctico; mas las cosas del cielo, las etéreas cosas de la mente, son para los que han nacido con el don divino de extasiarse en su contemplación. Sancho está bien con su barriga y su jumento; Don Quijote también lo está con su delgadez, su Rocinante, su Dulcinea del Toboso y sus altos sueños.

Si Santo Tomás —por ejemplo— hubiera escuchado los consejos de algún señor práctico, Santo Tomás no hubiera escrito la Suma Teológica. Si Kant, el gran taciturno de Königsberg, hubiera hecho lo mismo, la humanidad se hubiera visto privada del imperativo categórico y de la Crítica de la razón pura; y si Cervantes, yendo un día por una calle de su pueblo de Alcalá, alicaído y pensativo, con hambre acaso, se hubiera hecho la reflexión de que era mejor ganar dinero que hacer literatura, a esta hora no tendríamos ni la fortuna amasada por Cervantes, ni ese libro eterno que se llama: El Ingenioso Hidalgo Don Quijote de la Mancha.

El progreso humano debe poco al sentido práctico. El progreso es obra de las ideas, y las ideas que mueven al mundo no se incuban en la casa del filisteo, sino en las frías celdas de los sabios y de los genios.

Si la humanidad, a través de la historia, hubiera seguido el consejo de este hombre práctico, la humanidad, sin la luz que han arrojado en su camino los grandes espíritus, estaría a la hora de ahora sumida en las tinieblas.

(El Nuevo Tiempo — enero de 1915 — No. 1177).

PESIMISMO Y PESIMISTAS

Mucho se ha vociferado contra los autores de libros pesimistas. Generaciones enteras de literatos se han quejado amargamente de un inofensivo monje medieval que se llamó Tomás de Kempis, y hoy en día no hay hortera que no lance sus maldiciones al bueno y popular Schopenhauer. Unos, buscando explicación a sus ingénitos males orgánicos, a su decadencia hereditaria o atávica, han creído encontrar el origen de aquellos en las lecturas del filósofo germano; otros, los más numerosos, han pagado tributo a ese snobismo invasor que va desde el nudo de la corbata lechuguina hasta el noble dominio de las ideas, de las creencias y de los sentimientos. Así hemos visto, en esta América autóctona, repetirse, en superhombres de arrabal, las insanias de Nietzsche, y el baudelairesco afán de la aberración sexual, de la podredumbre y del delito, en individuos que, intelectual y éticamente, pertenecen a las sanas y vulgares mediocracias en las cuales las experiencias de la Psiquiatría nos dicen que no es fácil encontrar ni el antisocial desequilibrio del delincuente ni la delirante anomalía del genio.

No negamos la influencia de los libros. Por una ley psico-sociológica bien definida, el lector no escapa a la sugestión de sus autores favoritos, aunque de éstos lo separen abismos de épocas, razas y civilizaciones —sugestión nociva o bienhechora—, porque hay libros buenos y libros malos; libros sanos y libros morbosos; libros saludables, consoladores, que debemos conservar en la biblioteca, y libros malsanos, perturbadores, malditos, que hay que arrojar cuanto antes al muladar o a las llamas.

Pero existen otras influencias contra las cuales, —más que contra el Eclesiastés de Salomón y las meditaciones de Kempis— deben precaverse todos aquellos que no hayan visto marchitarse en sus corazones la fragante flor del optimismo. Son las influencias de los hombres pesimistas. Distinguimos aquí dos clases de pesimismo: el pesimismo filosófico, el de Schopenhauer, el de Hofmann, que se queda casi siempre, como tantas doctrinas poco afortunadas, en compañía del venerando polvo de las bibliotecas; y el pesimismo vulgar, el pesimismo de la vida, el pesimismo en acción que lo llevan ciertos hombres para destilarlo como un virus, como un veneno mortal en las almas rozagantes. Este es el funesto, no el otro, no el de los fumistas de la Literatura, esos copiadores de idiosincrasias, de vicios, de reumas y hasta de hoscas hipocondrías.

Ese pesimismo está encarnado en un tipo social que, si lo intentáramos, podríamos trazar sin dificultad el croquis de su verdadera fisonomía moral. No es el hombre viejo, el harto sibarita, el Salomón decrépito de la leyenda, que no puede llevarse ya la copa a los labios ni gozar sus trescientas concubinas; es el hombre con una relativa juventud, que, por su culpa o su mala suerte, ha sufrido en una edad temprana la derrota de la vida; es el hombre que a los treinta años, cuando otros, aprovisionados de energía y de entusiasmo, se aprestan a la obligatoria cruzada, él, sin haber llegado a ninguna parte, sólo piensa ya en marcharse a la caverna del renunciamiento o en sentarse en una piedra del camino a ver declinar la luna cadavérica de su existencia.

Es el que soñó en la Riqueza, y se apacienta en la miseria; el que soñó en la Gloria, y su nombre se ha quedado prisionero entre los cerros natales; el que soñó en el Poder, y otros, mejor dotados que él, se lo arrebataron de las manos; el que soñó en el Amor, y un Destino malévolo, irónico, le puso en la senda una truculenta Maritornes, de recios músculos y gran virtud generadora.

Los que en la vida lucháis, porque tenéis fe, ilusión, ensueño, os veis expuestos al inevitable encuentro de esos impotentes, de esos sombríos desoladores de almas. En la calle os detienen, os persiguen en el paseo público, van a vuestro cuarto en el momento en que más deseabais estar solitarios con vuestro propio pensamiento. Van a contaros sus caídas, sus groseras miserias, las bajas penas que les atarazan el corazón. Lentamente veis que se sacan del alma, como de un saco sin fondo, toda la asquerosa podredumbre que la vida ha amontonado en ellos. Y sentís asco, tristeza, desprecio por unos seres a quienes el fracaso y el sufrimiento, lejos de dignificarlos y ennoblecerlos, los han llevado a un envilecimiento inconcebible.

Para estos pesimistas no hay nada bueno en el universo. El progreso no existe, la Humanidad no se redime de su secular esclavitud moral, y los hombres, los de todos los tiempos y naciones, no han sido sino unos canallas, unos eternos malandrines, a los cuales él anonada con su desprecio olímpico. Conocí a uno de estos hombres singulares que, despechado porque el Estado no le suministraba la carne y las patatas, envolvió cierto día en una tremenda blasfemia al avaro Poder y a la dulce y bendita naturaleza. Todo estaba mal, todo debía ser destruido; el universo, sí, el universo era un ingrato que permitía que aquí abajo, él, don Fulano de Tal, se muriera de hambre, de hambre física, de hambre perruna. Yo sonreí discretamente, y comprendí entonces, mejor que en mis volúmenes de Filosofía, hasta dónde puede llegar el delirio antropocéntrico de algunos homúnculos.

No quiero concluir sin hacer a la juventud de mi patria la siguiente advertencia: más que a los teóricos del pesimismo, más que a Kempis y a Schopenhauer, tema el encuentro de esos hombres angustiados, desolados, que, como en el verso de la santa, mueren porque no mueren; témalos si quiere guardar puro el manantial de su alegría interior y afirmarse cada día más en el camino de la vida.

DOSIS DE MIEL

I

El gran desarrollo que adquieren cada día las sociedades modernas, más evolutivas que las antiguas, en virtud de una ley mecánica recientemente aplicada a la sociología, trae como consecuencia, dentro de los límites de las tendencias fundamentales, la multiplicidad de ideales y de aspiraciones, que mantiene a esas mismas sociedades eternamente insatisfechas, aguardando o forzando siempre más nobles etapas de desenvolvimiento, y con mirada fija en porvenires más equilibrados y consoladores.

Las sociedades civilizadas modernas, llegadas a un alto grado de complejidad, tienen también muy complejos ideales, concordes siempre con la raza a que pertenezcan esas mismas sociedades, con su estadio evolutivo, su herencia, su educación y el medio cósmico en que actúen. Son ideales económicos, políticos, morales, artísticos, etc., que, reunidos en un haz, forman el supremo ideal de bienestar y de perfeccionamiento.

La libertad debe ser otro ideal; no esa libertad maritornesca con que viven soñando los jesucristos de suburbio, sino esa fecunda libertad moral, soñada por Guyau, de que tanto carecen algunos pueblos de América Latina.

Asegurar que no tener obstáculos para vociferar es el ideal de las sociedades modernas, como ha asegurado un periodista que va a operar una revolución en el periodismo, es tener plétora de ignorancia y estar ayuno del concepto de la sociedad civilizada; así como afirmar que la intolerancia es ridícula acusa un desconocimiento absoluto de la sociología, que incluye esos fenómenos de intolerancia, disputas, antagonismos, etc., en la gran ley sociológica de oposición. Sin embargo, el individuo que ignora tan elementales leyes, que no sabe siquiera lo que es una Sociedad, va a hacer una revolución en el periodismo hondureño, va a abrir nuevos horizontes a la literatura hondureña, va a inaugurar una época nueva en la mentalidad hondureña.

El último número del periodiquito bisemanal contiene un editorial, Italia en los Dardanelos, que, por la elegancia de la forma y por la macicez del pensar, debe ser del periodista que va a realizar la revolución en las letras hondureñas. Es un breve artículo, tres párrafos solamente, pero tres párrafos tan sólidos, tan llenos de enjundia, tan saturados de profunda observación, que sólo el periodista de la revolución es capaz de escribirlos entre nosotros, porque sólo un talento periodístico como el suyo puede, en cuatro renglones luminosos, darnos tal condensación de maduras ideas y de recios pensamientos.

¡Italia en los Dardanelos! ¿Habéis leído las sorpresas, las revelaciones, las terribles profecías que desde la bisutería de don Manuel Calderón lanza el periodista que va a operar una revolución en la prensa de Honduras? ¿Habéis leído esos felices comentarios del periodista? ¿Sabíais acaso que en la vieja Europa hay tremolinas como en la América Hispana; que Italia y Turquía dan hoy el espectáculo de la guerra; que dos buques italianos han sido hundidos por los cañones otomanos; y que "no es remoto que mañana haya más guerras y conquistas sobre la tierra palpitante y sobre el dorso de los mares?".

No, no sabíais tan estupendas novedades; no sospechabais esas verdaderas sibilinas que yacían ocultas en la profundidad craneana, verdadera huaca de oro mental, del periodista que va a señalar nuevos rumbos al periodismo.

Felicitaos, felicitémonos todos, felicítese toda la nación hondureña de tener en su seno un hombre que iluminará de hoy en adelante sus tristes tinieblas. Felicitémonos porque en estos momentos, desde el humilde rincón de una tienda, un poderoso cerebro, un rico entendimiento, con épico gesto de sembrador, está echando la semilla de la verdad en las obscuras e incultas inteligencias de un pueblo, que mañana, agradecido, le glorificará como a su verdadero grande hombre.

Antes de seguir adelante, hago las siguientes declaraciones. No contestaré los parrafillos malolientes que me hace la impotencia desde el fondo de la buhonería del señor Calderón; no los contestaré porque no creo en la eficacia de esos procedimientos de placera, impropios de un hombre orgulloso, que tiene confianza en sí mismo y la suficiente elevación moral para no bajar a tan triste esfera de combate. No los contestaré porque me siento fuerte para vencer, en lucha más noble, a mi adversario, que no ha sabido en largos años de devaneo mental fortalecer su músculo ni adquirir esa grandeza moral, esa radiosa serenidad de espíritu que es propia de los hombres superiores.

En el periódico de ayer, el señor Adán Canales publica un artículo sobre el ex-Presidente de los Estados Unidos, Teodoro Roosevelt. Como en los anteriores, como en Italia en los Dardanelos, el autor del drama Las víctimas del dolor nos deslumbra por su falta de juicio, de reflexión seria, por esa indigencia absoluta de ideas, por ese pordioserismo cerebral que ha caracterizado siempre al más arrogante de los hombres de letras que ha tenido Honduras. Son cuatro párrafos, cuatro párrafos sobre el gran Roosevelt, sobre el áspero Nemrod, digno de Emerson, digno de Carlyle, de Babington Macaulay y no, mil veces no, del periodista que va a operar la revolución, del redactor que pasará por el mundo sin dejar testimonio de que su alma se vio agitada alguna vez por el sacudimiento invisible de la idea.

Dice Canales en su editorial de ayer que Teodoro Roosevelt fue Presidente de Estados Unidos por la muerte de McKinley, y después por la libre voluntad de sus conciudadanos, y que al final de su campaña electoral triunfará o será derrotado. ¿Habéis visto un hombre más superficial? ¿Habéis encontrado, a través de la vida y de los libros, un entendimiento más seco, más incapaz de reflexión? ¡Triunfará o será derrotado! Evocad aquel famoso dilema del Bachiller Manuel Sevilla: el que se sube a un árbol, o se queda arriba o se baja.

El periodista, exasperado por mi primera dosis, me amenaza con la muerte, y, después de ella, con un triste recuerdo en la memoria de mis supervivientes. No le tengo a la muerte ese miedo que le tienen los hombres superficiales y vulgares; vivo o muerto estaré integrando siempre la fatal porcioncilla de materia que hay en el Universo, y puede que la muerte, a la cual le tiene miedo infantil el periodista, sólo sea, como pretendía el divino Sakya-Muni, un inefable Nirvana, preferible a los desengaños y pesadumbres de este bajo mundo.

Moriremos; el periodista Canales también morirá; sobre mi tumba se pondrá un epitafio que hable de mis aficiones sociológicas, y en la lápida que cubra los huesos ilustres del periodista se dirá que no pudo escribir jamás un verso noble; que fue muy altivo, no a la manera del Dante, sino como aquel D'Argenton de la novela de Daudet; que lo zarandearon sin conmiseración en las columnas de los diarios; y que, como los bienaventurados del catolicismo, tuvo siempre una dichosa placidez de espíritu.

II

En el año de 1902 conocimos a don Adán Canales en el Instituto Nacional. Estudiaba 3er. curso de CC. y LL., pero ya entonces el Redactor de El Cronista era llamado el poeta por sus compañeros, y llevaba con orgullo una melena evocadora, una melena como la que usaron Gautier, Alfredo de Musset y todos los líricos de 1830. Y, en verdad, Canales tenía derecho a la melena y a la admiracioncilla de los estudiantes del colegio. Había publicado versos y artículos en periódicos y revistas de la localidad. Si queréis encontrar sus comienzos literarios, remontáos a los años de 1898 o 1899, y veréis que no es una exageración afirmar que este poeta, el más viejo de la nueva generación, hace más de doce años que cultiva las Bellas Letras.

Nos asalta esta pregunta: ¿Ha progresado don Adán Canales? ¿Ha sufrido, en más de una década, esa natural evolución que se realiza en los hombres de pensamiento, sean escritores o poetas? La respuesta, para un espíritu sereno, imparcial, tiene que ser negativa. Canales, digan lo que quieran los simples que lo admiran, no ha dado un paso en el camino del Arte. Nos ofrece el caso, bastante frecuente, de esos escritores que permanecen toda su vida estacionarios, estancados en su propia mediocridad, huérfanos de esa fuerza interior que lleva al hombre, fatalmente, a desplegarse como un cumplimiento del imperativo categórico de su Destino. Canales ha permanecido en el mismo lugar, detenido, paralizado al pie de la alta montaña, impotente para subir, viendo con envidia el ascenso de otros que han emprendido después de él la peregrinación hacia la sagrada cima.

Es un poeta petrificado, es una momia, una momia de nuestra literatura, tan inmutable como esas momias egipcias que, después de muchos cientos de siglos, se exhiben todavía intactas, con estabilidad de cosas eternas, en los museos del Viejo Mundo. Otros jóvenes que han llegado después de Canales le han superado, lo han obscurecido con su brillo. Ramón Ortega, que comenzó a escribir en 1905, puede presentar en cualquier país de Hispano-América sus hermosos alejandrinos; Rafael Heliodoro Valle, en breves años, se ha conquistado su renombre y es dueño del porvenir; Céleo Dávila es un reflexivo, un precoz pensador que escribe en prosa noble y suculenta, y José Cruz Sologaistoa, que hace apenas dos años escribía artículos mediocres, nos da actualmente muy agradables y consoladoras sorpresas con los artículos que publica en El Nuevo Tiempo.

Para convencerse de lo que afirmamos, léase lo que escribe ahora Adán Canales; léanse los editoriales de El Cronista, Italia en los Dardanelos y Teodoro Roosevelt, por ejemplo, y compárense con lo que escribió en los comienzos de su brega literaria. Tráiganse a la vista sus primeros versos, los versos de su adolescencia, y compárense también con las siguientes estrofas que al azar tomo de su libro Horas que Pasan:

Mi rima es un collar donde las perlas
el hilo rompen de pesar, y ruedan.
Ven conmigo, Angelina, que aún me quedan:
ayúdeme tu mano a recogerlas.

Se me antoja que esas perlas de que habla el poeta no son sino míseras cuentas de cristal.

Al fin venciste mi razón. Locura
se llama el matorral en que mi vida
como un encaje se quedó prendida
en el lienzo triunfal de tu hermosura.

Esto de comparar a la locura con un matorral y a la vida con un encaje es estar, en verdad, en las borrosas fronteras del desequilibrio mental.

En Las leyes de la vida, Luis Bourdeau, el original filósofo francés, dice que en cada germen imperceptible de vida humana se halla trazada la ruta entera que aquélla ha de recorrer después. Si esto es así, los versos que anteceden, como casi todos los de su autor, faltos de frescura, de numen y hasta de sentido, nos dicen claramente que la ruta que el Destino trazara en el germen del que hoy es Adán Canales no era la ruta de un poeta.

III

Si penetráis en el libro Horas que Pasan, de don Adán Canales, encontraréis en él una aglomeración de versos estrafalarios, un hacinamiento monstruoso de ripios; una cadencia barroca en todas las estrofas, un pesimismo de la más baja estofa, galimatías indescifrables, falta de idea, de concepción verdadera, confusión horrible de conceptos, ridícula ignorancia del idioma, y por encima de todo, una inconcebible estulticia mental. Se ve en todo él un poeta analfabeto, que ha pasado su tiempo rumiando las Misceláneas de los periódicos locales, los carnets de los cronistas; un rastacuero lleno de vanidad pueril, que no pudiendo digerir una página seria, no pudiendo leer a Guyau ni a Ruskin; no pudiendo hacer robos en grande, se ha contentado con ser un ladronzuelo de chirimbolos literarios; un taimado ratoncillo que medrosamente se ha acercado siempre a los regios festines de grandes señores —Juan Ramón Molina y Froylán Turcios— y, furtivamente, ha corrido a su escondrijo, jubiloso con su mísero botín.

Sin embargo, este desequilibrado de Esquirol, este monomaníaco ensimismado, bajamente ególatra, cree, en su delirio de grandeza, que él no es de estos tiempos, sino de alguna esplendorosa época antigua; que en el Asia la reina de Saba no hubiera buscado las sabias caricias de Salomón, sino que hacia él hubiera enderezado la caprichosa reina su fastuosa caravana; que en Grecia, las nueve musas hubieran bajado a la región de los mortales a llevárselo al armonioso y luminoso Olimpo; que Pan le hubiera cedido su caña, y que el dios Apolo le hubiera envidiado la siguiente estrofa:

"Picacho milenario que has tenido
una trágica historia
y que en tu corazón has contenido
de mi patria la historia".

IV

La crítica literaria ha sufrido en esta época una verdadera evolución. De Taine, de Anatole France, de Camilo Mauclair, a Hermosilla y a Valbuena hay ya una inconmensurable distancia. De estos odiosos dómines, llenos de grasa y de sintaxis, sólo queda una ingrata memoria.

La crítica contemporánea se ha impuesto de una manera definitiva con sus tendencias trascendentales. Para llegar hoy hasta a un autor, para poner su mentalidad en la plancha del análisis, para apreciar el conjunto de sus ideas directrices, hay que ver primero la época en que tal autor florece, el caudal de nociones y de tendencias que le han sido transmitidas por la herencia, y las modificaciones, más o menos profundas, que haya impreso en él la educación.

Pero debemos entender que esta crítica científica, altamente bienhechora, no siempre es posible aplicarla. Es una crítica para espíritus superiores, para hombres que tengan un fondo sólido de ideas, personalidad intelectual bien definida. Así, al artista se le examinarán —conforme a las teorías de Hipólito Taine— los caracteres fundamentales de sus obras, sean éstas poemas, esculturas o pinturas; al hombre de ciencia se le estudiarán sus hipótesis, sus teorías y las verdades que haya logrado comprobar; al filósofo, la génesis de sus doctrinas, la porción de verdad que contenga el fondo de ellas, y las consecuencias que pueden llegar a tener, esparciéndose por el mundo en virtud de esas irradiaciones imitativas tan sutilmente observadas por Gabriel Tarde en sus *Leyes Sociales*.

La crítica esa, decíamos, la crítica científica tiene la desventaja, si así puede llamarse, de no poder aplicarse sino a individuos de relieve mental bien definido.

En toda sociedad más o menos civilizada existe siempre una muchedumbre de personas dedicadas a las disciplinas del arte y de la ciencia a las cuales, por su mediocridad, por su inferioridad, por su nulidad, digamos, sería ridículo pretender aplicarles los elevados cánones que expuso primero Sainte-Beuve y después perfeccionó Taine en Francia.

A ese batallón de mediocres pertenece, entre nosotros, don Adán Canales. A este señor, aunque lo intentáramos, sería imposible aplicarle la crítica científica, porque no hay en él materia, sujeto, agente sobre los cuales puedan enderezarse el análisis y la experimentación. ¿Qué ideas tiene Canales? ¿Qué tipos ha creado? ¿Cuál es la teoría estética que ha desenvuelto? ¿Dónde está su concepto del Arte?

Leyendo su libro Horas que pasan, amalgama de ripios, de absurdos y extravagancias, no hemos encontrado nada revelador del sujeto intelectual. ¿Qué hacer entonces?... Montar en la tortuga del viejo Valbuena, como diría Manuel Ugarte, y emprender una cruzada por los áridos campos de la Gramática y del sentido común, porque es llegada la hora de demostrar a don Adán Canales no sólo su miseria, su pauperismo mental, sino también su incapacidad para escribir dos líneas sin errores gramaticales, con buena lógica y sentido inteligible.

V

A horcajadas en la tortuga de Valbuena, penetramos en el libro Horas que pasan de don Adán, para acabar de demostrar lo que hemos afirmado en uno de nuestros anteriores artículos, es decir, que Canales, falto de don innato, de verdadero numen, tiene que ser siempre un poeta pedestre, trivial y lamentable.

"Hoy que eres un viejo claudicante de plácida y silente cabellera,
hoy, que de una ribera a otra ribera eres brazo de mar, eres Atlante".

Plácida y silente cabellera. Una cabellera puede ser negra, rubia, crespa, ensortijada, escasa o abundante; pero plácida y silente, nunca, don Adán. Plácido significa quieto, tranquilo; decir cabellera tranquila es un desatino, porque el ser tranquila o borrascosa no es cualidad propia de las cabelleras. Cabellera silente es lo mismo que cabellera silenciosa; y si hay cabelleras silenciosas, debe haber, lógicamente, cabelleras ruidosas, ensordecedoras, lo cual sería un monumental disparate.

Eres brazo de mar, eres Atlante. Si es brazo de mar, no es Atlante; si es Atlante, no es brazo de mar, porque una y otra cosa son absolutamente distintas. Aquí se ve la ignorancia ridícula del idioma de que siempre ha dado muestras don Adán Canales.

"No sé si tengo corazón. Ignoro
si en mí vive el alma que florida acaso".

El alma de que Ud. habla no es algo independiente de su cuerpo,
sino una síntesis de las funciones de su sistema nervioso. Si Ud. no
fuera tan ignorante, si tuviera algunas nociones del monismo
contemporáneo, comprendería que su alma, su yo consciente, no
pueden existir divorciados del organismo que les da vida y los
sustenta.

"Y si supiera
que te hacía feliz, mi alma te diera".

Si Ud. tuviera conocimientos elementales de Gramática, en vez
del pretérito imperfecto de indicativo hacía, hubiera usado la segunda
forma del pretérito imperfecto de subjuntivo, haría; y si hubiera
aprendido el aforismo de Sócrates nosce te ipsum, no tuviera la
pretensión de hacer feliz a una mujer con un alma que no es de oro,
sino de cobre, y tan chica como un gránulo de mostaza.

"Yo clavaré mi tienda en una altura".

Una tienda no se clava, se planta, señor Canales. Aprenda,
hombre, siquiera el significado de las palabras más conocidas de la
lengua.

"La frágil cinta que aprisiona la onda
de tu cabello gris, como mis penas
sonríe al ver que mi pupila ahonda".

Una cinta puede ser flexible, suave, sedeña, etc., pero frágil sólo
es en la mente de Canales. Frágiles son el vidrio, la porcelana y otras
sustancias semejantes.

Eso de que la cinta tiene ojos y sonríe es una prueba más de la
anomalía psíquica del Redactor de Calderón, porque para ver se
necesitan ojos, y para sonreír, boca, y yo no sé que las cintas tengan
tan importantes órganos.

"¿Qué se hizo el Dios que tuve cuando en la
dulce infancia
cosechaba ilusiones de infinita fragancia?".

Se cree en Dios, pero no se tiene Dios, como Ud. dice. Conque
Ud. ya no cree en Dios? ¿Y en qué cree ahora, don Adán? No tener
Dios, señor Canales, es ser ateo, porque esta palabra está formada de
dos raíces griegas: a, sin, y theos, dios. Ya saben, pues, los lectores
que Adán Canales es ateo, y el reverendo padre Hombach, que tan
celoso pastor es, debe hacer esfuerzos para que el alma de don Adán,
extraviada por la filosofía, vuelva al camino de la eterna salvación.

"Lloremos como lloran las moribundas
flautas
sujetas a divinas y ultraterrestres pautas".

Las divinas y ultraterrestres pautas son de Juan Ramón Molina.
Canales ha vivido saqueando a Turcios y a Molina, apañándose, como
un ladronzuelo de suburbio, aquí un adjetivo, allá un giro, más allá
una frase entera.

"Es la tierra un cadáver. Y sus males
me dan miedo, señor, porque yo creo
que deben celebrar sus funerales".

Todo puedo creerlo, que la cinta sonríe, que la cabellera es
silenciosa, que las vacas piafan en la llanura, etc.; pero no podré creer
nunca que esos tres renglones, consonantados brutalmente, sean
versos, poesía, como pretende el señor Canales.

"En la Osa Mayor tengo un palacio".
"Buscadme en mi magnífico palacio de la Osa" —dijo Molina en
su salutación a los poetas brasileros.
"Descorre el blando lienzo de los cosmos" etc.

No hay muchos cosmos, señor Adán, sólo uno. El Cosmos es el
Universo, es decir, la infinita y eterna substancia, con sus dos

atributos: la energía y la materia. El cosmos, óigalo bien, no es un lienzo o un trapo, como a Ud. se le antoja.

No queremos concluir sin hacer a Canales la siguiente observación: que cambie de ruta; que deje el vano empeño de ser poeta; que los nobles dones del espíritu son cosas innatas, y que, en fin, ancho es el campo de las profesiones lucrativas.

(Diario El Nuevo Tiempo — abril 27, No. 320; abril 29, No. 321; abril 30, No. 322; mayo 1°, No. 323; mayo 2, No. 324; mayo 3, No. 325; mayo 4, No. 326, 1912).

LA TRISTEZA DEL ALCOHOL

Hay una tristeza que supera a todas las tristezas humanas: la tristeza del alcohol.

El hombre, azuzado por los dolores de la vida, huyendo de una realidad ingrata, se refugia en el alcohol, tal como una bestia herida se refugia en su cubil, llevando en las entrañas palpitantes el mortífero plomo. El alcohol, para el hombre que no puede afrontar valerosamente las penas del mundo, viene a ser algo así como una puerta de escape, como una extraña liberación de los males que le aquejan. La copa donde rebosa el líquido siniestro tiene tentaciones malignas, irresistibles voces de sirena para el dipsómano que va hacia ella en demanda de una ración de olvido y de sueño, tras la cual viene, necesariamente, fatalmente, un estado de ánimo, que conocen muy bien los devotos de Dionisio. Ese estado de ánimo —al cual es cien veces preferible morir— consiste en una tristeza extraña, abrumadora, infinita, que no sólo llena el alma, sino que parece saturar todo el ser, invadiendo huesos, músculos y sangre. Tristeza negra, tristeza infame, baja tristeza alcohólica que pone a los ojos la más cruel visión del mundo y de las cosas, y que hace que hasta la naturaleza, con todos sus matices y esplendores, se cubra con el manto de una inmensa desolación...

Tal vez algunos de los que me lean sepan lo que siente el cuerpo, lo que llena el espíritu después de una noche de borrachera, cuando el día viene, cuando una aurora lívida se ofrece en el oriente a los ojos hinchados y sanguinolentos, que con su brillo enfermo alumbran, no un noble rostro humano, sino una faz degradada, violentamente degradada por el alcohol.

Para todos los seres humanos, hasta los más infelices y desventurados, como ha dicho Schopenhauer, el amanecer de un nuevo día es siempre alegre; menos para el borracho que, ahíto de alcohol, sintiendo en su vida el desastre, no puede gozar de la rozagancia del sol mozo, ni del azul acariciador del cielo, ni de la sonriente plenitud de la natura, ni del alegre murmullo de la vida que le rodea, de la vida que comienza, loca y febricitante. Ese sol que se levanta radioso se le antoja triste; ese cielo cuyo azul benigno es la más dulce ficción se le antoja triste; esas aves gárrulas y zaragateras que ponen el bosque de fiesta se le antojan tristes; esos seres humanos, que van y vienen por las calles, con la esperanza pintada en los rostros risueños, se le antojan tristes; y hasta las cosas mismas, que parecen estremecerse con un júbilo idiota de criaturas inanimadas, se le antojan tristes, bien tristes, desoladoramente tristes.

Pero no vayáis a creer que su tristeza es del mismo género que las otras tristezas humanas. Hay tristezas nobles, que gusta de llevarlas el alma; hay tristezas dulces, tristezas vagarosas, que se quisiera sentirlas, alojarlas siempre en el espíritu; tristezas que se degustan, que se saborean en verdad como las cosas buenas de la vida; no: la suya es la tristeza del alcohol, la vil tristeza que se compra a bajo precio, clandestinamente, en las taquillas subterráneas. Tristeza de beodo, grosera, innoble y deprimente.

En estos tiempos modernos el vino se ha hecho triste, como otras cuantas cosas. Los pueblos antiguos, Grecia principalmente, no conocieron ese carácter sombrío del alcohol moderno. El vino de la Hélade fue un vino alegre y radioso, triunfador y bárbaro, que se escanciaba en pleno sol y en plena naturaleza, en las orgías donde los dioses se mezclaban a los hombres. Baco, nacido en el fondo del Asia, danzaba en las campiñas griegas, rodeado de sátiros y de bacantes, al son de la siringa. Sí; el vino de los antiguos tenía el candor, la jovialidad y lozanía de las cosas adolescentes. El vino que hoy escancian los hombres se ha envejecido a través de las edades, es un vino anciano, que, contando muchos siglos de existencia, tiene que ser triste, sórdido y deforme. Ya no es aquel vino joven, fuerte, salvaje y risueño, que bebieron los hombres coronados de pámpanos y sintiéndose felices, en la plena gloria de las vendimias o en el fondo de los bosques sagrados; es ahora el alcohol moderno, el alcohol de la civilización, viejo y vergonzante, que, huyéndole al sol, se refugia en la sombra, degradado, abominado y maldito.

Esto nos prueba, en cierto modo, que en los tiempos actuales ya no existe la sana alegría de los tiempos antiguos; que los hombres de hoy, cargando en sus hombros con una enorme civilización, llevan en sus almas la tristeza de muchas razas, el dolor de infinitas generaciones, acumulado en una luenga sucesión de etapas. Hoy sentimos nosotros tristezas que no sospecharon los antiguos: la tristeza del vino, la tristeza del amor, la tristeza de la mujer, y sobre todas estas tristezas... la tristeza de la vida.

Las cosas buenas y sonrientes de antaño son las cosas malas y sombrías de hogaño. Las fuentes, los viejos manantiales de la vida, se han trocado en tenebrosos pozos, donde se beben el hastío y la muerte. El pesimismo, el cansancio de vivir es una de las cosas nuevas que ignoraron la mayor parte de los pueblos prístinos, que sólo sabían amar, bendecir y glorificar la vida, y que no se imaginaron siquiera que, andando el tiempo, un siniestro aburrimiento y un siniestro cansancio habrían de caer sobre los hombres.

Tegucigalpa, 1910.

(La Prensa — 1910 — No. 953).

LA MUERTE

La muerte, en el concepto de la ciencia positiva, es muy poca cosa, sin esa trascendencia que le han dado teólogos y metafísicos. La muerte es la cesación de las funciones orgánicas, del movimiento, una simple mutación de la materia, un cambio de forma de la substancia. El hombre no es más que un vertebrado perfeccionado, o como dijo Emerson, un cuadrúpedo todavía mal disfrazado. Un hombre menos es un vertebrado restado al vasto conjunto de los vertebrados, una bestia menos en la sociedad, que en cierto modo es un rebaño, como cualquier otro rebaño.

¿Qué es la muerte de un hombre en la naturaleza? Nada. Puede morir un hombre, cien hombres, mil hombres, la humanidad entera, y por esto el universo no se altera ni lo más mínimo, no se trastorna ni una sola de sus leyes; el sol sigue saliendo, la tierra valsando alrededor del sol, y no cae, no cae ni una hoja de un árbol.

La ignorancia de la ley cosmológica de la substancia y el consecuencial atraso de la Biología han hecho que la muerte haya sido vista con terror durante muchos siglos. Hoy no. El vestigio de la inmortalidad del alma, que antaño hacía considerar sagrados los cadáveres, ya no arredra a los hombres que algo piensan y algo bueno han aprendido. La estructura anatómica del hombre ha sido bien estudiada, y de ella, como de su origen ontogénico —la célula fecundada—, se deduce, con una fuerza que no admite réplica, que la creencia en un alma inmortal es una puerilidad infantil, que hace sonreír al biólogo serio y avanzado. Libres, pues, del influjo religioso, debemos considerar la muerte del hombre como un fenómeno natural, que se opera en virtud de leyes fatales y universales. La ley que mata al hombre es la misma que mata al planeta y al insecto. La ley que lo engendra es también la misma que engendra aquí abajo el plastidio y arriba la constelación.

El alma del hombre es una síntesis muy compleja de una vasta federación de almas diseminadas en su organismo; el yo consciente es la concentración total de confusos e innumerables yoes orgánicos.

El alma no está instalada por modo misterioso en el cuerpo humano, sino que tiene sus raíces en él, que es un producto de su somatismo individual. No se puede trazar fronteras entre la fisiología y la psicología porque son dos ramas tan afines de una misma ciencia que casi se confunden. Sin embargo, el concepto monista del alma humana no ha penetrado todavía en ciertas esferas intelectuales —las más rezagadas, por cierto—, donde aún se sigue creyendo que el alma tiene realidad ontológica, que es algo misterioso, un animal vertebrado, un pajarillo o algo así.

Morir es necesario. En el perpetuum mobile del mundo, la muerte representa la conjunción del ciclo, la llegada al punto de partida. Las evoluciones de la naturaleza, las grandes fuerzas del cosmos se mueven en un círculo eterno. Todo describe el círculo. El planeta enfriado —afirma la cosmogenia— se precipita en la masa del sol, de donde salió bajo la forma de un anillo incandescente; y el hombre vuelve a la tierra, de donde brotó hace millones de millones de siglos la célula primordial. El viejo apotegma de la Biblia es la más maciza de las verdades que se han dicho hasta hoy.

La muerte no es un trastorno, no es una ruptura de equilibrio, como se cree, sino la expresión más exacta de la sabia armonía universal. La muerte del hombre, que tanto asusta a los espíritus vulgares, concurre a esa indestructible armonía. Por un lado la fosa se come unos despojos infectos, y por otro lado el genio de la especie acopla a los seres que han de engendrar nuevos seres. Es la vieja alternativa del ascenso y del descenso, de la creación y la destrucción, de la aparición y la desaparición.

Despojad a la muerte del sombrío terror que le han dado ciertas religiones y llegaréis a considerarla, no como un fantasma terrorífico, sino como una buena y necesaria contingencia; veréis en ella, no el paso a un mundo desconocido, que infunde pavor siempre; veréis el tranquilo retorno a la madre tierra, de cuyo seno ha salido todo y hacia el cual volverá todo; porque la humanidad, sus ideas, sus conquistas, sus progresos y su portentosa civilización no son otra cosa que tierra, tierra, pura tierra.

(La Prensa — 1910 — No. 1095).

LA VIDA ES ASÍ...

Para RAFAEL HELIODORO VALLE.

Vivimos muy poco. La naturaleza, con una avaricia sórdida, nos ha tasado los días de la existencia; al darnos el don de la vida, nos ha vedado el gozarla largo tiempo, limitando nuestros años, haciéndonos efímeros.

Como en la frase de Baudelaire, el tiempo, día por día, nos quebranta las espaldas. De una manera secreta, silenciosa, ese tiempo realiza su obra de desmoronamiento en la criatura humana. Año por año, mes por mes, hora por hora, ese terrible enemigo no descansa en su negra y solapada labor. Con un desesperado ímpetu, con una vesánica violencia, parece que va llevándonos, empujándonos, arrastrándonos hacia el abismo de la muerte.

Es la cana que se multiplica en nuestros cabellos, es la siniestra arruga de nuestra frente, es la ilusión que, como una flor que se marchita, de improviso se nos cae del corazón. La plenitud contiene ya los gérmenes de la decadencia; la madurez es el estadio anunciador de la muerte. No hemos llegado al cenit, cuando ya nos espera el descenso; no hemos saboreado bien el fruto de la vida, cuando ya ese fruto se está pudriendo en nuestras manos... Sí, todo es efímero, todo es inestable, todo pasa como en el versículo de Kempis.

Librados al tráfago febril de las cosas, a menudo olvidamos tan triste realidad. En nuestra inconsciencia de sonámbulos, no vemos que cada minuto que pasa es como una pequeña dentellada en nuestra carne deleznable. La lucha de la vida, el batallar continuo por los intereses terrenos, no nos permiten dirigir la mirada interior hacia nuestro triste destino. Nos creemos dueños de una voluntad libre, pero hay una fatalidad, una fatalidad sin ojos, que nos lleva y nos trae en el entrevero del mundo. Vivimos llenos de deseos, de esperanzas, de ambiciones fallidas. Todo es un eterno concebir de proyectos y sueños, un eterno delirar y fantasear, seducidos por un porvenir que nos defrauda.

Mas llega un momento en que, sintiendo en el alma un supremo cansancio, surge desde el fondo de nuestra substancia la más amarga reflexión que hasta hoy se ha hecho la Filosofía, es decir, que la vida, asaz breve, no nos da tiempo siquiera de encontrar las sendas verdaderas, los rumbos buenos. Y vemos entonces —con un desfallecimiento crepuscular en el espíritu— que ha sonado ya la hora del tramonto, después de haber vivido, como bajo la influencia de un sueño de pesadilla, extraños a nosotros mismos, sin una pauta, sin un amor, sin un ideal. Y entonces también le decimos adiós a la vida, renunciamos a ese furioso apetito de vivir, que, como el más viejo legado filogenético, germina en el fondo de los seres.

Pero ¡ah!, mientras nosotros acabamos así, decrépitos y miserables, la Especie, entregada a un perpetuo acoplamiento, llena siempre de una urgencia creadora, engendra otros seres semejantes, fecunda nuevos óvulos, hace florecer nuevas vidas.

Tegucigalpa, 1912.

(El Nuevo Tiempo — 1912 — No. 376).

LO HEROICO EN EL HOMBRE DE LETRAS

Para El Nuevo Tiempo

Un escritor sajón, cuya visión profunda y profética se familiarizó con el arcano, ha dicho en una sorprendente página que el don de ver es el primordial don del hombre heroico. "La facultad que le habilita para conocer la parte interior de las cosas y la armonía íntima que en ellas reside (porque todo cuanto existe lleva en sí espíritu de armonía) es la esencial facultad del hombre heroico, donde quiera que fuere y estuviere".

Si sois espíritus ilustrados, sabéis bien el cósmico sentido que tiene la palabra héroe en el vocabulario carlyliano. El héroe es el hombre superhumano, de prodigiosa energía y soberano intelecto, venido a la Vida con la misión providencial de guiar, hacia ideales y felices palestinas, a la humanidad sonámbula, y de dictarle, en cambio del viejo valor inútil, un nuevo y bienhechor decálogo.

Tal héroe fue primero el lejano ondino de las primitivas imaginaciones candorosas; el profeta que se impuso con la parábola o el sable; el reformador de ánima de hierro y corazón de hierro, para quien la vida humana, como dijo Renán, llegó a ser sólo una mercancía de vil precio; el rey de ilimitado querer e ilimitado poder; el guerrero que quita cetros y acuchilla naciones; el poeta, vidente y buzo de enigmas; y por último, como expresión más moderna, el pensador, el escritor, el hombre de letras de nuestro tiempo.

Tal es lo que llamamos la filogenia del héroe. La avanzada cultura de esta época ya no permite el héroe dios ni el héroe profeta, productos de ciclos legendarios, pero tenemos en cambio al héroe humano, de arcilla y de espíritu, bajo la forma del hombre de acción o del meditativo que sondea el misterio, caza el enigma y lo revela al hombre en las vívidas páginas del libro.

Si el escritor pertenece a la categoría de los héroes, su más bello don, según el pensar del filósofo inglés, es el "ojo vidente", es la facultad de sorprender el secreto manifiesto del universo, de embriagarse con esa recóndita e inefable armonía que parece ser la esencia misma de las cosas. El "ojo vidente" es el que ve lo que se oculta tras las vanas y falaces apariencias; el "ojo vidente" es el que abre surcos de luz en las tinieblas de lo ignoto; el "ojo vidente" es el que penetra ese secreto designio, ese pensamiento musical y arcano que palpita en el fondo de la hierática naturaleza.

Sí, el primer don del escritor es ese "ojo vidente". Su función no es entretener a la humanidad con una vana garrulería; no es arrullarle el oído con el rumor de una sinfonía sin trascendencia, sino aportar al comercio espiritual del mundo, en el artículo o en el libro, el trofeo de una idea nueva, la conquista de una verdad desconocida. No es un diestro juglar que tiene la tarea de engañar al lector con simples escamoteos lingüísticos, como ha sucedido muchas veces, sino un hombre cuya misión es vivir en un eterno connubio con la vieja esfinge, desposado con el enigma, para ser dueño de oráculos, señor de revelaciones.

Así, el mérito del hombre de letras está en razón de las revelaciones que hace a los hombres para quienes escribe. Los gigantes de la Literatura, ya tallen la prosa o cincelen el verso, son y han sido siempre los que han hecho las más estupendas profecías. El escritor más heroico no es el de más pintoresco estilo, es el que ofrece más ideas, el de verdades más peregrinas, el que descubre mayor suma de esa realidad que sólo escrutan unos pocos, los que llevan videncia en las pupilas y en el espíritu el sagrado don profético de los grandes hombres.

Hombre de letras no es, pues, lo que se cree, un pescador de consonantes, un alígero zurcidor de renglones; hombre de letras es un héroe, que no merece el desdén con que a veces le tratáis, sino la reverencia a que tienen derecho todos los héroes, porque ellos muestran el Destino, dan la nube conductora, son algo así como la fuerza, la gracia y la luz del mundo.

(El Nuevo Tiempo — 1912 — No. 523).

EL ESTILO

El estilo es uno de los grandes escollos del escritor. Escribir bien, manejar sabiamente la pluma, acuñar la idea en una expresión noblemente trabajada, es la labor difícil que tortura y desalienta a los mejores escritores. Con un esfuerzo mental más o menos grande, puede el hombre tener a su disposición una buena suma de pensamientos, semejantes a esclavos fieles y sumisos a la caprichosa voluntad de su señor; pero ese mismo esfuerzo mental no es suficiente —en la generalidad de los casos— para domar las secretas rebeldías de la frase, que parece esconderse reacia y huraña en las más ignotas profundidades del espíritu. De aquí nacen esas luchas terribles, esos combates a muerte, sórdidos y silenciosos, entre el hombre y la palabra, entre el escritor y el verbo que se defiende zahareño y salvaje de su testarudo conquistador.

En estas luchas —como se comprenderá fácilmente— no siempre sale victorioso el hombre; para ello es necesario que, sobre tener una gran sapiencia literaria, sepa manejar la lengua y haya explotado los ricos e inmensos veneros del idioma; es necesario, sobre todo, que haya nacido con el don de escritor, que tenga en su sangre y en su temperamento la aptitud ingénita para domeñar las resistencias del estilo, pues de lo contrario tendrá que fracasar definitivamente tras una serie de inútiles y miserables tentativas que por único fruto le dejarán el ingrato recuerdo de sus vanos esfuerzos.

En tales luchas, que son verdaderas batallas entre la pluma y el cerebro, el hombre siente nobles orgullos alternados con rudos desalientos. Siente orgullos, nobles orgullos de conquistador cuando, tras el esfuerzo titánico de la mente, el lenguaje cede y la forma se presenta como una sierva vencida ante el jubiloso vencedor. Siente alegrías ingenuas de hortelano que ve brotar, jugosos y lozanos, los frutos del huerto que ha cultivado con amor; las ideas, las bellas frases y los insospechados giros son en el escritor frutos de sus dolorosas labores mentales. Alegría de pescador ante las frases luminosas y perfectas y las imágenes lucientes, que tienen a sus ojos el valor de mármoles, de joyas y de gemas. Pero esto, en nuestro sentir, no es capaz de compensar sus grandes torturas, sus fiebres, sus incertidumbres, sus crueles accesos de impotencia, cuando, sintiéndose infinitamente exhausto, presa de una horrible desesperación, llega hasta a dudar de sí mismo, de su alma y de su pluma.

Mal pueden comprender las grandes dificultades del estilo los escritores medianos que no llegan jamás a sorprender los vírgenes secretos del idioma y que se contentan en su incapacidad con la escoria que se compra y vende vilmente en los viejos mercados envilecidos de la literatura; mal pueden comprender el valor de un noble estilo de selección, ellos que, con su lenguaje de cajón, ahitos de retóricas ancianas, no sospechan siquiera los deslumbramientos de las prosas luminosas, vibrantes y plásticas de los escritores de sangre; —prosas torturadas, que la pluma fija penosamente en el papel, a medida que el escritor va, tras inauditos esfuerzos, esculpiendo en su mente a golpes de cincel las toscas canteras, los bloques informes de su lengua— porque él no se contentará jamás con un estilo imperfecto, con esa forma aleosa y abundante que caracteriza a los escritores enanos, cuya fecundidad se asemeja mucho a la de los individuos más atrasados en la evolución biológica, algunos de los cuales se reproducen a millones. No; él querrá, ante todo, tallar mármoles y pintar lienzos, hacer obra de lapidario, verdaderas orfebrerías mentales, y tener después, como dijo un día José Martí, bravos orgullos de escultor y de pintor.

Pensamos que todo aquel que se proponga llegar a ser escritor de verdad tiene que comenzar por hacer una religión del estilo; deberá principiar iniciándose en sus ritos así como un neófito se inicia en los ritos de la nueva religión; explorará sus secretos más ocultos y aprenderá sus mejores dogmas; todo esto ayudado por un profundo conocimiento del idioma, cuyas rebeldías vencerá si, como lo dijimos, a sus innatas aptitudes de escritor une la fría tenacidad del que lucha con una clara intuición de su destino. Mucho le costará, en verdad, llegar a ser un jerofante, dueño de todos los secretos de su culto; será la suya una de esas ingratas labores de la mente que deprimen el alma, cuando no echan sobre ella una cruel hipocondría; pero si persiste, si el desaliento no le tumba la pluma de la mano, tiene que ver tarde o temprano el fruto de sus esfuerzos, y la opinión, que antes le fue hostil, le acogerá ahora con sumisiones de esclava, como a un férreo vencedor.

Queremos concluir afirmando que la aptitud para escribir bien es un don especial de ciertas razas y de ciertos pueblos. Hay razas pobres y razas fecundas en buenos escritores; pueblos que piensan mucho, pero que carecen en su decir de gracia y gentileza. Entre las naciones de Europa, Inglaterra y Francia han producido los más grandes estilistas. El escritor inglés posee tales cualidades de precisión, sobriedad y elegancia, que no creo le aventajen en mucho los franceses, con ser éstos hoy los más hábiles prosistas del mundo. Portugal también ha dado su contingente de escritores. Eça de Queiroz fue un estilista soberano, y Fadrique Méndez —para hacer uso de la frase del primero— cinceló "mármoles divinos con estremecimientos humanos"; pero la verdadera eflorecencia de artistas del verbo está en Francia, donde, cuando ya casi no se oía el morboso lirismo de los románticos, surgió Gustavo Flaubert elaborando con la paciencia de un monje benedictino aquellas prosas frías y perfectas que nadie ha escrito después de él; Guy de Maupassant, vivo y nervioso, sugestivo y emocionante; los hermanos Goncourt, Edmundo y Julio, que de gentil manera aprisionaron los más delicados matices, los más evanescentes tonos de la complicada alma femenina; y, por último, Mauricio Maeterlinck, el dramaturgo del silencio, que en una prosa serena ha escrito libros imposibles para los bárbaros de la literatura.

Tegucigalpa — 1909 —

(La Prensa — 1910 — No. 906).

LUCHA RENOVACIÓN

Los pueblos más civilizados del mundo están en estos días, a la postre de tantos siglos de decantada cultura, matándose con una ferocidad que no tiene nada que envidiar a las más espantosas de que haya recuerdo en la historia.

Cuando se creía por los apóstoles del pacifismo que el reinado de la paz estaba para llegar, he aquí que, de repente, las naciones más maduras, las que desde hacía más de veinte años venían dando a los pueblos peleadores y levantiscos el ejemplo de la seriedad y la cordura, a los ojos del mundo estupefacto y armadas de toda suerte de máquinas de exterminio, van a matar en un momento la bella ilusión de la paz universal y a demostrar que la civilización es una mentira y que los hombres de hoy son substancialmente iguales a los de hace veinte siglos.

Para las almas sensibles, esa guerra en que se matan millones de hombres es una desgracia más que debe sumarse a las muchas que hasta hoy han afligido a la humanidad. Para las mentes reflexivas, acostumbradas a echar su visión más allá de las realidades aparentes, esa guerra no es el resultado de este o aquel acontecimiento inesperado, sino obra de leyes que en su eterno juego nunca se han preocupado del precario interés humano.

Esas leyes son leyes universales. Por ellas el hombre ha vivido y vivirá ligado al todo. Sin embargo, un error contrario, hijo de nuestra vanidad y de nuestra ignorancia, ha prevalecido durante siglos. Nos hemos creído dioses solitarios e independientes en medio de lo creado. Nuestro orgullo nos ha mantenido largo tiempo como divorciados del infinito. Pero hoy, a golpes de análisis y de intuición, ya vamos comprendiendo que ese infinito, conjunto de fuerzas sin nombre, no nos es indiferente, y que desde los ignorados orígenes venimos sometidos al influjo de esas fuerzas universales.

La guerra no debe espantar a un espíritu sereno. La guerra no es más que una necesaria alternativa en el proceso del mundo. Se destruye algo para crear algo. Esta es la vieja ley. La naturaleza no tiene otro procedimiento mejor para satisfacer sus necesidades de renovación. En el orden físico, aniquila un planeta para hacer una nebulosa; en el orden biológico, se sirve de la guerra como medio para asegurar la definitiva supervivencia a los mejores; en el orden moral, las revoluciones de todo género se encargan de barrer las cosas que han llegado a ser obstáculo a la marcha de la evolución.

La guerra es una necesidad de la vida. Por ella, que destruye todo lo que debe ser destruido, se mantiene el equilibrio necesario. Es uno de esos rudos caminos del Destino de que nos habla Emerson. Ella sanea, limpia, purifica y exalta las adormecidas energías del hombre. Por ella, sólo por ella, la vida se mantiene. Y quién sabe si en el fondo de esas carnicerías que tanto lamentamos no se ocultan a veces generosos designios de la Providencia.

Desde la altura de nuestro pensamiento, acaso no consideremos como una desgracia para la humanidad esa guerra que hoy devora millones de seres en el viejo mundo. Esa guerra es necesaria para el cumplimiento de misteriosos destinos. Tendrá ella sus compensaciones. Los bienes que produzca a los hombres han de superar en magnitud a los males que cause. Después de esa conflagración algo extraordinario, magnífico e inesperado tiene que producirse en la atmósfera intelectual y moral de los tiempos. Se anonadarán prejuicios, vendrán nuevas ideas, surgirán otros sistemas y los añejos y nocivos valores de la Civilización presente serán reemplazados por valores más altos, justos, eficientes y fecundos.

No nos congojemos, pues, pensando que ha llegado la hora del naufragio de todo. Como dijo el místico, lo que es útil permanecerá; lo que es dañoso se hundirá.

(El Nuevo Tiempo — Enero 23 de 1915 — No. 1171).

NUESTROS ANTEPASADOS

Para El Nuevo Tiempo.

Se ha pretendido por algunos Profesores de Filosofía —aduciendo el testimonio de Virchow— que el Pithecantropus erectus fue un simple mono. Después, ante la imposibilidad de probar que el Pithecantropus no fue un verdadero intermediario entre los antropomorfos y el hombre, los discípulos de Blumenbach y Agassiz, faltos de sentido crítico filosófico, se han agarrado a la afirmación de Elbert, que el Pithecantropus no vivió en el plioceno sino en el período diluvial, de lo cual una lógica extraña deduce que aquél no es nuestro más próximo antecesor.

La paleontología moderna ha demostrado que en el plioceno superior existió el Pithecantropus erectus, del cual salieron, en la época del diluvio, las razas de Neanderthal, de Constadt y Cromagnon, las cuales parecen haber dado origen en una edad antiquísima al hombre de la época presente.

Después han afirmado que el Pithecantropus era un gibón. Esto podría ser cierto si los caracteres y capacidad craneana del fósil de Java fuesen semejantes a los del gibón actual; pero de la comparación que se ha hecho entre el cráneo reconstruido del Pithecantropus y los cráneos de los grandes antropoides actuales resulta una notable diferencia entre el primero y los segundos.

Se ha afirmado, como Wilhelm Branco, que el hombre se presenta como homo novus (hombre nuevo, salido de la nada) y no como un descendiente de generaciones anteriores; que aparece de repente (por obra del milagro) y sin transición en el período diluvial, sin que se conociesen sus antepasados terciarios, y que se manifiesta desde el principio como homo sapiens, sabio (¿quién le infundió esa tan prematura sabiduría?).

Guillermo Branco declaró en el V Congreso Internacional de Zoólogos que el hombre es un parvenu sin antepasados y que apareció como homo sapiens en la época del diluvio, de una manera inesperada y repentina.

Aunque Branco lo diga, el hombre no puede ser un parvenu sin antepasados, como se sostiene en el relato bíblico, ni tampoco pudo haber sido en sus comienzos un erudito de tomo y lomo, como pretenden los enemigos del principio de evolución, porque admitir ambas cosas es admitir el milagro, aceptar que el hombre es el resultado de una creación directa, lo cual es contrario a la ciencia, a la razón y hasta al sentido común mismo.

La Filosofía Positiva, basada en las ciencias experimentales, que rechazan la fe y la revelación, nos enseña que los fenómenos de la substancia universal están sujetos a un encadenamiento fatal; que la unidad de la naturaleza es indestructible; que nosotros los hombres somos una manifestación de la vida llegada a su más alto grado de perfección, una forma orgánica superior salida de formas orgánicas inferiores, y que nuestra inteligencia, nuestras más nobles facultades, no son otra cosa que la emanación, la síntesis de las aptitudes confusas del mundo inferior, una como expresión condensada del principio anímico esparcido en todo el universo, admitido desde los remotos tiempos de Demócrito y Empédocles.

Branco, a cuya autoridad se acogen algunos profesores de Teología, es ahora, como lo dice el Dr. Ernst Teichmann en la Frankfurter Zeitung, partidario sin reservas de la teoría evolucionista. En su último libro Der Stand unseres Kenntnisses von fossilen Menschen, de II, Wilhelm Branco, declara el paleontólogo alemán que el hombre se formó sucesivamente, como todos los otros seres vivientes.

Ningún filósofo naturalista de la escuela Zoológica —dice el jesuita Guillermo Branco— negará que es una pretensión del sano criterio humano que en el período terciario existieron antepasados del hombre. El hombre —prosigue el citado paleontólogo— es considerado como un parvenu sin antepasados, no porque en realidad no los tenga, sino porque sus progenitores nos son hasta hoy desconocidos. Pero los descubrimientos actuales de la Paleontología —añade el mismo Branco— nos dan derecho a esperar que llegará el día en que se encuentren los restos fósiles de nuestros antepasados.

Lo expuesto prueba que Guillermo Branco ha hecho en su último libro declaraciones contrarias a las que hizo en el V Congreso Internacional de Zoólogos de Berlín, afirmando que existieron antepasados del hombre en la época terciaria, o lo que es lo mismo, que el hombre desciende de formas inferiores y que no es, por lo tanto, el resultado de una violenta génesis sobrenatural.

(El Nuevo Tiempo — 1911 — No. 93).

PLÁTICAS

I

En El Nuevo Tiempo de ayer, mi amigo don José Cruz Sologaistoa publica un artículo intitulado El prejuicio contra la vida social. Sologaistoa, lo declaramos con satisfacción, ha realizado como escritor un progreso notable. Recordad su estilo de hace un año. Comparad aquella sintaxis endemoniada, aquellos períodos gramaticalmente imposibles, donde las frases aparecían casadas con despótica violencia, con la forma de ahora, más en armonía con las leyes del idioma, y veréis que este joven hombre de letras ha sabido con un esfuerzo paciente vencer quizá la única dificultad que encontraba para desenvolver con gallardía sus nativos dones de escritor.

Existe la creencia de que el conocimiento de la Gramática no es indispensable para que el escritor exprese bien su pensamiento. Hay quienes, guiados por un odio exagerado al purismo académico, se burlan de la Gramática, complaciéndose en quebrantar sus más respetables cánones. Sería absurdo afirmar que una simple colección de preceptos baste para formar al escritor, aunque éste haya sido el criterio de aquellos críticos entecos, Valbuenas feroces y romos, que por espacio de un siglo se ocuparon, en España y en Francia, de hincar el diente en las obras de los más fuertes ingenios. Pero es indudable que la posesión de la Gramática ayuda grandemente al literato. Ese conjunto de preceptos constituye la sabia lógica del idioma; esas reglas triviales son las leyes de toda lengua viva; la técnica cuyos principios no debe abandonar el hombre del oficio. No se podría llegar a ser un verdadero estilista sin poseer por entero los secretos de la sintaxis. Los grandes estilistas, desde Suetonio hasta el autor de Salambó, han sido también grandes gramáticos. Gautier era un nimio ordenador de frases, y Paul de Saint Victor labraba su prosa serena y grandiosa, ajustándose siempre al código de su idioma.

Sologaistoa ha comprendido esto a tiempo. La Gramática parece ser ahora una de sus más fuertes preocupaciones. Injusto sería negarle el éxito que alcanzará, día por día, en el difícil manejo de la técnica lingüística. Cuando acabe con uno que otro ripio inútil, cuando no exagere el hipérbaton ni abuse de la incidental y sea más parco en el uso del adjetivo y la metáfora, entonces veremos surgir en él al verdadero escritor, el que engarza su idea en una forma sobria y enérgica, noble y lúcida. Poseerá entonces la sobriedad, esa cualidad suprema que nosotros colocamos por encima de todas las otras que adornan al hombre de letras.

Quisiéramos estar de acuerdo con todo lo que dice nuestro amigo Cruz Sologaistoa en su artículo de ayer; pero nuestro temperamento refractario a la sociabilidad de rebaño y las ideas que hemos encontrado en altos pensadores, en favor de lo que Sologaistoa llama prejuicios, nos llevan, naturalmente, a la discordancia entre nuestro criterio y algunos de los conceptos que contiene el artículo de nuestro amable compañero.

II

Doy al público que me lee la siguiente explicación: ningún sentimiento hostil me impulsa a escribir estos artículos. En otro tiempo, acaso una secreta animadversión recíproca nos llevó a Cruz Sologaistoa y a mí a ponernos como chupa de dómine desde las columnas de un diario. Hoy nos liga una franca amistad, una intensa fraternidad mental, hija de algunas semejanzas entre nuestra cultura y nuestra común manera de ver la vida, a pesar de las diferencias de temperamento y de educación. Aprecio a Sologaistoa; es uno de mis pocos amigos dilectos; tengo fe en su talento, así como la tengo en el de Heliodoro Valle, un selecto preferido de mi espíritu.

La tesis fundamental del artículo que publicó mi amigo Cruz Sologaistoa en El Nuevo Tiempo de anteayer es ésta: que el arte, como resumen de la naturaleza elaborado por la imaginación, es algo menos que imposible sin el roce continuo del artista con la sociedad en que viva. Lo dice en esta forma pintoresca: "La vida, entendida como codeo con la caravana de los humanos, es condición indispensable para que el escritor se desarrolle dignamente, con la amplitud que corresponde a un hombre". En otro párrafo se expresa de esta manera más concreta: "El arte no es posible sin el conocimiento de la sociedad, que es una faz de la naturaleza".

Sologaistoa no habla textualmente, pero ese es el verdadero fondo de sus frases.

Sologaistoa tiene un antecesor en su teoría sobre el arte. Emilio Zola, que se consideraba como el padre del naturalismo, emitió hace un cuarto de siglo la misma teoría que mi amigo expuso en su artículo de anteayer, en un período de lucha sorda contra la escuela romántica, cuando Víctor Hugo se acababa de hundir en una soberbia apoteosis que no lo tuvo antes que él ningún poeta en Francia.

Zola decía que el naturalismo era sencillamente el estudio de los seres y de las cosas sometidos a la observación y al análisis, fuera de toda idea preconcebida de lo absoluto; que los naturalistas daban la naturaleza verdadera vista a través de su humanidad, mientras que los otros, los líricos, los románticos complicaban la desviación de su óptica personal con las falsedades de una naturaleza imaginaria, que aceptaban empíricamente como si fuese verdadera naturaleza. Para él, pues, el arte literario, como la ciencia, debía fundarse en la observación y la experimentación; cada vida humana era un documento humano; el artista no debía hacer otra cosa que interpretar esos documentos. El que mejor hiciera esa labor, es decir, el que se atiborrara de más vida humana, sería, según el criterio del maestro, el más grande y rico artista. Para él los románticos, con Hugo a la cabeza, vivieron en una atmósfera de idealidad mentirosa, labrando bellas quimeras; fueron pájaros, líricos pájaros de una selva encantada, que murieron a los soplos de la escuela nueva, analítica y experimental, como su hermana melliza, la ciencia de Littré y Augusto Comte.

Emilio Zola hizo la propaganda del naturalismo en un período de turbulencia literaria. Los descendientes de Víctor Hugo, entre los cuales se encontraban los espíritus más aristocráticos de Francia, le hicieron una guerra sin tregua. Zola sostuvo entonces una de las más grandes luchas de su vida. Lo atacaban desesperadamente; se defendía de igual manera; esgrimía el puño heroico, como un Hércules musculoso. Sus Estudios Literarios, que publicó en aquel período, revelan la exaltación de su alma. No son el análisis frío y metódico que recuerde el minucioso y vigoroso Hipólito Taine; son la defensa contra los enemigos que acosan, son el grito del hombre que se bate. Por eso hay en ellos, a menudo, no sólo afirmaciones temerarias, sino también flagrantes contradicciones que no se compadecen, en mi sentir, con la crítica seria de un espíritu eminente.

Zola al fin triunfó. El naturalismo, tras las obstinadas resistencias de algunos, fue aceptado por el público de París. No faltan críticos quienes, al juzgar la obra de Emilio Zola, atribuyen su triunfo, no a la excelencia de esa obra, sino sobre todo al momento histórico en que floreció aquel poderoso escritor. Otros críticos, entre los cuales se cuenta Max Nordau, arguyen que tal triunfo se debió a que Zola, como ningún otro escritor de su tiempo, tuvo una habilidad suma para explotar los gustos de la sociedad francesa de su época. El pueblo francés, después de los excesos del Tercer Imperio, se hallaba pervertido. Una sociedad en semejante estado, escéptica y viciosa, era natural que no se conformara ya con el bello idealismo de los escritores románticos, aquellos príncipes del ensueño de oro y de la leyenda azul. El público pedía entonces una literatura distinta. Pedía el libro crudo, la pintura obscena, el hálito bestial de la baja lujuria. Zola supo hacerse el intérprete de tales anhelos. De su manantial fecundo salían los libros que el bajo pueblo parisiense devoraba con áspera delectación. De su vena inagotable salieron Teresa Raquin, La Tierra, La Taberna, Los Rougon, Naná y La Bestia Humana, todos los cuales oprimen el corazón y llevan al alma del lector el disgusto de la vida y el asco por un mundo de malhechores y de canallas empedernidos.

La popularidad de Zola llegó a ser inmensa. Tuvo numerosos discípulos. Sus libros tenían una venta loca, y el dinero le entraba a carretadas, según su célebre frase. Hubo entonces en París, bajo la influencia del maestro de Médan, como una fiebre de llevar al libro todo el vicio y toda la ignominia de la sociedad, lo cual contagió un poco hasta a algunos espíritus originales e independientes que se preocupaban por ver no uno sino todos los complejos matices de la vida.

Como Víctor Hugo en las gloriosas décadas del romanticismo, Zola fue rey, rey de una escuela literaria que surgió como una reacción contra otra escuela vieja y caduca. Tuvo el sucesor de Balzac, como el grande Hugo, sus prosélitos fervientes; esa corte de espíritus mediocres que se forma siempre alrededor de los hombres superiores, que inventan los valores y abren las brechas nuevas, por donde se precipita la humanidad con su gregarismo de rebaño. Pero a Zola pronto se le estuvo escapando el cetro; su reinado fue efímero. Aquel realismo doloroso, aquella literatura de la hampa, no tardaron en provocar la náusea del público que la pagaba. Hubo como una deserción de las apretadas filas del maestro. Lentamente se fueron retirando hasta los más ardientes admiradores, y después de La Bestia Humana, libro que no hemos podido leer nunca, al escándalo de la burguesía siguió la desbandada de Huysmans, que era uno de sus más queridos discípulos.

Lo que hemos dicho sobre Zola y su escuela lo hemos creído necesario para llegar a una de nuestras conclusiones finales.

III

El naturalismo no produjo una obra verdaderamente grande. La Comedia Humana de Balzac, que es —según la crítica— el más sólido monumento de aquella literatura, no puede parangonarse con esas obras maestras que se admiran a través de los siglos y de las generaciones. A pesar de la preocupación de los escritores naturalistas de poner en sus novelas al hombre verdadero, al hombre de carne y hueso, ninguno de ellos logró, ni Zola, crear un tipo sublime, un tipo como la Celestina, como Otelo, como el Quijote de Cervantes. Papá Goriot y Eugenia Grandet de Balzac son, en verdad, dos admirables encarnaciones de la vida, pero no tienen la consistencia ni el relieve grandioso de los primeros.

La escuela romántica tampoco produjo, en el orden de la novela, una obra maestra. Saint-Victor no fue un creador de almas; fue un escultor de la frase, un lapidario soberano; Gautier no se preocupó gran cosa por la vida de sus personajes; Gautier estudió el idioma para servirse de él como de un instrumento pictórico; Gautier fue pintor; sus libros son retablos de tonalidades intensas, que producen en el lector casi una verdadera sensación física. En Víctor Hugo, a pesar de Los Trabajadores del Mar y de Nuestra Señora de París, el poeta lírico de estupendo vuelo es el que se impone a la admiración del género humano. Y si fuéramos hasta Alejandro Dumas padre y Ponson du Terrail, diríamos que escritores tan prolíficos no crearon sino personajes fantasmas que se desvanecieron como el humo.

Vemos que ni el romanticismo ni el naturalismo han producido obras inmortales, tipos eternos. El romanticismo por su irrefrenable tendencia a la ficción, y el naturalismo por su loco prurito de confundir el procedimiento artístico con el procedimiento científico. Desde el momento en que el Arte quiere ver la realidad como la ciencia, se desnaturaliza, porque invade un campo que no es suyo, que no le pertenece. Le pasa lo mismo que a aquellos pintores italianos anteriores a los quattrocentistas, que queriendo dar a sus cuadros sentido dramático, olvidaban la verdadera y trascendental misión de la pintura. La pretensión de Zola de que el artista debe estudiar la vida como el hombre de ciencia, empleando la observación y la experimentación, sólo puede excusarse tomando en cuenta el período de ardiente lucha en que vivió aquel innovador. El arte, a pesar de sus semejanzas con la ciencia, tiene sentido distinto, objeto distinto y también distinto modo de ver la realidad. En el artista no debe existir el contorno neto, brutal de la cosa, sino más bien la noción intuitiva de esa misma cosa. No es el naturalista o el fisiólogo que se detiene ante un rasgo o una función; es ante todo, y sobre todo, el hombre de imaginación, que completa y aumenta a la naturaleza, haciendo una especie de creación nueva.

La aptitud para ver la realidad no depende de la sociabilidad, como lo insinúa Sologaistoa. Todas las impresiones que recibe el hombre en su cerebro provienen del mundo real, el no-yo o el propio organismo, ya se encuentre confundido en un rebaño o solitario en una tranquila Tebaida. Pero hay hombres en los cuales, por virtud de la estructura particular de sus nervios conductores, preponderan más las impresiones de uno u otro de los mundos señalados, resultando de aquí en el escritor dos tendencias bien distintas: la tendencia subjetiva o introspectiva y la tendencia objetiva. El primero pinta sus emociones, los estados de su mundo interno; el segundo el mundo que lo rodea, la naturaleza que le circunda. Pero unos y otros, el subjetivo y el objetivo, se mueven siempre en el círculo de una realidad tangible.

Para concluir. Los grandes artistas han vivido en la soledad, inadaptables al medio social inferior donde han nacido. Los hombres de talento se han disuelto, a menudo, en la plaza pública. La vía del creador ha sido siempre la vía del solitario. En la soledad es donde el intelectual se encuentra a sí mismo verdaderamente.

"Solitario, tú sigues el camino que lleva a ti propio. Y tu camino pasa por delante de ti y de tus siete demonios".

"Solitario, tú sigues el camino del creador: ¿quieres sacar un dios de tus siete demonios?".

"Vete a tu aislamiento, hermano mío, con tu amor y con tu creación".

Así hablaba Zaratustra.

(El Nuevo Tiempo — Números 276-277-278-279 — 1912).

PRIMERAS PALABRAS

Hemos leído el artículo de don José Cruz Sologaistoa, en el cual pretende impugnar las ideas de nuestros últimos artículos El Concepto de Patria y Nuestros Males, publicados en este diario.

En el artículo de Sologaistoa no hemos encontrado un solo argumento serio que rebata ventajosamente los conceptos expresados por nosotros; todo se reduce en él a una charla superficial, a unas cuantas ideas molientes y corrientes, a un fatigoso ir y venir de lugares comunes viejísimos, en un estilo anquilótico, falto de nexo y de sintaxis.

Desde luego, manifestamos al señor Sologaistoa que aceptamos el reto que tan valientemente nos ha lanzado, pero con la condición de que exponga argumentos y presente sus ideas de una manera clara, y no como lo hace en el artículo de que nos ocupamos, con tal vaguedad y oscuridad, que en muchos pasajes hemos renunciado al empeño de saber lo que quiere decir a través de su prosa funambulesca y laheríntica. Las ideas de nuestros dos últimos artículos están muy claras; combátanos seriamente, con argumentos sacados de la experiencia y de la ciencia, y no con simples dichos, con frasecillas buenas para producir efecto en un salón, en un corro de mujeres, pero impropias de una discusión en que se debaten tesis y principios.

Dice el señor Sologaistoa en el primer párrafo de su artículo:

"Prescindir porque territorial y demográficamente somos pequeños o porque en el mundo de la ciencia y de la industria poco valemos, de la idea de la Patria (¡qué construcción!), no creer sino que Patria es el lugar cualquiera de la tierra en donde la vida es más amable, no es honrado; ni creemos tampoco —no queremos creerlo— (me da lo mismo que lo crea o no) que esa sea en el fondo la intención de los artículos que Rosales (don Salatiel) ha publicado en diferentes ediciones de este diario".

Mi intención, señor Sologaistoa, ha sido demostrar que el patriotismo, tal como se entiende hoy en las naciones latinas del Viejo

Mundo, en las naciones de Hispanoamérica, en nuestras repúblicas de Centro América y tal como lo entienden Ud. y sus colegas, ese patriotismo, digo, en la época presente, es incapaz de hacer felices a los pueblos, porque éstos no lo pueden ser nunca viviendo en la miseria, como pretende Ud., sino en la prosperidad, en la riqueza, en la opulencia, y estas cosas, como Ud. debe saberlo, no se alcanzan con vanos deseos, con simples anhelos del corazón, diga lo que quiera Eugenio de Hostos, quien, dicho sea de paso, no es decisivo en una disputa en que pueden traerse al tapete las concluyentes afirmaciones de pensadores y sociólogos de positivo valer.

Los pueblos, óigalo bien, son felices cuando tienen una vitalidad rica y exuberante; cuando sus energías y actividades se desbordan; cuando sus múltiples recursos les permiten disfrutar de sosiego interior y luchar victoriosamente en la concurrencia con los otros pueblos del mundo. Piense Ud.; traiga a su mente el ejemplo vivo de algunos pueblos actuales que viven en una eterna e incurable demencia patriotera, lo cual, sin embargo, no impide que esos mismos pueblos vivan en una eterna zozobra, en una eterna penuria y, lo que es peor todavía, en una eterna desmoralización, propia de la más grosera barbarie.

Esto no sólo nosotros lo decimos, lo dice también el notable sociólogo italiano C. Sergi, cuyos libros se leen en Europa como si fueran biblias, y cuya autoridad es, por lo mismo, superior a la del profesor dominicano que Sologaistoa cita con cierta ventolera.

Dice Ud., en el segundo párrafo de su artículo, que no cree que yo haya tenido en el fondo intención de decir lo que dije. Esto no es argumento ni es nada, como no lo es tampoco ese maremágnum de frases enrevesadas que nos endilga hasta el fin. Lo que yo digo es porque lo pienso, y si mis ideas, como Ud. dice, no han tenido su origen en mí, ¿qué tiene esto de extraño?

Más abajo dice el crítico que los pueblos no prosperan trabajando, sino cantando, tocando la lira y sembrando la Patria en el corazón de los niños (¡y vuelve con los niños!).

Esta afirmación, que no parece dicha en serio, está revelando falta de sindéresis y una triste miopía mental. Las colectividades —esto es elementalísimo— se engrandecen trabajando, sembrando patatas, forjando el hierro, y no con cántigas y sentimientos tiernos. Los pueblos, en el curso de su evolución, comienzan enriqueciéndose por medio de la agricultura, de la industria y del comercio. El progreso se realiza de una manera natural, gradual y lógica. Después de la riqueza, despúes del bienestar y de la hartura, vienen, en las naciones, el arte, el patriotismo, las instituciones, como una consecuencia necesaria. Creer lo contrario, creer que del patriotismo y de la lira de los símbolos van a surgir el progreso y la grandeza, es tan cándido como pensar que el árbol se desprende del fruto y no el fruto del árbol. Max Nordau ha dicho que el arte (la lira de mi antagonista) es un producto orgánico de los pueblos; lo propio puede decirse del patriotismo (pero no el de Sologaistoa), de las instituciones, del forum de Cicerón y de todo lo demás.

Vamos a concluir, por ahora, pero queremos antes que el señor Sologaistoa nos defina el patriotismo y nos manifieste para qué sirve; queremos que nos diga si, en el proceso evolutivo de un pueblo, vienen primero la bandera azul y blanca y el escudo pintoresco con sus cuernos de la abundancia, o el aumento de la riqueza o el desenvolvimiento económico. Díganos, por último, si para recorrer un largo camino, para emprender una ascensión, es más eficaz el deseo anémico e impotente que la salud y el vigor físicos.

Conteste estas preguntas, contéstelas categóricamente, con la consecuencia que exigen la caballerosidad y la seriedad de la discusión.

(La Prensa — 1910 — No. 1130).

ESE QUE ME ATACA ES UN COBARDE

En el último número de El Cronista, periodiquito que edita don Manuel M. Calderón, un señor Ariel pretende hacer creer, con visible mala intención, que el artículo intitulado Una Escuela Anárquica, que publiqué hace poco en el último número de El Foro Hondureño, es un plagio por el cual debe condenárseme.

Tal artículo, como lo comprenderá todo lector inteligente, ajeno a la rastrera pasión que fermenta en el corazón de Ariel, es casi una simple narración de la Escuela que el Conde León Tolstoi fundó en su conocido retiro de Yasnaia Poliania. Mi intención al escribirlo fue, para ser lo más fiel posible, para no incurrir en falsas imputaciones, servirme de las mismas palabras gráficas y elocuentes con que Tolstoi describió su famosa escuela.

Plagiar, según el diccionario de nuestra lengua, significa apoderarse de frases o de ideas ajenas, y presentarlas como propias. Yo, en el presente caso, me he servido de las mismas palabras de Tolstoi, me he valido de sus descripciones, es cierto, pero sin querer ocultar su procedencia.

Digo en el tercer párrafo de mi artículo:

"Antes que él, León Tolstoi lo implantó en su escuela de Yasnaia Poliania, partiendo del principio que la regla es ilegítima en la escuela, que la libertad del niño es inviolable, y que el maestro debe recibir de sus discípulos la indicación de las materias que deben estudiar y los métodos que deben seguir".

Este dato lo tomé de la obra de Guyau, La Educación y la Herencia. No conociendo la doctrina de Tolstoi al respecto, para no caer en inexactitudes y falsedades, preferí tomar casi textuales las palabras del filósofo francés.

El cuarto párrafo del mismo artículo dice:

"En la escuela del anacoreta de Yasnaia Poliania, —descrita por él mismo— el maestro entraba en clase; sobre el pavimento hallábanse tirados en montón los niños que jugaban y gritaban. El maestro recogía los libros y los distribuía entre aquellos alumnos que le habían seguido hasta el armario. Una verdadera batalla precedía siempre al acto de tomar los libros. Luego se sentaban donde les placía, en los bancos, en las mesas, apoyados en las ventanas, en el suelo, en las butacas. Cuando a un alumno —prosigue Tolstoi— se le ocurría sentarse en una butaca, con sólo mirarle otro le había adivinado la intención, y ambos se precipitaban sobre ella, venciendo, naturalmente, el más aguerrido".

Fíjese el lector en que digo descrita por él mismo, —y despúes prosigue Tolstoi,— lo cual demuestra que no es mi intención atribuirme la descripción que el apóstol moscovita hace de su singular escuela.

En el sexto párrafo expongo brevemente, siguiendo a Guyau, las sanciones que Tolstoi, imitando a Spencer, había implantado en su establecimiento de enseñanza. Es, simplemente, un dato que, a falta de otra fuente, lo tomo del escritor francés.

El sexto párrafo comienza así:

"Se ha objetado a Tolstoi y a Spencer que las sanciones naturales, preferidas por ellos, no tienen carácter moral, etc., etc.".

Como se ve, en este párrafo no hago más que reproducir, en el fondo, y manifestándolo claramente, la objeción hecha a Tolstoi y Spencer sobre las sanciones naturales cuya eficacia tanto ponderaron ambos escritores.

En el párrafo siguiente, digo: "Tolstoi, bosquejando su escuela, decía que durante la clase todos leían; que jamás les había visto cuchichear ni reír disimuladamente, ni quejarse uno de otro al maestro. Que cuando más fuerte gritaba éste, más fuerte gritaban los discípulos; que los desórdenes, apagándose por sí mismos, producían un orden mucho mejor y más estable, en tanto que el maestro (Tolstoi) contemplaba beatíficamente las grescas infantiles".

En este párrafo, como en los anteriores, reproduzco también, casi íntegras, las palabras de Tolstoi. Por eso digo al principio: "Tolstoi, bosquejando su escuela, decía". Si fuera plagio, como pretende el enemigo embozado que me ataca en el periódico aludido, no hubiera —está claro— comenzado de tal manera.

Los grandes escritores (sin que yo alimente la extravagante idea de serlo), cuando hacen la crítica de las doctrinas de otros autores, tratan de exponer las mismas palabras de éstos, para no caer en absurdos o gratuitas imputaciones. Cuando se reproducen datos, cuando se trata de simples detalles, y no de ideas o de conceptos, lo más conveniente es exponerlos con la mayor exactitud posible. Tal he hecho yo en mi artículo Una Escuela Anárquica, manifestando, además, en cada párrafo, quién es el autor de las palabras que cito. El mío es, pues, un artículo expositivo, descriptivo; se ve en él que mi objeto ha sido, para ser más exacto, más fiel, servirme de las mismas palabras de Tolstoi, como lo digo con claridad en los párrafos que tratan de la descripción de su escuela.

No pretendo ser absolutamente original en lo que escribo. No podría serlo nunca. Como elemento pensante evolutivo, tengo que ser siempre producto de factores extraños, entre los cuales la época —entendida esta palabra en la noble acepción que le da Taine— es en mí quizá el más poderoso.

Para terminar. El individuo que me ataca en el número 5.º de El Cronista es un cobarde, que no ha tenido la caballerosidad ni el suficiente valor moral de poner su nombre al pie de su calumnioso artículo; por lo cual no merecería otra cosa que desprecio, si no se tratara en esta ocasión de un cargo que, a primera vista, puede sorprender a aquellos lectores que nos lean desapasionadamente, sin malévolas prevenciones, el artículo Una Escuela Anárquica, que publiqué en el último número de El Foro Hondureño.

Tegucigalpa, 25 de abril de 1912.

(El Nuevo Tiempo — No. 318).

EL PATRIOTISMO Y LA CIVILIZACIÓN

Trato del segundo artículo del señor Sologaistoa, escrito tras una larga gestación de dos noches y un día —gestación de la cual no salió un elefante, como se esperaba— sino un ratoncillo, un vil ratoncillo. El artículo de Sologaistoa, sobre ser pequeño, pequeñito, es tan ininteligible, tan inextricable como el primero, lo cual nos dice que Sologaistoa no tiene ideas concretas, conceptos definidos en su mente, sino un fárrago indigesto que nadie, ni él mismo, entiende. Mientras nosotros escribimos nuestros artículos —buenos o malos— apremiados por la demanda del cajista, por el ruido de las máquinas que funcionan, José Cruz Sologaistoa, allá en el silencio de su cuarto, se tortura, se exprime el cerebro días y noches enteras, para no decir nada, para no producir nada, nada que no engendre la hilaridad o el desdén de un público que sabe juzgar, porque es sensato e ilustrado.

Uno de los escollos con que tropezamos en la discusión es esa nebulosidad del Sr. Sologaistoa —nebulosidad que no tiene nada que ver con la de los grandes pensadores, Emerson y Carlyle, por ejemplo— sino que proviene de unos cuantos libros que ha leído sin hacer esfuerzo alguno para asimilárselos bien.

Pero lleguemos al terreno de la discusión. En nuestro primer artículo propusimos al señor Sologaistoa las siguientes cuestiones: definición del patriotismo; para qué sirve éste; si en el desarrollo evolutivo de un pueblo viene primero el patriotismo, ese patriotismo de Sologaistoa que consiste, según él, en el moralismo, en el mentalismo y otras yerbas ininteligibles; y, por último, influencias de ese mismo patriotismo en el progreso y bienestar de las sociedades. Y vemos que ha guardado completo silencio, demostrando con esto malicia o incompetencia para sostener la polémica colocándose en el terreno en que debe colocarse. ¿Por qué no contestó en su segundo artículo las preguntas que le hicimos? ¿Por qué, sin consideración al público y a la seriedad de la polémica, se va por otros atajos, inextricables y oscuros, como su espíritu, como su estilo, ese estilo tan cargado de arrequives y de paramentos churriguerescos?

Pues bien, ya que él no resuelve —porque no puede— las cuestiones planteadas por nosotros ni ataca tampoco los conceptos de nuestros artículos, ni quiere entrar al campo verdadero de la discusión, lo vamos a seguir; vamos a dejar nuestra actitud defensiva para tomar la ofensiva, convirtiéndonos en críticos de un crítico que tan lamentablemente ha dado pruebas de su incapacidad e impotencia.

Dice en el tercer párrafo de su artículo:

"Pero ante todo, rectifiquemos, señor Rosales; seamos serios (así como Ud., ¿verdad?) yo no he expuesto, como Ud. muy talentosamente dice, que un pueblo sea feliz, próspero, grande, porque haga versos, toque la lira y enseñe el culto del patriotismo y nada más. Yo he expresado que esas funciones, Arte, Moral y otras, son compatibles (¡qué revelación!) lo deben ser (este es un ripio muy suyo) con la industria (con la riqueza, debió haber dicho) que Ud. intransigentemente nos predica".

Aquí creyó el señor Sologaistoa hacer una revelación estupenda, diciendo que la industria, el arte, la moral, etc., no son incompatibles. Esto es una perogrullada que sólo a don José Cruz se le puede antojar una novedad. Está demostrado que el arte y la moral no pueden prosperar en los pueblos incipientes y pobres, sino en las naciones avanzadas, pletóricas de riqueza y bienestar. Cuando los pueblos han recorrido la etapa de su desenvolvimiento económico, cuando la acumulación de la riqueza les permite disfrutar de un amplio bienestar material, comienza para ellos la era espiritual, que es la última de las fases de su desarrollo. Esto es tan claro, tan natural, tan lógico, como absurdo sería que un pueblo pobre, cuya vida es de vacilaciones y tanteos, pudiera llegar a tener, por obra de magia y de encantamiento, una moral perfecta y un fuerte florecimiento artístico. El arte, la moral, todas esas cosas, son en la existencia de una sociedad como el capitel de la columna, como el vértice de la pirámide. Estas ideas son conocidísimas, son ideas de clavo pasado que no creemos se le oculten ni al señor Sologaistoa, con ignorar éste hasta las más elementales leyes que rigen el desenvolvimiento de las colectividades.

En el tercer párrafo de su artículo se pregunta el señor Sologaistoa si es conveniente para los pueblos ahora jóvenes de la América Latina prescindir del patriotismo; y si caracteriza a la felicidad de las naciones un exclusivo industrialismo (¿y por qué ha de ser exclusivo?) con desatención de moralismo y mentalismo. La primera pregunta se resuelve consultando la historia de los pueblos de América Española, desde su independencia hasta nuestros días; si esos pueblos, patriotas como hasta hoy lo han sido pocos en el mundo, han sido felices, recorriendo etapas prósperas y bonancibles, la pregunta de Sologaistoa se contesta afirmativamente; pero si no, si esa misma historia nos está diciendo de una manera irrefutable, incontrarrestable, no sólo que tal patriotismo no es conveniente, sino que ha sido uno de los más grandes males que han afligido a estos desgraciados países, hay que concluir necesariamente que ese patriotismo no es el mejor factor para cambiar la situación de estos pueblos, dándoles una nueva, segura y saludable orientación. Respecto a la segunda pregunta, no vacilamos en afirmar que la riqueza caracteriza (para hacer uso de la palabra de Sologaistoa) la felicidad de las naciones; pues sostener que la penuria y el hambre son condiciones de esa misma felicidad es una monstruosidad que no puede caber en un cerebro bien equilibrado.

El progreso, y también la civilización, que es su último resultado, no depende, como lo he dicho tantas veces, de unas cuantas voluntades arbitrarias —por patrióticas que éstas sean— sino de factores muy complejos existentes en el seno de las sociedades; el progreso es, viéndolo bien, ahondando un poco, una consecuencia de la potencialidad viva de las razas.

La afirmación de Sologaistoa de que con el patriotismo bien entendido se consigue la civilización es una afirmación gratuita, destituida de todo fundamento, pues ese patriotismo, el patriotismo científico, es algo que en los agregados sociales viene a ser una consecuencia de la plenitud, y no como se pretende, un factor originario que impulsa a los pueblos nacientes.

No he pretendido afirmar que el exclusivo desarrollo industrial constituya la civilización. He dicho que los pueblos, en la época actual, muy diferente de las antiguas, deben comenzar por procurarse un desenvolvimiento industrial, o lo que es lo mismo, por cambiar los viejos por nuevos derroteros, para adaptarse a las condiciones de los tiempos presentes, si no quieren sucumbir en las luchas de concurrencia con los otros países. El industrialismo, engendrando la riqueza, engendra el bienestar, y es el tipo que se adapta mejor a las exigencias de la vida contemporánea. El industrialismo tiene la ventaja de subordinar gradualmente la prosperidad del individuo a la prosperidad de la sociedad. El tipo industrial —como ha dicho Herbert Spencer— con su descentralización, es el más elevado, por cuanto es el que cumple mejor los fines de la organización social.

La pretendida simultaneidad de desarrollo es una ilusión en la que han caído algunos autores de Sociología. Lo que existe no es tal simultaneidad sino sucesión, concatenación de etapas, estadios de evolución que engendran otros estadios cada vez más complejos y perfectos. Así lo dice la ciencia positiva y así lo prueban también las enseñanzas vivas de la historia, aunque haya por ahí dos o tres autores que sostengan lo contrario.

Dichosas, pues, las naciones que hoy logran constituirse en verdaderos órganos industriales, porque así serán ricas, serán fuertes, serán felices; y desgraciadas las que —sin aptitud para adaptarse— se empeñan en seguir buscando paliativos a su pereza y achaques incurables.

Concluimos manifestando al señor Sologaistoa que nos ha engañado; que el último articulito que publica —completamente distinto en todo a los anteriores— no es suyo ni lo copió él, sino que se lo copiaron de Guizot, de Hostos y de quién sabe cuántos autores más; pero el señor Sologaistoa ha tenido el valor de firmar un escrito ajeno, lo cual es ridículo y vergonzoso en literatura.

La Prensa — 1910 — No. 1134.

UNA CARTA

Tegucigalpa, 10 de septiembre de 1912

Señor Director de El Nuevo Tiempo.

Presente.

Me ha producido gran sospecha el último artículo de don José Cruz Sologaistoa, publicado en la edición de ayer de su diario.

Declaro que no he escrito yo los artículos que contra el señor Sologaistoa se han estado publicando en El Cronista, y que Sologaistoa, al apresurarse a señalarme con su índice, no ha procedido como un varón prudente.

Cuando Lino Linares comenzó a publicar sus artículos de crítica en el periódico del señor Calderón, todo el mundo afirmaba que aquellos artículos eran del doctor Paulino Valladares. Sin embargo, no era cierto, pues pocos días después se descubrió que el verdadero autor de ellos era el Lic. Carlos María Varela.

Hoy sucede algo parecido. Simples coincidencias de estilo o de ideas, y alguna que otra instigación malévola, han bastado para que Sologaistoa se eche contra mí y lance mi nombre a los cuatro vientos.

No le profeso a Sologaistoa la vieja e indómita aversión de que habla en su artículo. Cuando se les ve desde la altura de cierta filosofía, no es odio sino otra cosa lo que inspiran los hombres. El odio —dijo Zola— es una forma de la admiración. ¡Y cuán raros son en el universo los hombres dignos de admirarse!

Duerma tranquilo Sologaistoa, que no soy yo el leguleyo que está hoy en las fronteras de su vida.

De Ud. muy atento y seguro servidor,

SALATIEL ROSALES.
(El Nuevo Tiempo — 1912 — Núm. 436).

CARTA ABIERTA

Tegucigalpa, 12 de diciembre de 1912.

A don Adán Canales,
Director de El Cronista.

Pensaba que usted, en vista de los deseos expuestos en mi carta, me dejaría en completa paz; pero El Cronista de ayer miércoles trae otro artículo del señor Alemán Bolaños, verdaderamente soez e injurioso.

No me sería imposible devolver sus injurias a Gustavo Alemán Bolaños, pues ese señor, contra lo que él cree, dista mucho de tener la perfección de un Dios; pero no lo hago, porque no me lo permite mi disciplina moral y porque la injuria pone siempre muy por bajo al hombre que de ella se sirve.

El público ha observado ya que no se trata en esta ocasión de disquisiciones literarias, sino de ataques personalísimos a mi honra y a mi seriedad. Tales ataques son verdaderas agresiones, que yo tengo derecho de repeler, no en el terreno del periódico, sino en un campo absolutamente personal.

Ud., señor Canales, como responsable que es de los artículos que contra mí está publicando, debe saber que estoy dispuesto a hacer uso de mi sagrado derecho de defensa; que no dejaré, en esta ocasión, pisotear impunemente mi cara dignidad humana; y que si un artículo injurioso más publica contra mí, me veré obligado a exigir de Ud. la reparación del caso.

Mas quiero que Ud., acallando sus viejos rencores, reflexione un momento y piense que no es empresa noble acoger artículos en los cuales se hiere a un adversario que tanto tiempo ha colgado sus armas; quiero que Ud. medite seriamente en los desagradables resultados que puede llegar a tener su obstinación en molestarme por la prensa; y quiero también, en previsión de lo que pueda acontecer, que la sociedad, verdadero juez en estos asuntos, tome nota de las gratuitas agresiones que se me hacen en el periódico arriba enunciado.

SALATIEL ROSALES.

(El Nuevo Tiempo — 1912 — No. 516).

CARTA ABIERTA

Tegucigalpa, 6 de febrero de 1911.

Señor don Agustín Hombach.

Ciudad.

He leído su artículo Salatiel Rosales y su darwinismo, en el cual Ud. pretende rebatir lo que afirmé acerca del origen del hombre.

Estoy vivamente interesado en la cuestión. Dice Ud. al concluir su artículo que está muy dispuesto a presentarme pruebas de razón y autoridad sobre las "diferencias enormes" entre el hombre y los animales superiores. Muy bien. Quiero que presente esas pruebas.

También quiero que nos diga cuál es el lugar del hombre en la naturaleza. Cuando de esto trate, espero que no nos ponga al hombre en un orden separado (los bimanos), como quería Blumenbach, ni que haga de él un reino distinto, como pretenden todavía los partidarios del dualismo místico, ni mucho menos que nos salga con el viejo cuento de Adán y Eva.

Ya que Ud. no acepta las teorías modernas de la evolución por considerarlas falsas, contrarias a las leyes naturales, desearía que expusiera las teorías más aceptables sobre la descendencia del hombre, explicando a la vez la manera como se concilian esas teorías con el sistema heliocéntrico, del que supongo no rechazará Ud.

Asimismo deseo que al combatir Ud. tales teorías lo haga con argumentos serios, con documentos de fuerza, y no como lo hizo Fray Tomás Cámara al echarse sobre el libro Los conflictos entre la religión y la ciencia del escritor norteamericano William Draper.

Mientras Ud. publica sus artículos, yo tomaré nota de ellos para contestarle después, no con miras de convencerle, pues bien sé que Uds., los teólogos, se obstinan aún en permanecer detrás de sus derruidos atrincheramientos de los comienzos de un siglo altamente científico, que camina a grandes zancadas hacia la luz y la verdad.

De Ud. muy atto. y SS.

SALATIEL ROSALES.

(La Prensa — 1911 — No. 1180).

UNA TEMPESTAD

A Ramón Sáenz Morales

El barco inglés, anclado en la rada de un puerto del Pacífico, se balanceaba rítmicamente al suave empuje de las olas silenciosas.

El mar, con su grave rumor, casi no se veía, pero se sospechaba en la noche llena de tinieblas. Arriba, en algunos retazos de cielo azul, resplandecían algunos luceros. Hacia la costa de enfrente, el brillo de los faroles indicaba la presencia consoladora del puerto.

Era avanzada la hora de la noche. Algunos pasajeros se habían quedado tendidos en sus chaise-longues, con las piernas negligentemente apoyadas en la baranda del navío; en tanto que otros, los más, gozaban del sueño en sus camarotes. A proa se oía una lengua nasal: eran dos compatriotas de Confucio, marinos sin duda, que fumaban sus pipas y en su coloquio nocturno daban expansión a sus almas misteriosas.

Yo, falto de sueño, me paseaba sobre cubierta, acariciando recientes recuerdos o meciéndome en el vaivén dulce de ilusiones y fantasías irrealizables.

De la ilimitada extensión marina llegaba una brisa refrigerante, y las olas negras, en infinita sucesión, venían a golpear con rumor blando los costados del navío, para alejarse después indiferentemente hasta anonadarse en la hervorosa inmensidad de las aguas.

La mar confirmó entonces su vieja fama de traidora. En la tranquilidad de aquella noche, interrumpiendo bruscamente el grave señorío del silencio, comenzó a soplar un furioso viento del Este, confabulado con una lluvia torrencial. Aquel viento se quejaba de una manera extraña en los cordajes de los mástiles, y el agua del vendaval, aventada por las rachas, se estrellaba con violencia despiadada sobre el casco de la nave. El mar, azuzado por el huracán, comenzó a estremecerse, y, algunos instantes después, las olas hacían danzar el barco, golpeándolo, ultrajándolo e inundándolo por todos lados con desesperado ímpetu.

Cada vez más arreciaba la tempestad. Habíanse roto unas amarras, las sacudidas eran más intensas; olas gigantescas y lúgubres venían a reventar sobre cubierta, dejando regueros de agua y espumas, y en el rostro del capitán, que hacía vibrar un timbre y daba órdenes en inglés, y en los de los marineros que iban y venían precipitadamente, no había la suficiente serenidad para desechar de la mente la idea de naufragio ni para impedir el sobresalto que ya comenzaba a hacer presa de los corazones.

La tormenta seguía. El cielo negro se iluminaba por instantes con trazos rojizos, y las claridades lívidas del relámpago se reflejaban a trechos sobre la mar convulsa.

Entonces, en aquel mar alborotado, metido en aquella nave tan frágil y amedrentado por la tormenta, en aquella noche inclemente, tuve por primera vez la sensación de lo débil y miserable que es el hombre cuando la Naturaleza, cansada de la servidumbre en que la tienen, se rebela al fin y de un solo zarpazo da al traste con su ridículo dominador.

Los pasajeros que dormían en sus camarotes, hombres y mujeres, salían corriendo casi desnudos al darse cuenta de lo que pasaba. Los hombres tenían estereotipada en el semblante una gravedad extraña; las mujeres temblaban de miedo, y algunos niños lloraban, tratando de ampararse en el regazo de sus madres.

Yo tampoco permanecía impasible. Como los de mi sexo, era presa de una muda inquietud. Pero debo confesarlo: no sé de qué perverso fondo de mi ser brotaba algo que en aquellos momentos me hacía desear en secreto el naufragio de aquel buque.

Yo no soy un hombre malo. Un férvido panteísmo, que acaso me venga de Asís, me hace hoy extender mi amor hacia todo lo que vive; pero en aquel instante el malsano deseo de la tragedia casi vencía en mí los impulsos altruistas y el instinto de mi propia conservación.

No os asombréis. Aquel deseo es el mismo que vosotros sentís en el circo, cuando quisierais cobardemente que el volatín perdiera su equilibrio y cayera al suelo desmigajándose el cráneo. El mismo que os hace desear vagamente la buena suerte del incendio que tenéis a la vista. El mismo sentimiento que os pone levemente disgustados cuando el cable de la guerra lejana no os trae la nueva de algunos miles de hombres más despanzurrados en la última carnicería.

Pero Neptuno se aplacó al fin. La tempestad paulatinamente iba plegando sus alas. El vapor levó ancla y, empujado por las hélices, comenzó a abrirse camino hacia lo desconocido, a través de las aguas y de las sombras.

(El Nuevo Tiempo — enero de 1915 — No. 1175).

EL TRIUNFO DEL SOLITARIO

(A JUAN SÁNCHEZ BORJAS, NOBLE COMPAÑERO).

Aquella tarde el joven solitario reflexionó más hondamente en su destino. ¿Era que iba a ceder a los llamamientos de la vida o seguir su senda austera de filósofo y de intelectual? ¿Era que iba a abdicar de su pasado, traicionar los más bellos esfuerzos de sus años, renunciar a lo más caro, la gloria, para vivir la vida de los instintos, que parecían ahora rebelarse y clamar por la revancha? Los instintos que, rotas sus cadenas, asaltaban como perros rabiosos a aquel pálido asceta, sorprendiéndole bruscamente en su camino de ensueño y abstracción. Amar, vivir, gozar la carne perecedera, carne breve, vida humana...

Tenía ante sí las lecciones de una naturaleza en perpetua licencia amorosa. Del bosque vecino venían en la brisa olores de pólenes capitosos, hálitos de vagas fecundaciones; insectos precarios se fornicaban presurosos a su lado, como en la Física del Amor de Remy de Gourmont; arriba, en la cumbre del árbol, se desarrollaba un idilio gorjeante de alas y de picos, y en la pampa sin límites los brutos formidables se enlazaban libres, sin valladar de códigos ni de convenciones.

Sí, aquella naturaleza era una invitación, era una enseñanza. El hombre, criatura de la creación como el insecto, el pájaro y el bruto, estaba sometido a las mismas leyes que rigen hasta el átomo y son como la esencia inmutable y eterna de lo creado.

De la literatura de todas las edades le venían en aquel momento grandes sugestiones. Recordaba las palabras del náufrago de la novela de Paul Adam: "Ai-je vécu ma vie?". ¿Había él acaso vivido la suya? Vivir la vida, ¿no es gastarla, disiparla espléndidamente, agotarla en el viejo sentido epicúreo? Si la vida era un don, ¿para qué devolvernos a la tumba intactos y virginales? ¿Por qué negarle sus fueros a la carne y al instinto? Del héroe de Henry Duvernois recordaba esta amarga lamentación: "Parce que j'ai si peu vécu... Quand on a si peu vécu, c'est injuste de vieillir. Je n'ai rien connu; ai passé à côté de tout, à côté de l'amour, à côté de la gloire". Del fondo de los siglos le llegaba, en alas del viento crepuscular, aquella decisiva exhortación de Tetis al juvenil en su tienda: "Bueno es que goce del amor con una mujer, pues ya no vivirás mucho tiempo".

¿No había llegado él, como argivo, a un momento decisivo de su destino? ¿No sentía ya que la juventud —"divino tesoro"— se le iba para no volver?

La voz de su tentador le decía: "Mañana será tarde. Decídete, hoy o nunca. El ideal... La gloria... Vanas sombras, fantasmas incoercibles, que un día se te desvanecerán dejándote defraudado. Vive la vida. La vida no son los libros, ni los cilicios, ni la columna del estilita. La vida es ese fruto paradisíaco, regalo de los dioses, abominación de los anacoretas. La muerte vendrá, quizá sea en breve. Conoces ya de sobra la voluptuosidad del ensueño, el éxtasis de la meditación. Iníciate ahora en el culto profano y divino de la carne y los sentidos. Deja a Sócrates y a Zenón, y sigue las huellas de Epicuro y Anacreonte; no Artemisa la casta, sino Afrodita la ardiente".

En aquel momento el solitario era presa de la angustia. Aquella era su angustia del huerto. Las palabras del tentador hallaban eco en los instintos revelados. El sordo reclamo de la especie parecía tomar en ciertos instantes los aspectos de la fatalidad y del destino. ¿No era una misma la ley que lo arrebataba a él y a aquellas bestias ciegas que se ofrendaban en holocausto perenne a la vida y a la natura? ¿Para qué resistir entonces? Aquel asceta claudicaba, se rendía...

Mas he aquí que, súbito, el meditativo se queda extático, oyendo una voz de la altura, una voz que parecía un Excelsior de redención venido en ayuda de aquella alma tan trabajada ya por el demonio subversivo del deseo.

Excelsior, excelsior. El solitario alza la frente abatida y en el cielo, de un azul que en aquel instante de fiebre y alucinación le parece el símbolo mismo del ideal y de la gloria. Excelsior. Luego, impelido por una fuerza extraña, se levanta, y bajo la desmayada luz crepuscular encamina sus pasos por la senda, firme de fe y fuerte de esperanza, llevando en su corazón una alegría nueva y en el alma, asqueada del lodo de la tierra, como el anhelo triunfal de aquel azul y de aquella estrella.

(Pensamiento y Acción — 1964 — No. 50).

SALOMÉ

El Precursor San Juan Bautista gemía en el fondo de una ergástula por haber censurado con su verbo montaraz los amores prohibidos del tetrarca Herodes con la divina Herodías.

Cuando el pecaminoso tetrarca festejaba con una espléndida orgía el aniversario de su nacimiento, Salomé, hija de la versátil concubina y del manso Felipe, ejecutó una danza deleitable a los ojos de Herodes.

Salomé era una de las vírgenes más bellas de Judea. Tenía el donaire de las palmeras de Betania; en sus grandes ojos azules se reflejaba el Tiberíades, y su cabellera era espesa y fragante como los bosques del Líbano.

—Danza más —exclamó el tetrarca, cuando la joven hubo terminado su baile tentador—. Te doy lo que pidas.

—Quiero la testa de Juan.

Herodes hizo con la ebria cabeza un movimiento afirmativo.

Salomé continuó sobre el pavimento de alabastro su enloquecedora danza. Flotaba como una bandera su exorbitante cabellera, brillaban sus ojos, palpitábanle los turgentes senos y sus piernas enseñaban unas redondeces dignas del apetito de un dios.

El lujurioso tetrarca estaba loco de deseo. Apenas acabó la joven, corrió a presentarle una bandeja de plata bruñida donde yacía, bañada en roja sangre, la cabeza del santo que ceñía sus lomos con una piel de camello y se alimentaba de langostas y miel montés.

Salomé suspendió con sus manos la venerable cabeza y posó largamente, largamente, sus miradas azules sobre la faz áspera de aquel violento anacoreta que condenaba la vida y el placer, y pensó con tristeza en la inmensa desgracia de aquellos ojos que no habían gozado nunca de una bella forma femenina y de aquellos labios que no desfloraron jamás un beso de amor.

Tegucigalpa, 1907.

Revista del Archivo y de la Biblioteca Nacional de Honduras, Tomo III — 1907 — Núms. 17-18.

LA MEMORIA DE INSTRUCCIÓN PÚBLICA

En un opúsculo de 48 páginas, escrito en correcto lenguaje oficial, sintetiza el señor Ministro Vásquez los resultados de la labor del Gobierno en el Ramo de Instrucción Pública.

Son en este caso dos cantidades de buenos y elocuentes números las que están pregonando, sobre todo, la eficacia de la acción del Gobierno actual en la obra titánica de regenerar a Honduras por medio de la educación popular: la que representa el aumento considerable sobre el Presupuesto de Gastos de 1912 (ciento sesenta mil catorce pesos, quince centavos) y la que representa el número mayor de escuelas creadas en toda la República durante el año que acaba de pasar.

De la Memoria de Instrucción Pública se deducen los marcados esfuerzos del Gobierno en favor de la instrucción primaria. Sin descuidar la instrucción secundaria, la Administración actual se ha consagrado con inusitado empeño a la faena redentora de plasmar en las tiernas generaciones de hoy a los hombres del mañana.

El Gobierno ha comprendido, o mejor, tiene el convencimiento de que todos los esfuerzos que se hagan en pro de la educación nacional serán estériles y vanos si no se comienza primero por la educación del niño, cuyo fin mediato, lejano, ha sido siempre obtener un ejemplar humano mejor que el existente; superar al imperfecto hombre del presente con el hombre del porvenir. A esta idea lógica, cuerda y previsora corresponde la lucha que ha entablado contra el analfabetismo, contra la ignorancia, contra la superstición, abriendo escuelas de enseñanza elemental hasta en los más olvidados rincones de la República.

El Gobierno no cree, no puede creer, que con sólo enseñar a leer y escribir queda resuelto este difícil problema. Pero sí cree que toda regeneración de nuestro pueblo por medio de la escuela, de la educación, tiene que principiar necesariamente, lógicamente, con la humilde tarea de enseñar.

El problema del analfabetismo, al menos entre nosotros, es un problema amplio, complejo, vasto. Sus límites no sólo se reducen al estrecho horizonte de la escuela elemental, sino que abraza un campo de acción infinitamente más grande y extenso. Porque en verdad existe el analfabetismo grosero de los que no saben leer ni ortografiar sus nombres; y el analfabetismo de los que, sabiendo leer y escribir, sabiendo conjugar un verbo, sabiendo sumar unos cuantos guarismos, son tan ciegos e incapaces como los primeros. Entre estos analfabetas están el ilota, el individuo que no tiene concepto de sus derechos ni de sus deberes; y el inteligente que distribuye proclamas, que hace política menuda y que, en las épocas de tumulto, conduce a sus hermanos a la matanza y al exterminio.

A este respecto, en las primeras páginas de su memoria, el señor Ministro de Instrucción Pública expresa las siguientes grandes palabras que no podemos resistir al deseo de transcribir:

"Dentro de los estrechos límites del Presupuesto de este Ramo, el Ejecutivo ha continuado desarrollando el plan administrativo que, con vuestra soberana aprobación, inició en beneficio de la cultura popular.

Al emprender esta labor de reparación y de justicia, el Gobierno no ha desconocido los obstáculos que se oponen a su realización. El criterio utilitario y punible que trata de mantener una especie de aristocracia del alfabeto contra las muchedumbres ignaras; la natural pasividad de éstas, por la fuerza del hábito, transmitida de padres a hijos en una sucesión no interrumpida de generaciones; la indiferencia censurable de los iniciados en la instrucción respecto de la masa popular, que requiere una propaganda constante sobre los beneficios de la Escuela; son aquí, como han sido y son en algunas Naciones latinas de América, valladares contrapuestos a la acción administrativa de este Ramo. Cuando se ha visto en nuestras aldeas y caseríos, y aun en algunas poblaciones, el doloroso espectáculo de niños que huyen de las escuelas, tal como, sin duda, lo hicieron sus progenitores, ha tenido forzosamente que reconocerse la existencia de generaciones realmente esclavas, en un siglo de avanzada civilización y dentro de una legislación que hace más de treinta años condenó la esclavitud como un crimen.

Porque el que desconoce los derechos que le corresponden en la comunidad política, o no los ejerce y se subordina perpetuamente a la voluntad de los demás, o para ejercitarlos tiene que colocarse bajo la tutela de otro.

Esta es la situación del analfabeta.

Incapacitado para hacer uso consciente de sus atributos de ciudadano, será un miembro de la Nación, pero no un elemento integral del organismo que se llama Estado.

Tan graves, en el orden moral, son las consecuencias del analfabetismo, que Naciones de alta cultura tratan de impedir hoy la inmigración de analfabetas, restringiendo para ellos el asilo, que ha sido siempre considerado como un derecho internacional de la persona humana".

(El Nuevo Tiempo — Enero de 1914 — No. 867).

LA REFORMA A LOS PLANES DE ENSEÑANZA

Acaban de ser sometidas a la consideración del Congreso Nacional las importantes reformas hechas por el Ministerio de Instrucción Pública a los planes de estudios que actualmente rigen en los Establecimientos de Enseñanza Primaria, Normal y Secundaria de la República.

El Ministerio de Instrucción Pública, después de maduro examen y secundado en su pensamiento de reformas por pedagogos ilustrados y de larga experiencia en la materia, ha arribado al convencimiento de que los actuales planes de enseñanza, productos de clasificaciones absurdas, adolecen de muchos defectos, y de que es necesario reformarlos cuanto antes, para que la educación nacional, libre cada día más del tradicional y enervante rutinarismo, tome los nuevos rumbos que imponen el espíritu del siglo y el avance general de la cultura.

Ese Ministerio de Instrucción Pública, sobre el cual una pluma ligera lanzó hace poco cargos agresivos e injustos, está demostrando con hechos palpables no sólo la labor positiva que serenamente realiza día por día, sino su deseo de innovación, su marcada tendencia a revolucionar con sensatez y cordura nuestra enseñanza nacional, que mucho peca de vacía, de huera y anacrónica en un siglo que no sólo se caracterizará en la historia por sus inventos y por la amplitud de su desenvolvimiento económico, sino también por los grandes progresos que en él ha alcanzado la ciencia de cultivar y de perfeccionar al hombre.

Honduras, y esta es una verdad por todos conocida, presenta el singular aspecto de un país nuevo, casi en formación, repleto de cosas viejas y pasadas de moda. Porque cosas viejas son, por ejemplo, nuestra manera de gobernarnos, nuestra manera de roturar los campos, de comprender el concepto de la patria, de hacer la política y de educar a las generaciones.

Aquí se impone, pues, un soplo nuevo, una poda enérgica, una renovación vigorosa. Pero donde se hace sentir más imperiosamente la necesidad de la innovación es en los campos prediales de la escuela.

Es allí donde debe laborarse con más resuelto ahínco. Es allí donde debe ser más viva y testaruda la acción. Esos miles de niños, esas parvadas de jóvenes que hoy respiran el ambiente de nuestros colegios y escuelas, son para nosotros, como diría Guyau, una riqueza más valiosa que la fertilidad de nuestras tierras y que el oro de nuestras minas.

Pero esa juventud de las escuelas requiere, para ser aprovechada, un más sabio y generoso cultivo. Porque, convenzámonos de una vez por todas de que no es abarrotando de un bagaje insípido y de una ciencia de similor la inteligencia de nuestros educandos como vamos a solucionar el magno problema que ahora nos preocupa; y de que, si persistimos en una labor de falso intelectualismo, puede que las secuencias sean una nación llena de pobres diablos, semiconscientes y semiletrados, pero ayuna de hombres viriles y sanos, capaces de esos esfuerzos solitarios e independientes que constituyen los invisibles sustentáculos del bienestar y la grandeza de las sociedades.

Antes de bachilleres repetidores de insulsos libracos de escuela, Honduras necesita hombres que, por su acción privada, puedan aportar algún contingente, algún rendimiento a la obra común del progreso y del bien colectivos.

Inspirado en estas consideraciones generales, el Ministerio de Instrucción Pública ha procedido a hacer reformas a los viejos planes de enseñanza, que han resultado, después de una experiencia de varios años, absurdos, infructuosos y nocivos.

En las reformas se ha hecho, más racionalmente, más conforme con los principios de la Pedagogía, la distribución de las materias de los cursos, evitando así el recargo de trabajo y la consiguiente fatiga intelectual, surmenage, como dicen los educadores, que resultaba para los nacientes cerebros de los escolares, cuyas consecuencias inevitables y fatales eran el derrumbamiento prematuro de la inteligencia de los mismos.

En el plan de enseñanza secundaria se suprime el Latín, por ser ésta una lengua fósil, de la cual se puede muy bien prescindir en el colegio y en la vida; se suprimen también la Economía Política, la

Estadística y la Pedagogía, porque, como dicen los autores de la reforma, estas son ciencias de enseñanza profesional. También en este nuevo plan de enseñanza, como en el anterior, se ha hecho una más equilibrada y racional distribución de las materias.

Y, por último, en el plan para la Enseñanza Normal, se han suprimido materias que estaban de más, como la Teneduría de Libros, objeto de una profesión, y se ha dado a la Metodología, o sea la práctica pedagógica, que es como la gran vértebra del Magisterio, toda la amplitud que requería.

De la clara y concienzuda exposición que el señor Ministro del Ramo ha hecho al Congreso Nacional, a propósito de las reformas, extractamos los siguientes párrafos:

"El plan vigente de 2a. Enseñanza requiere una reforma en armonía con las que se han hecho en otras Repúblicas de Centro y Sur América.

Esta reforma se refiere a la elección adecuada de las materias que debe comprender dicha enseñanza y a su distribución lógica por cursos, teniendo en cuenta la subordinación jerárquica de los conocimientos humanos.

Siguiendo este principio de nuestro mismo Código y teniendo a la vista los planes análogos que rigen en Costa Rica, Chile y República Argentina, se ha formulado en el proyecto el plan de la enseñanza secundaria.

En él se suprimen las asignaturas de Economía Política y Estadística, por corresponder al ramo universitario; la Pedagogía por ser materia de instrucción especial o profesional, y el Latín, que como lengua muerta no se amolda a ningún método racional ni procedimiento práctico de cultura general".

(El Nuevo Tiempo — No. 911 — marzo de 1914).

UN NUEVO LIBRO

Acaba de publicar en la República de El Salvador el joven Jorge F. Zepeda un libro de versos, con el título de Ritmos y Colores de la Tierruca. Ese libro ha llegado a mis manos, lo he leído y me ha dejado una agradable impresión.

En Centro América, país pobre e incipiente, no puede haber todavía una literatura madura y quintaesenciada. No puede haber grandes poetas ni grandes escritores. Esperemos algunas décadas más. Esperemos que la fuerza misma de las cosas, trayéndonos el progreso en sus más complejas manifestaciones, nos traiga también una literatura sazonada, que esté en relación íntima con nuestro medio ambiente intelectual y nuestro medio ambiente geográfico. Porque sería absurdo pensar que en estos países puede haber ya una eflorescencia de literatura sólida y brillante. Nuestro general atraso hace imposible del todo tal aspiración. Por una ley sociológica bien conocida, estamos condenados a no tener arte dentro de mucho tiempo, como también lo estamos a ver fracasados nuestros nobles esfuerzos por implantar instituciones que para florecer requieren, como ciertas plantas, terrenos especiales, preparados por una labor que no es la obra de un día, sino de muchos años, de largos períodos de paciente y tenaz esfuerzo.

Trato de un libro, fruto de un encéfalo joven, es cierto, pero que marca, en mi sentir, un esfuerzo en la vida mental de estos países y revela también éxitos mejores en un porvenir cercano.

Jorge F. Zepeda no ha escrito un libro perfecto, pero ha escrito un libro más bueno que malo, que bien pueden leer hasta aquellos que, a fuerza de lectura selecta, han logrado una buena orientación en el campo del buen gusto. Sus versos tienen el jugo de la tierra y están coloreados con el esplendor de los paisajes nativos; son versos sanos, autóctonos, calentados por nuestro sol, oreados con los soplos de nuestra fecunda naturaleza.

Hay en Hispanoamérica, entre los modernos cultivadores de la poesía, una tendencia marcada al snobismo mental, ridículo siempre, tonto cuando no se tiene talento de veras. Tal tendencia ha dado resultados funestos. Se han visto por ella muchas inteligencias perdidas, extraviadas, horriblemente deformadas. Se han visto muchos libros que son verdaderos dédalos de frases funambulescas.

Se explica perfectamente que en países de civilizaciones viejas y refinadas, que en pueblos minados por atávicos cánceres, surjan poetas enfermos, lipemaníacos y decadentes. Leopardi tuvo razón de ser en la Italia del siglo XIX; el cantor de Rolla fue fruto genuino de su tiempo, como él lo dijo en cierta ocasión, y Byron en Inglaterra y Espronceda en España tuvieron razón de ser lo que fueron, espíritus inquietos, vesánicos y delirantes. Pero no se explica que en pueblos que comienzan a vivir, que en naciones rurales, por decirlo así, vírgenes todavía de cultura y civilización, haya poetas que quieran ser enfermos y malditos, cuando en realidad son sanos aborígenes que llevan en su sangre toda la salud y todo el vigor de la campiña.

Y no sólo se ha querido imitar las anormalidades mentales y los extravíos personales de los poetas degenerados contemporáneos; no sólo se ha querido vivir en los hospitales porque en ellos pasó toda su vida el lamentable Lelián, o morir como un perro en la vía pública porque así acabó sus días Edgar Allan Poe, sino que ha habido también un estulto snobismo de dicción. Tanto en prosa como en verso se han producido verdaderas hidras, monstruos incomprensibles, bautizados con el peregrino nombre de modernismo.

Recuerdo a este respecto el siguiente pasaje que revela la tendencia de algunos de nuestros jóvenes a imitar, no lo bueno y grande de los maestros, sino pequeñas combinaciones idiomáticas y sus más lamentables extravagancias. En cierta ocasión un amigo me enseñó una producción poética, pidiéndome a la vez opinión sobre ella. Le llamé la atención sobre esta frase: la señorita aurora, a lo cual él repuso que estaba bien porque Teodoro de Banville había dicho las señoritas estrellas... Sin embargo, yo pensé después que tanto la señorita aurora de mi amigo como las señoritas estrellas de Banville eran, sencillamente, dos metáforas infelices.

Zepeda, por el contrario, es normal, bien equilibrado y sano; un poeta auténticamente personal, de versos espontáneos, plácidos y dulces. Hay en él una innata tendencia bucólica, una tendencia al paisaje, a la pradera verde, al aprisco patriarcal, al eglógico rumiante. Ved si no la siguiente estrofa que al azar tomo de su libro:

"En el patio de la casa solariega
la luminaria esparce sus fulgores
y están en derredor los labradores
hablando del sembrado y de la siega".

Y estos otros, tan silvestres, que se me antojan salidos de una égloga virgiliana:

"Pues habrá para el pobre peregrino
la densa sombra de un robusto pino,
y adornarán su tumba las aldeanas
con las flores que brotan más lozanas
a la vera fragante del camino".

Resumamos: este joven poeta cosecha en su propio huerto; de heredad suya son las espigas mentales que recoge. Hace bien. Todo aquel que tenga talento suficiente y aptitud para ser un buen trabajador está en el deber de laborar con entera independencia, siguiendo las tendencias de su naturaleza, sin sujetar jamás su alma y su temperamento al triste despotismo de mezquinos cánones.

(Revista de la Universidad — 1910 — Núm. 7).

EL RETORNO DE CHAMORRO AL PODER

Chamorro, está visto, no se hizo esperar, por segunda vez, en la Presidencia de Nicaragua. Dijérase que existía entre uno y otra una secreta y culpable connivencia. Acaso, hace más o menos un lustro, cuando entregó la presidencia a su tío don Diego Manuel del mismo apellido, la presidencia, como una fiel y amante concubina, hizo a Chamorro, al despedirse de él, esta promesa: volveré a ti al cabo de este período.

Chamorro aguardó pacientemente durante cuatro años. Su viejo tío, varón sagaz y prudente, tuvo el acierto de retirarlo de Nicaragua, mandándolo a Washington con una plenipotencia. La vanidad humana es grande y la librea diplomática fue como una nueva conquista para el sobrino de su tío. Chamorro, el rústico de las montañas de Chontales, debe haberse creído elevado al pináculo de la grandeza cada vez que en la promiscuidad de las reuniones oficiales lograba codearse con los más pomposos personajes de la diplomacia mundial.

El Potomac, que vio a Wilson pasearse por sus riberas meditando en los más trascendentales problemas de la humanidad, vio también a Emiliano discurrir por sus orillas, añorando la carne en vaho y el tixte nicaragüenses.

Pero Chamorro acechaba. En la psicología de ese hombre perverso está el no querer ver a su patria libre y dignificada, sino metida hasta el cuello en el fango de la prostitución y la deshonra. Chamorro dio el salto a la presidencia. Y la presidencia le fue propicia, pues, como dije al principio, parece existir un culpable maridaje entre uno y otra. Sí, aquella república parece que recibiera con los brazos abiertos a Emiliano Chamorro. ¿Será que la tienen embrujada los conservadores?

Lo que hay de cierto en esto es que los pueblos son a veces incomprensibles. Emiliano Chamorro debería ser hoy el hombre más execrado de Nicaragua y, sin embargo, es el hombre a quien le ha bastado un simple golpe de audacia para derrocar a un presidente legítimo y adueñarse del poder. Un golpe de audacia, es cierto, aun cuando perpetrado por un caudillo sin prestigios, puede producir en ciertos momentos sus resultados inmediatos; pero en las sociedades viriles, comprensivas, no castradas por ninguna servidumbre, el pueblo reacciona, se lanza a la revolución para dar en tierra con el usurpador. El pueblo se lanza sobre ese usurpador, casi de una manera instintiva, así como se lanza la multitud contra un malhechor que comete en la vía pública una hazaña delictuosa.

Chamorro ha usurpado el poder legítimo y el pueblo de Nicaragua no se ha levantado todavía contra él, a restaurar el orden constitucional y a reivindicar sus derechos conculcados. El usurpador es, ya se sabe, nada menos que el autor del tratado Chamorro-Bryan, es decir, el hombre funesto que ha consumado la ruina de Nicaragua.

Un hecho es indudable: que Chamorro no está solo en Nicaragua. Si tal fuera, no se hubiera atrevido a semejante empresa, o ya se habría desencadenado en su contra un movimiento nacional.

En la mecánica social, generalmente todo movimiento colectivo o revolución es la resultante de un marcado desequilibrio entre fuerzas antagónicas. Cuando, como en el caso actual de Nicaragua, la paz no se perturba, será porque el chamorrismo es lo suficientemente fuerte para contrarrestar y someter la acción de sus enemigos.

A ser cierto esto, constituiría un indicio fatal para la salud y la salvación de Nicaragua. Un síntoma de envilecimiento y abyección, de los cuales no puede esperarse nada sino la sumisión servil al conquistador.

Acaso el pueblo haya caído en la inercia política y social, víctima del pesimismo y la resignación.

El Demócrata, México.

(Revista Ariel — 15 de mayo de 1926 — Núm. 23).

DON RICARDO JIMÉNEZ

Os digo sin hipérbole que me ha cautivado el último Mensaje del Presidente de Costa Rica, don Ricardo Jiménez.

Este Presidente es un admirable hombre de Estado y un admirable escritor, peregrino dualismo, porque los hombres de Estado, como lo sabéis, raras veces son escritores en el alto y noble sentido del vocablo.

Ese Presidente de Costa Rica sabe gobernar a su Nación; sabe hacer caminos de hierro; sabe dar agua benéfica a las poblaciones; sabe multiplicar las rentas públicas; sabe levantar el nivel moral de su pueblo; sabe, en una palabra, dar pan y paz, luz y libertad al pueblo costarricense; pero también sabe decir bien y escribir esos famosos Mensajes donde a veces parece que la sencillez franciscana del estilo fuera una simple pose del Presidente para enternecer y ganarse el corazón de la República.

Pero no; la de don Ricardo Jiménez no es una sencillez de histrión; no es la suya una modestia de comediante. Don Ricardo no pertenece a esos hombres maliciosos y defensivos que viven ocultando al troglodita que llevan en las entrañas tras una beatitud dulzarrona que es como un lazo tendido a la cordialidad de los imbéciles. La sencillez de ese paternal Presidente, su modestia republicana, su simplicidad bíblica, no son farsa, no son hábil mimetismo de político, sino virtudes reales e ingénitas que siempre le han adornado en la vida.

Para concluir su último Mensaje, ese Mensaje que tiene un sabor a coloquio familiar, dice don Ricardo:

"Hechos, pues, todos los cargos y descargos, el año se cierra con un saldo favorable. Otros pueblos se tienen por felices si disfrutan de pan y paz. Los costarricenses, en el período de que os doy cuenta, han tenido pan, han tenido paz y han tenido libertades. No son muchos los pueblos de la tierra que pueden presentar un balance anual más halagüeño".

Así debían hablar todos los Jefes de Estado en estas Repúblicas de la América Latina. Este lenguaje del Presidente costarricense deberían oírlo aquellos de nuestros políticos contumaces, monomaníacos empedernidos del poder público, que mientras le están endulzando el oído al pueblo hondureño con la vieja y metafísica prédica de los derechos del hombre, le están quitando con saña salvaje su paz, su pan y su bienestar, que son las tres cosas que el pueblo más estima.

Ojalá esos políticos, si obran con buena intención, rectifiquen a tiempo y piensen que la primordial necesidad de un pueblo es alimentarse, nutrirse, y que esa libertad romancesca en que ellos sueñan sólo viene como corolario del desarrollo, de la plenitud y de la grandeza de esos mismos pueblos.

(El Nuevo Tiempo — Julio de 1913 — Núm. 705).

PROGRESOS DE MÉXICO

Hay dos naciones en Hispanoamérica que ya comienzan a llamar la atención del mundo por los notables progresos que cada día realizan: México y la República Argentina. En Europa, cuando se habla de este continente, no se dice Centroamérica ni la América del Sur, sino que se cita una cualquiera de las mencionadas Repúblicas. México y la Argentina son —hoy por hoy— los países latinoamericanos de más resonancia mundial y los que bien pueden considerarse como los representantes de la civilización latina en América.

En nuestros días se mide con guarismos la grandeza de los países; las cifras son argumentos incontrarrestables. Hay un refrán vulgar que dice: "tanto vales cuanto tienes". Esto, que es cierto tratándose de los individuos, también lo es tratándose de las naciones: las que más tienen, las que más exportan al extranjero, son las que más valen, porque son las más ricas. Esto es claro. El pobre no podrá ocupar el primer puesto en esta época de concurrencia comercial.

Una circunstancia ocasional nos ha puesto al tanto del progreso alcanzado en el corto espacio de treinta años por la primera de dichas Repúblicas, la República mexicana. Todo allí se ha aumentado, se ha centuplicado de una manera admirable. El México de hoy es un México nuevo que nada tiene que ver con aquel México viejo de los cabecillas y de los bochinches cotidianos. Ved sus presupuestos y encontraréis en sus ingresos anuales excedentes de millones (en 1909 hubo un superávit de ciento setenta millones de pesos plata); examinad las tarifas de sus aduanas y notaréis que sus exportaciones superan a sus importaciones; extended la mirada por el mapa de su territorio y veréis, en una red de líneas rojas, el laberinto de sus caminos de hierro, que debemos envidiar nosotros los que hacemos todavía el viaje primitivo de las tribus nómadas, montados en el anacrónico burro.

Y no hablo a humo de pajas, sino con la estadística en la mano, con el dato ante los ojos. Ved. México tiene actualmente 30,194 minas; su producción de oro fue de 40,527,185 en 1908 y de plata 85,366,904 en el mismo año; sus exportaciones ascendieron en el último año económico a 36,400,000 pesos plata y sus importaciones, en el mismo año económico, a 19,000,000 pesos plata. Observad que casi han sido dobles las exportaciones a las importaciones. Cuenta con 32 bancos en toda la República, con un capital total de 998,895,149.94 pesos plata. Tiene 24,320 kilómetros de ferrocarril y en 1876 sólo contaba 359 millas de vía férrea; 40,640 millas de telégrafo alámbrico, y en 1876 sólo 4,430 millas, y 8 estaciones de telegrafía inalámbrica.

En 1876, año en que tomó posesión de la Presidencia el General Porfirio Díaz, México sólo produjo 1,473,912 pesos oro y 4,836,903 pesos plata; sus importaciones eran mayores a sus exportaciones, y su población, que hoy asciende a 15,007,259, sólo contaba entonces 9,000,000.

Pero esta halagadora prosperidad no se ha logrado yendo todos los años a comer vaca a la serranía, con el fusil al lomo, sino con treinta años de paz, con treinta años de administración continua, seria y enérgica.

Nosotros —y comprendo aquí a los pueblos más atrasados y levantiscos de Hispanoamérica— necesitamos esos treinta años de paz para ver excesos en nuestros ingresos, para no vivir tan esclavizados a la industria ajena, para tener siquiera una cuarta de buen ferrocarril. Esta es, en mi concepto, la solución, la única solución del problema. Y es una solución fácil. Basta cambiar un poco de criterio, dejarnos de hueras mentiras, ver las cosas tales como son, llamar al pan, pan, y al vino, vino.

(La Prensa — Junio de 1910 — No. 1,032).

DESDE MÉXICO CON ENRIQUE GONZÁLEZ MARTÍNEZ

A Froylán Turcios.

Recordado amigo:

Va esta crónica para su diario.

Va también mi salutación cariñosa desde esta tierra azteca. —S. R.

La realidad es algo que va desencantando al viajero en su senda o corrigiéndole los errores de una desacertada fantasía. Ayer fueron las ciudades, las ciudades que son la eterna sorpresa del andante; hoy son los hombres, los hombres que tienen otra fisonomía y otra alma de aquellas con que los soñara la imaginación. Viajar es renovarse, ha dicho un poeta. Viajar, decimos nosotros, es ver las cosas del camino bajo una luz de verdad hechizante o desencantadora. Se concibe qué emociones de sorpresa, qué inusitados deslumbramientos en el alma del peregrino que va desflorando lo inédito al paso de su sandalia. Cuando se viaja, hay holocaustos inevitables de ilusiones; la realidad es a menudo menos que el sueño; pero también, a veces, esa misma realidad sobrepuja al sueño, tiene más armonía y más plenitud que el sueño.

Tal ha sido mi experiencia de estos últimos días con un alto poeta mexicano, el ya célebre autor de Los senderos ocultos y de El libro de la Fuerza, de la Bondad y del Ensueño.

A los hombres de letras a quienes no conocemos, los vemos siempre a través de sus libros. Tal es la fisonomía de éstos, tal es la que atribuimos al escritor. Nos lo imaginamos frívolo, grave, solemne o pesimista, según que sus obras llevan una cualquiera de esas marcas inconfundibles. Pero nada más absurdo que representarnos a los escritores, al hombre visible, que diría Taine, en diapasón perfecto con sus obras. Este poeta que escribe versos sibilinos, que parece vivir con los ojos clavados en el misterio, en connubio con el enigma, es un buen señor sencillo, jovial y burgués, que regatea el precio de las legumbres y se levanta al alba a cumplir humildes y honrados menesteres. Aquel filósofo cuyo pesimismo teórico ha envenenado generaciones enteras es un viejo tocador de flauta, un sibarita que ama la gourmandise, el buen vino y que, como el escéptico de Anatole France, evitaría de buen grado la teja que fuera a desplomarse sobre su cabeza.

El poeta Francisco González Guerrero me introdujo uno de estos días al gran poeta Enrique González Martínez. Mientras subíamos las escaleras, lo confieso sin snobismo, yo sentía en mí algo de ese estremecimiento clásico de que han sido presa algunos escritores al tocar con mano temblorosa a la puerta de un gran espíritu. Porque yo no iba a vérmelas con un poeta de a tres por cuarto, con uno de tantos versificadores anodinos que infestan las literaturas de todos los tiempos y lugares, sino con un señor del verso, con un poeta de la más infanzona estirpe, a quien rinde pleitesía y llama maestro toda una juventud que ya no lee a Othón y que ha comenzado a sonreír de José Juan Tablada.

Entramos. El poeta escribe, pianotea febrilmente en su typewriter. Sobre la mesa de labor yacen en desorden las cuartillas plenas. Sonriente, con una sonrisa que es todavía una flor de juventud, nos acoge y nos alarga una mano tan acogedora como la sonrisa. Trabaja, trabaja siempre. Sus musas no tienen punto de reposo. Como en el precepto del panida, cuando una de las nueve hermanas le da un hijo, las ocho restantes sienten ya estremecerse, en sus flancos, los gérmenes de futuros alumbramientos.

Trabaja; pero, al contrario de lo que sucede en otros, no pierde su buen humor ni la jovialidad encantadora. Este poeta diríase que va al enigma y regresa del enigma con la sonrisa en los labios. Diríase que los senderos ocultos por los cuales incursiona a menudo, la vieja Esfinge a quien le ha arrancado más de un secreto, el misterio inquietante de la vida profunda, no han logrado marcarle todavía con su sello doloroso. ¿Quién afirmaría que en esas pupilas, en las cuales sorprendemos el goce profano de vivir, se han insinuado ya las tinieblas?

Yo me he sentado junto al maestro, que ha interrumpido su labor para atenderme. Cordial, sencillo, sin poses vanas, lleno de tacto y de humana benevolencia, tal es Enrique González Martínez en su trato con los demás hombres.

Después del saludo, nuestra conversación se orienta. Al enterarse de que soy centroamericano, me pregunta por los escritores de aquellas tierras.

Hablamos de Froylán Turcios, de Heliodoro Valle, de Arévalo Martínez. Sobre su mesa de labor está El Perfume de la Tierra Natal, que Valle acaba de dar al mundo de las letras.

—¿Qué me dice de Arévalo Martínez?

Algo que no revela gran predilección por el poeta de Los Atormentados. La carta fría con que le acusara recibo de uno de sus libros parece que disgustó un poco a Arévalo con el autor de Los senderos ocultos. Otro libro de Arévalo Martínez, El hombre que parecía un caballo, de psicología inquietante, nos lleva por asociación de ideas a don Ricardo Arenales, el poeta de la vida profunda.

Arenales es un escritor exaltado y vehemente, un poeta de visión interior —nos dice el maestro—; sólo que las rudas batallas por el pan, en que se ve empeñado siempre, están echando a perder la obra que de él se espera hace tiempo. Es un poeta que ha pasado su vida desmigajándose, derrochándose en hojas cotidianas.

Y, con oportunidad admirable, me recuerda, a propósito de Arenales, al hombre de los sesos de oro del cuento de Daudet, aquel que, obligado a vivir del oro de su cerebro, llegó un día en que sólo se extrajo con las uñas unas cuantas migajas ensangrentadas de su masa encefálica.

Cuando he dejado la presencia de González Martínez, mientras desciendo las escaleras de la casa Bouret, pienso en mi interior que he conocido a un hombre, a un poeta sencillo en la vida y sutil y profundo en sus libros.

México, junio de 1918.

(El Nuevo Tiempo — Agosto de 1918 — No. 2248).

LA MUERTE DE UN POETA

Ha muerto en México el poeta Juan de Dios Peza.

Ha muerto viejo, tras largo cantar y largo sufrir. Cantó como cantan los pájaros en las alegres alboradas, y sufrió porque una ley oscura lo predestinó al sufrimiento. Cantó ingenuamente, escribió versos que le salían del corazón, metió la pluma en las vivas fontanas del sentimiento.

Fue triste, dulce, tierno y romántico. Labró sus estrofas a la lumbre del hogar, rodeado de sus hijos, retoños queridos de su existencia. Su musa fue honrada y sencilla. Hay en sus versos, tristes y melancólicos, una pena humilde, resignada, soportada con manso estoicismo, con paciencia cristiana. Se queja, pero busca a Dios con la mirada suplicante. Los dolores de la vida le muerden el alma, pero él, como el náufrago a su tabla, se acoge confiado a la fe y halla un sedante en la oración. A veces se lamenta, mas de su labio no se escapa jamás el grito desesperado y sombrío del precito. No gesticula, no protesta, no levanta airado amenazadores puños. Su dolor es el dolor de un creyente que ve más allá de este mundo el mundo inefable de las bienaventuranzas. ¡Dichoso poeta que supo conservar el castillo de su creencia en estos tiempos de ciencia y de análisis!

Juan de Dios Peza fue un vástago de los viejos poetas románticos. Hay en él la dulzura de Lamartine, mezclada, en algunas de sus composiciones, a la ironía fina de Heine. Hoy, influenciados por Rubén Darío, Leopoldo Lugones, José Santos Chocano y cien más, lo leemos poco; pero esto no quiere decir que no sea poeta, y poeta indiscutible.

¿Que no perteneció a la nueva secta? Eso no importa. Expresó la belleza y la expresó bien. Esto basta. Puso en sus versos tal porción de sentimiento, que es imposible leerlos sin conmoverse hondamente. Los otros poetas de América no saben conmovernos, porque han perdido el sentimiento. Son unos poetas fríos, sin inspiración verdadera, que hacen labor de artesanos. Estamos ahitos de esos versos emperifollados, de esas musas flemáticas e impasibles, de toda esa cosa postiza, artificial y decadente que desde hace algún tiempo se viene vendiendo en los mercados de la literatura hispanoamericana. Queremos poetas sinceros, que sepan conmovernos, que se saquen los versos de las entrañas, que escriban con su propia sangre, y no con sangres extranjeras, no con almas ajenas, no hurtándose las extravagancias y fingidas actitudes de los poetas franceses.

¿Qué son el modernismo, el simbolismo, el decadentismo? ¡No comprendemos nada de esto! O sí comprendemos. Eso que llaman simbolismo, y con lo cual han pretendido sorprender a los cándidos de América, no viene de Mallarmé, como se ha afirmado, sino que es tan viejo como el Arte. Lean los simbolistas de América la Biblia —la escala de Jacob y las visiones de Juan—, el Zend-Avesta de los persas, el Ramayana de los indios y los poemas de los griegos. Léanlos, y se convencerán de que no han sido ellos los inventores del símbolo —viejo como la literatura— y que, si por modernismo se entiende hoy cierta originalidad osada en la expresión, Homero y Esquilo han sido los poetas más modernistas que ha tenido el género humano.

El poeta es, ante todo, un miembro de la humanidad que debe reflejar, como tal, en sus poesías, los sentimientos y las pasiones humanas.

Eso de las torres de marfil, de las tebaidas, nos parece sencillamente ridículo. No es necesario encerrarse en una torre para pensar y para sentir. El que tiene algo adentro puede sacárselo en cualquier parte, en pleno sol, en pleno aire, bajo el azul del cielo. No estamos por las escuelas, por las sectas, por las banderillas literarias. Una escuela siempre tiene que ser estrecha, dogmática, intolerante; horizontes encogidos, vallas levantadas, obstáculos puestos a la inteligencia. Los miembros de una secta tienen que ser necesariamente bestias de rebaño. Hay un gregarismo literario, un gregarismo científico, como en los grupos naturales que forman los individuos de ciertas especies. Uno o dos piensan, y los demás no hacen más que recoger servilmente y rumiar ese pensamiento. Uno o dos remueven el idioma, extraen su mejor esencia, crean las imágenes más peregrinas y brillantes; los otros, careciendo de individualidad para hacer esto por su propia cuenta, siguen la ruta del descubridor, del inventor, como en un hato de ganado los individuos que lo componen siguen al que primero tuvo la iniciativa de marchar en un sentido.

Juan de Dios Peza no perteneció a la banda de los modernistas de América. Fue un poeta sincero, franco, honrado, que cantó con lira propia, siguiendo siempre las naturales tendencias de su temperamento. Extraviado nuestro gusto por los versos de la moda, tal vez hayamos llegado a olvidarlo en ciertas ocasiones; pero queda sentado que sus versos se leerán en América cuando el modernismo —extinguiéndose como los fuegos pirotécnicos de una feria— no haya dejado en el espíritu otra cosa que un estéril y fugaz deslumbramiento.

Que el poeta descanse en su huesa, que un espíritu justiciero se encargará de conservar su memoria, de grabar su nombre en las venideras generaciones del continente.

(La Prensa — Abril de 1910 — No. 978).

DESDE MÉXICO CARLYLE Y EL PRUSIANISMO

Carlyle está de actualidad en estos momentos entre los escritores de su patria. Es una actualidad un poco original. No se trata de poner de moda las ideas, de reverdecer la gloria del grande hombre, sino de evaluar algunas de sus ideas en relación con la doctrina alemana de la fuerza, que hasta hace poco exponían con descaro los pensadores tudescos. De la discusión ha resultado un Carlyle dividido en dos épocas: el de Sartor Resartus, Past and Present, el especulativo genial e inofensivo, y el de Los Héroes, el de la Biografía de Cromwell, en el cual los ingleses creen ver un cómplice ideológico de los alemanes.

Carlyle era amigo del prusianismo, era progermano, gritan escandalizados los escritores de Albión. Las pruebas vienen en seguida. Están en Los Héroes, en la Biografía de Cromwell, en la admiración del filósofo por Federico el Grande. "El segundo Carlyle —dice G. M. Trevelyan, conocido crítico inglés— apareció hacia 1850 y escribió alabanzas serviles en loor de Federico el Grande y del evangelio de la fuerza".

Parece que la decadencia de las ideas políticas de Carlyle, "el desastroso cambio de Carlyle", como dicen los británicos, está relacionada con el declinamiento de su vida, cosa que no sólo al autor de Teufelsdröckh le habrá sucedido, pues esos cambios son frecuentes en los hombres que envejecen. "A medida que Carlyle se hacía viejo —escribe el crítico Trevelyan— abandonaba el ideal democrático de su juventud para echarse en brazos de una filosofía aristocrática". Eso es. El Carlyle dispéptico, presa de horrorosa misantropía, fue el que se dio a ensalzar la fuerza, a endiosar al héroe, a ponerlo por encima de los pueblos y de las naciones. No fue el Carlyle joven, el de la primera época, cuya juventud sana debió llevarlo, naturalmente, a las generosas doctrinas del idealismo democrático. A este respecto dice el crítico citado: "Sus últimas doctrinas son la válvula de escape de su mal temperamento de los últimos años".

A ese mal temperamento, a esos achaques del hígado, debe el mundo, sin embargo, una de las obras más fuertes y profundas que se han escrito. Carlyle, según aparece, comenzó a gustar la doctrina de la fuerza en sus estudios sobre la personalidad de Cromwell. Cromwell le abrió el camino de Los Héroes; en Cromwell aprendió el atormentado filósofo el culto de los superhombres, que tan en boga ha puesto la posteridad. "La figura de Oliver Cromwell —dice Trevelyan— fue para Carlyle una gran oportunidad y una gran tentación. Carlyle hizo mucho bien a Cromwell; pero Cromwell hizo mucho daño a Carlyle". Y más adelante: "Oliverio fue la senda florida por la cual él siguió hasta el infierno en llamas de Federico".

De la adoración de Cromwell, Carlyle pasó a la adoración de Federico el Grande, el cínico antepasado de Guillermo II. La doctrina de Carlyle, que se desprende de Los Héroes, es decir, la doctrina de que el grande hombre, sea político, guerrero o profeta, debe primar sobre la multitud, es calificada como una mala doctrina por los críticos que en estos momentos hacen la revisión ético-política del más célebre de sus pensadores. Esa doctrina, dicen los ingleses, no es la doctrina de Guillermo el Taciturno, de Cavour, de Washington o de Lincoln, sino la de Strafford, de Federico, de Napoleón y de Bismarck.

Con la acuciosidad propia de su raza, los escritores ingleses han seguido el proceso de Carlyle hacia el prusianismo, y han encontrado que ya en 1840 se contenían en Los Héroes los gérmenes del mal; pero descubren que todavía en esa obra persistía la esencia del primer Carlyle, el de Sartor Resartus. Sólo fue en 1850 que hizo su expansión el segundo Carlyle, el de los Latter-Day Pamphlets, convertido en un misántropo y en un completo prusiano.

¿Qué hay de verdad en todas estas elucubraciones? ¿Hasta dónde tienen razón los críticos ingleses de tachar de progermano a su gran compatriota? No podríamos decirlo. Pero confesemos que ese descubrimiento de un Carlyle boche es una de las cosas más curiosas de nuestro tiempo.

México, noviembre de 1918.

(El Nuevo Tiempo — diciembre de 1918 — No. 2358).

UN DÍA EN LAS RUINAS DE SAN JUAN TEOTIHUACÁN

(Especial para "Revista de Revistas")

El tren rueda por entre la llanura del antiguo lago de Texcoco. Mi compañero de viaje, que me va a servir de cicerone, me habla de la desecación del lago. Yo pienso en la "tolvanera" que una tarde me cegara y me hiciera engullir polvo en la Avenida del 5 de Mayo, y opino, en mi fuero interno, que habría sido mejor dejar el lago como estaba en tiempos de Moctezuma. El valle es una gándara ceñida de cordilleras y colinas. Algunas de éstas asumen la forma típica de un sombrero charro mexicano. Las cordilleras son bajas y ondulan con una indolencia voluptuosa. El polvo está tranquilo sobre su lecho, y nos permite gozar, esa mañana, un cielo azul de una limpidez de mito.

Vamos a visitar, por primera vez, las ruinas de Teotihuacán. Ruinas ilustres, entre todas. ¿No las ha citado Emerson al lado de las de Menfis y de Nínive? Vamos, sin snobismo filisteo, a ver, a tratar de comprender y sentir, si es posible, el temblor del éxtasis ante las reliquias de una antiquísima civilización precolombina.

—Hemos llegado —me dice mi compañero, el culto escultor Rafael Yela Gunther.

Descendemos del tranvía a mulas. Lo primero que nos aparece es el templo de Quetzalcóatl, en el fondo de un recinto murado.

—Quetzalcóatl, Dios del aire —me dice mi acompañante.

Luego llegamos al lugar donde la excavación ha descubierto, simétricamente, unas cuantas cabezas de la misma divinidad. Quetzalcóatl, serpiente con plumas de quetzal, Dios de mis antepasados indios, a pesar de mis cuatro centurias de casticismo, una secreta fibra se conmueve en mí ante la piedra milenaria que te evoca y que te encarna. Quetzalcóatl, ángel y reptil al mismo tiempo. Arrastrabas tus escamas doradas por los limos, o agitabas en los éteres tus alas tornasoles; estabas en las nubes, en las constelaciones, presidiendo y ordenando las grandes génesis; pero, como el dios del verso de Dante, estabas también bajo la yerba, preparando, prudente y cauteloso, los destinos de tus adoradores.

Quetzalcóatl, hermano remoto del dragón de Asiria, de la serpiente de la Biblia, yo saludo en ti, Dios abolido como los otros, uno de los más fuertes y sugestivos símbolos que ha creado la fantasía.

Termino esta oración muda —la oración que todo viajero debe decir sobre cualesquiera ruinas—, y con mi acompañante observamos la simetría que por todos lados ofrece ese templo (teocali) de Quetzalcóatl. No hay un solo detalle, por insignificante que sea, en que el artista indio haya faltado a ese elemento esencial de la belleza. Todo está revelando un gran sentido del equilibrio y la armonía, los cuales dan al templo de Quetzalcóatl un gusto, una ponderación casi clásicos. Al echar una mirada a los muros del espacioso recinto, con las elegantes graderías dispuestas de dos en dos por cada lado, se piensa, no en algo que fue hecho por pueblos semibárbaros, sino en las construcciones de algún pueblo ático, conscientes de las leyes estéticas del número y del ritmo.

Después mi amigo cicerone me lleva a una de las más recientes excavaciones. Bajamos a un subterráneo por una escalinata. Yela Gunther, que en su pasión por las ruinas quisiera magnificar, dar un resplandor preclaro a las más oscuras piedras, me dice que aquello era un pequeño templo habitado por sacerdotes. Yo, francamente, a pesar de las sugestiones de mi amigo, no encuentro tan ilustres aquellos vestigios. Más que un templo, aquello me parece la morada de algún magnate indio. Pero siempre es alucinante pensar que aquellas celdas estuvieron habitadas hace algunos miles de años, que allí se desarrollaron pasiones, idilios, tragedias, que entre aquellos muros se cumplieron, silenciosos, los destinos de algunas vidas humanas.

Salimos del subterráneo, de la casa o templo milenario, y nos encaminamos hacia el punto donde trabaja un grupo de operarios. Son nuevas excavaciones que se practican por orden de la infatigable Dirección de Antropología. Las piquetas van horadando, lenta y parsimoniosamente, el suelo lleno de sorpresas y de misterios. Aquí se ha encontrado una gradería; allá se siguen las dilataciones de un muro o de un talud. Acaso pronto tropiecen con el hallazgo de un Dios...

Ya han encontrado algo extraordinario. Son los fragmentos de un esqueleto humano: un casquete craneano, un fémur. Yo, con la fantasía un poco romantizada ya por el influjo de mi guía, pienso que aquellos despojos pertenecieron a algún príncipe o sacerdote. Yela Gunther asiente, y lo que pudiéramos llamar su "donquijotismo" del pasado teotihuacano lo hace dirigirme una mirada de reconocimiento. Todo eso, piedras, objetos de cerámica, huesos de príncipes o sacerdotes, está destinado a enriquecer el museo arqueológico de Teotihuacán, que ya se enorgullece con algunos tesoros...

Pero no sólo de ruinas vive el hombre. Son las dos de la tarde y parece que el trabajo de las emociones nos ha abierto el apetito. A un lado de la vía, en lo alto de un poste, hay un letrero, en inglés, que nos invita a comer en el "Restaurant de la Gruta". ¿Por qué aquel letrero está en inglés, siendo un mexicano el propietario del restaurant? Ah, es una invitación a los jugosos bolsillos de los excursionistas yanquis. Esos excursionistas, incapaces de comprender la grandeza del mito de Quetzalcóatl, se desquitan con húmedos banquetes en el mesón troglodítico.

Comemos en la inmensa y providente caverna, llena de adusta sombra prehistórica; salimos otra vez a la luz riente del valle. No lejos del Restaurant de la Gruta está el "teatro de la naturaleza", que se construye actualmente. Es un teatro al aire libre, como los de la antigua Grecia; mejor dicho, un teatro rústico, en que la roca, los árboles y el césped no estarán pintados en los telones, sino que constituirán los escenarios de verdad. Hay unos camerinos formados por pequeñas y graciosas grutas. Frente al teatro se erigirá una estatua, hecha por Yela Gunther, que representará, con su fuerte talla y sus perfiles vigorosos, al hombre tolteca de la época prehispánica. En ese teatro, me dice mi cicerone, se representarán cosas de la vida de la región, por actores vernáculos.

Cuando la tarde ha descendido, ascendemos a la pirámide del Sol. Sesenta y cinco metros de altura, un poco más alta que la catedral metropolitana. La pirámide es una serie de pirámides superpuestas, pirámides truncadas, desde luego. Los toltecas eran indudablemente un pueblo de geómetras. No empíricamente, sino doctamente. La pirámide truncada es una noción que los pone a la altura de los pueblos más esclarecidos de la antigüedad en esta materia.

Pero no nos pongamos pedantes y doctorales. Contemplemos mejor, desde el fastigio de la pirámide, el dulce valle de Teotihuacán, anegado ya en las sombras del crepúsculo; la otra pirámide, la de la Luna, hermana de la del Sol, y que se yergue a la distancia, no revelada del todo todavía; los montículos, diseminados aquí y allá, y que, como me dice mi guía, son más ruinas, más tesoros que sacar a luz.

(México, enero de 1924)

Revista de Revistas — México, D. F., enero de 1924 — Núm. 714.

JOSÉ MARTÍ

Al tratar de José Martí, no sabemos a qué atender más, si al hombre de acción, al incansable agitador, o al escritor que llenó un día con sus correspondencias las columnas de los periódicos hispanoamericanos, o al poeta que en medio de sus andanzas revolucionarias, tuvo tiempo para cincelar versos tan tersos y delicados, que pocos, entre los versificadores de la América Latina, pueden tener el orgullo de haberlos hecho superiores.

Martí es una personalidad compleja. Hay hombres, contando entre ellos hasta los más célebres, que pueden apreciarse desde un solo punto de vista. Para comprender a José Martí, hay que estudiarlo en las múltiples actividades de su vida, que fue una agitación continua del brazo y de la mente. Hay que verlo en el tribunal, entablando la acción, con el rollo de papel sellado en la mano; hay que imaginárselo en el silencio de su cuarto de trabajo, grabando en la cuartilla el oro de su mente; hay que considerarlo haciendo balances y redactando letras de cambio en una casa de comercio; hay que figurárselo en la plaza pública, arengando a un pueblo expatriado que le escucha como a un apóstol; hay que contemplarlo, en fin, muriendo, partido por una bala, en un campo de batalla, transfigurado, hermoso y sublime, como un joven héroe de la antigua Grecia.

Pero en los estrechos límites de un artículo de periódico no es posible estudiar los variados aspectos que presenta la vida de uno de los hombres más notables que ha tenido la América española. Para ello sería necesario un libro, que no se escribe en breves instantes, con la nerviosa agitación de la mente apremiada, sino en la soledad de la celda de trabajo, tras dilatados y penosos esfuerzos de cerebración, cuando se ha trazado un plan, se han hacinado ideas y se ha meditado lo suficiente.

Nosotros, sin tiempo ni aptitudes para hacer un estudio serio de tal personalidad, nos resignamos a consignar aquí el juicio que nos hemos venido formando a través de su vida y sus escritos.

Lo primero que salta a la vista es el hombre de letras. Fue escritor, en el más genuino sentido del vocablo, sobresaliendo por su estilo adamantino y pictórico, al cual prestó su concurso una imaginación de tan vigoroso vuelo, que en ciertos pasajes, como dijo Vicuña Mackenna, es casi imposible seguirlo. Se le podría creer un hábil retórico, un hierático confeccionador de imágenes; pero si se piensa que este hombre escribía en el vértigo de la acción, apremiado por la lucha y por las necesidades de la vida, no será difícil convenir en que esa riqueza verbal, toda la viril opulencia de su lenguaje, lejos de ser producto de una labor mecánica, son algo que le salía de los cauces interiores de su ser. De él puede decirse que cumplió el enérgico precepto nietzscheano.

La frase de Martí tiene un abolengo castellano, con las influencias de la época; es la vieja frase marcial de los maestros del habla; el período sonoro lleno de las pasadas gallardías; la cláusula garbosa, sonante y caballeresca. En ciertos momentos, cuando lo leemos, nos parece escuchar las pisadas de Rocinante por las dehesas de Montiel.

No tiene nada o tiene muy poco del aticismo del moderno prosador francés. Es amplio, impetuoso, salvaje a veces, como un potro que devora la llanura o como un torrente que se despeña con violencia. Le falta la sobriedad del escritor inglés, a veces peca por la excesiva sonoridad y por la profusión de tropos y de imágenes. Sus enemigos no dejaban de tener razón cuando lo llamaban metaforista delirante.

A José Martí pudiera aplicársele lo que cierto crítico dijo de Edgardo Poe: que había realizado en su estilo el maridaje indisoluble de la idea con la expresión. Sin embargo, Martí no había llegado a la completa madurez de pensamiento que se adquiere con la edad, la meditación y el estudio. Estaba en las primeras fases de la evolución del escritor, caracterizadas por la floración verbal, por el predominio de la fantasía y por la exaltación lírica. Pero había en él un pensador en sus primeros balbuceos que, andando el tiempo, en una etapa mejor, hubiera dado, de seguro, frutos de inestimable valor. Aquí en América ha sido considerado como un genio por sus más entusiastas admiradores. A este respecto, recordamos que Juan Ramón Molina leía en voz alta algunos pasajes de Martí y concluía afirmando que era un genio. Pero a Molina, siendo un gran poeta, le faltó mucho para ser un crítico de cuenta. Su temperamento apasionado a menudo lo llevó a exaltar mediocridades y a deprimir escritores de verdadero mérito. La osadía de dicción que tanto admiraba en Martí, le causaba disgusto en Víctor Hugo, a quien llamaba, con cierto desdén, vociferador y retórico, olvidando la poderosa imaginativa y la admirable intuición plástica del poeta de Las Orientales.

No se sabe bien todavía lo que es un genio. Esta palabra tiene mucho de vago y arbitrario, es un concepto que designa algo muy indefinible, abstracto y metafísico, acerca del cual los más ilustres psiquiatras aún no se han puesto de acuerdo.

César Lombroso, en su Hombre de genio, reconoce en el genio una psicosis epileptoide y lo considera una persona que obra y crea productos geniales, mediante accesos creadores instantáneos, inconscientes e intermitentes.

Según Galton, el genio es un ser raro que apenas se encuentra en diez millones de hombres.

Juan Bovio afirma que es un ente ideal y abstracto, y para Sergi, el genio es un excéntrico, un solitario en abierta oposición siempre con la sociedad en que vive.

La psicosis epileptoide de Lombroso, que parece ser el fundamento de su teoría, no se encuentra en Aristóteles, Goethe, Newton y otros llamados genios, los cuales, a lo que parece, fueron serenos, simétricos y ecuánimes.

Concluimos. Martí, a la luz de una crítica seria, no es lo que han pretendido sus entusiastas admiradores; fue sí un escritor de mucho talento, notable por la rapidez de su concepción, por la finura de su sensibilidad artística y por la brillantez de su imaginación. Tuvo el gran mérito de ser personal y sincero en su producción literaria y en su vida de hombre de acción, hasta llegar al extremo de morir en un campo de batalla peleando por la libertad, conforme a un deseo que de antemano había formulado, no por un exceso de vanidad, como Lord Byron, sino impulsado tal vez por una anomalía orgánica, por una triste regresión atávica.

Cuando pensamos en su muerte prematura, sentimos que por un mezquino concepto de patria se haya sacrificado un hombre de tanto valer.

(La Prensa —1910— No. 1073.

JOSÉ ENRIQUE RODÓ

Hay en la América Latina, en la numerosa legión de los escritores de renombre, uno que posee en alto grado el don de imponerse de una manera dulce en los más selectos espíritus. Se llama José Enrique Rodó, y, como Juan José Zorrilla de San Martín, el tribuno del gesto indomable, nació en la mínima República del Uruguay, tierra pródiga en demagogos, artistas y pensadores.

José Enrique Rodó es quizá, en estos momentos, la más noble silueta mental del continente. Cuando se piensa en él, cuando se leen sus libros cincelados, saturados de una filosofía unciosa, vienen a la mente, instintivamente, los nombres de Tarde, Guyau y Renán, los tres serenos maestros, cuyos corazones borbotan como tres ricos y frescos manantiales en medio de una época de aridez, de cansancio y de frío utilitarismo.

Lejos de nosotros la idea de comparar a Rodó con ellos, pero como discípulo eminente, tiene su misma serenidad dulce y su mismo amoroso idealismo filosófico, opuesto al áspero materialismo anglosajón, que ya pretende ser la característica de una civilización nueva.

Rodó es un filósofo que, sin desdeñar el espíritu científico del día, sin despreciar los ideales de su siglo, reclama para esta época el ideal clásico de la cultura helénica. Es uno de tantos que se lamentan de los avances cada vez más asustadores del materialismo utilitario, cuyos genuinos representantes son hoy los americanos del Norte. En su concepto, ese prodigioso desenvolvimiento económico, esa estupenda labor que la fuerza bruta realiza actualmente en la República yanqui, no es el tipo modelo a que deben aspirar las naciones para cumplir sus destinos. El desarrollo yanqui —para el escritor de Montevideo— es un desarrollo unilateral. Su progreso es anormal; la civilización que de él va resultando es una civilización incompleta, desequilibrada e inarmónica. Hay que agregar, para obtener algo equilibrado y armonioso, a la ambición utilitaria, al deseo del bienestar, el noble anhelo clásico, el deseo de la perfección espiritual. Hay que contrabalancear con la aspiración de Ariel el bajo ideal de Calibán; porque la única vida verdadera y perdurable de los pueblos ha sido la vida del espíritu, a la cual debe la humanidad las obras que eternamente la edifican y regocijan. Nada queda de las factorías fenicias; nada de los bazares de Tiro y de Cartago; pero el legado de Grecia, el legado de sus filósofos y de sus artistas, perdurará mientras haya sobre la tierra hombres que tengan el gusto de lo bueno, de lo bello y de lo grande.

Rodó, como Renán, clama por la existencia de una casta intelectual, de una aristocracia dueña de los altos intereses espirituales. Una de sus vivas preocupaciones es el encanallamiento cada día más visible producido por las democracias igualitarias, que como una ola monstruosa y cenagosa avanzan arrollando todo lo que encuentran a su paso. Hay que preservar las cosas del espíritu del contacto de la vulgar muchedumbre. Hay que hacer de las nobles disciplinas una especie de culto, un culto puro y sagrado, vedado a las multitudes, cuyos derechos no deben llevarlas jamás a rebajar y envilecer las más bellas e inefables manifestaciones de la vida. Y tiene razón el pensador uruguayo. El arte, a través de sus infinitas evoluciones, se ha engrandecido cuando su cultivo ha estado encomendado a un pequeño número, a las aristocracias mentales que pedía Renán; y se ha empequeñecido, ha caído en la vulgaridad, siempre que la turba gregaria y mediocre ha puesto en él sus groseras manos.

José Enrique Rodó ha publicado pocos libros. No tiene esa prolificidad, esa fecundidad de pez, de especie biológica inferior, con que algunos escritores fatigan a las casas editoras; pero sus libros, Ariel, Motivos de Proteo, son obras tan macizas, tan llenas de idea, están animadas de tan trascendental soplo, que, no cabe duda, sobrevivirán a los librillos de similor que pululan hoy en los campos de la literatura hispanoamericana.

(El Nuevo Tiempo —17 de abril de 1912— Número 311).

IDEAS POLÍTICAS DEL POETA SANTOS CHOCANO

Como lo saben nuestros lectores, acaba de ser coronado solemnemente en Lima, su ciudad natal, el célebre poeta de América José Santos Chocano. A este homenaje nacional concurrieron desde el Presidente de la República hasta el más humilde ciudadano y constituyó una verdadera apoteosis.

Publicamos a continuación un estudio que acerca del autor de "Fiat lux" escribió especialmente para nosotros el literato hondureño don Salatiel Rosales y en el cual se describe una de las múltiples fases de la personalidad del ilustre bardo incaico, que con expresiva dedicatoria nos envió la Información Gráfica que hoy reproducimos aquí.

En el "Mercurio Peruano" de la ciudad de Lima, nos encontramos una casi indignada protesta contra lo que el periódico llama "las ideas políticas" de Chocano. Pero, según parece, no es sólo el Mercurio Peruano, sino toda la prensa de Lima, la que condena, de manera unánime, las ideas lanzadas por el cantor de Alma América, ante un público numeroso y estupefacto, desde el escenario de un teatro de la capital incaica. ¿Tartufismo de la prensa que lanza la piedra del escándalo? ¿Pasión o rencor político contra el vate que ha poco figuraba como candidato a la presidencia de su patria? Pensamos que no. Aquella prensa se distingue, entre todas las de América, por su amplio e ilustrado espíritu de tolerancia, y contra Chocano, el "hijo predilecto de la ciudad" recién arribado de un sangriento exilio, no debe haber ni ásperas acrimonias ni enconados sentimientos de odio. La prensa de Lima se ha escandalizado y hasta indignado, porque el conferencista, en un deseo de aparecer original, ha rebasado tal vez los límites que el decoro y la libertad de pensamiento marcan en una democracia que, lejos de querer periclitar, aspira a una más íntegra posesión de sí misma y a un lineamiento cada vez más neto y más puro.

¿Qué dijo el poeta Santos Chocano? ¿Cuáles son esas ideas políticas que han levantado en la ciudad de Lima, su urbe natal, un coro de protestas? Nosotros no lo sabemos concretamente, aunque sí lo sospechamos. El Mercurio Peruano sólo nos dice, más o menos vagamente alrededor de este tema, lo que sigue:

"Transigir con las ideas que sostiene hoy don José Santos Chocano, sería renegar de las más nobles y hermosas tradiciones del pasado, cuyas lecciones y enseñanzas, por el contrario, deben servir constantemente para educar y robustecer la conciencia nacional, y dirigir la vida institucional por los cauces de una sana y provechosa orientación política".

Hemos dicho que sospechamos las ideas políticas del gran poeta, que no sólo escandalizarán al Perú, su patria, sino a toda la América republicana y democrática. Hemos nombrado la "dictadura organizada" y la "tiranía científica y utilitaria". Chocano se ha convertido en un defensor ardoroso de esos viejos dogmas. Los peruanos, sus compatriotas, que ayer lo vieran purgando en las ergástulas sus rebeldías contra el despotismo, y cantando a la libertad con fuego pindárico, se han quedado desconcertados al verlo retornar del largo destierro, con esa "doctrina" que él les ofrece, como una milagrosa panacea, pero que ellos miran como un presente diabólico. Aquí cabe preguntarse: ¿cómo se operó esa extraña conversión a rebours en el gran poeta de las Américas? ¿Dónde tuvo lugar ese singular Damasco?

Nosotros vamos a decirlo. Tenemos la clave de ese cambio, que Gabriel Tarde explicaría muy bien con su "interferencia imitativa", y que nosotros enfocamos como un caso típico de contagio y sugestión. Permítasenos para ello una breve retrospección histórica.

El poeta Santos Chocano, en los días de su estancia en Guatemala, se acogió a la amistad del presidente Estrada Cabrera y recibió los favores que aquel tirano, que gustaba jugar al Mecenas, dispensaba a veces con largura a los hombres de letras que le rodeaban. Chocano supo agradecer y pagar al déspota sus munificencias. La bella ciudad de Guatemala fue arrasada por un cataclismo geológico en diciembre de 1918. El ilustre poeta de Fiat-Lux, días después dedicaba una oda exorbitante a Estrada Cabrera, en la cual nos daba la visión "apocalíptica" de la tierra, escapada de su órbita, corriendo desembridada hacia el abismo, y al tirano, ¡oh prodigio!, "deteniéndola con los pies" (sic). Estalla la revolución reivindicadora de 1920 y Chocano, pretendiendo ejercer el rol de conciliador entre los rebeldes y el tirano, se coloca del lado del segundo, y conservando el dominio de sí en medio del desconcierto que entre los hombres del poder suscitaba la inminencia de la catástrofe, logró en las últimas semanas del absolutismo, imponerse al gobernante, que había perdido el propio control, y ser una especie de árbitro o de timonel impávido de la vieja nave del despotismo en aquella hora decisiva de la zozobra. Chocano, digámoslo en su honor, no dejó de ser poeta, poeta aventurero, poeta heroico, en todas las alternativas de aquel drama. Mientras el tirano, lleno de terror místico, se desmayaba a cada embate de las turbas, el poeta, recordando acaso a su "gran antepasado" Gonzalo de Córdoba, apostrofaba al tirano y electrizaba con palabras tronantes y magníficas al grupo de hombres encargados de defender el último baluarte de la tiranía. Cuando Estrada Cabrera fue hecho prisionero en su mansión feudal, a su lado se encontraba el poeta Chocano, que en aquella hora del desastre definitivo, quedaba como su ministro de Estado y su consejero único. Ambos, el autócrata derrocado y el poeta ministro y consejero, fueron llevados a la prisión. A Chocano se le siguió un proceso como autor intelectual, cómplice estético o algo así, en las últimas truculencias de aquel régimen. La devoción al sátrapa costó al poeta seis meses de mazmorra en la bastilla chapina.

Llegó el instante de la libertad. Santos Chocano, después de algunas etapas, se reintegra a su patria, el Perú, lleno de fatiga y de dolor. El exilio había sido largo, cruento. El poeta aventurero, el aeda trashumante cuyo temperamento de bandido nietzscheano lo había llevado un día a sentarse al festín macabro de los Estrada Cabrera y los Francisco Villa, tornaba a su tierra, con un amargo laurel en la frente y en el corazón, acaso aquella misma pesadumbre que hizo a Alonso Quijano el Bueno tomar la ruta cobarde de su aldea, tras el último vencimiento.

El pueblo de Lima recibió en triunfo a su gran poeta peregrino. Su última aventura de Guatemala, con el tirano más célebre de la América, lo nimbaba con un halo de leyenda, con un capitoso prestigio romántico que iban derecho al corazón y a la fantasía de las multitudes. Chocano entró en Lima como un conquistador. Arcos de triunfo, campanas echadas a vuelo, muchedumbres exultantes que se uncen al coche del poeta hasta la vetusta casona de sus ancestros. Fue aquel como un día fasto, un día de epifanía. El poeta, un poco tartarinescamente, acaso entonces tuvo la ilusión de que él era un inca, un inca auténtico y bravío —Atahualpa, Manco Cápac— que reentraba a su ciudad cargado de gloria, de botín y de conquistas, o un virrey, uno de esos soberbios y esplendorosos virreyes que él tanto ha evocado en sus versos mágicos.

Mas no para ahí todo. Avecinándose en el Perú la campaña de elecciones presidenciales, Santos Chocano, de motu propio o inducido por sus admiradores, lanza su candidatura a la presidencia de la República, ante el asombro de la América Latina, que no está acostumbrada a ver a los poetas codiciando la más alta magistratura, que ella parece reservar únicamente a los abogados y los caudillos.

El haber convivido con un guerrillero de la talla de Pancho Villa, nuestro Cid Campeador hispanoamericano; el haber figurado como miembro conspicuo en el coro de consejeros áulicos del tirano guatemalteco; el haber hecho un papel, como actor principal, en los días del desanudamiento trágico de aquella tiranía; el haber sido, en una palabra, íntimo de un tirano a quien la lejanía prestaba un relieve desmesurado, daba a Santos Chocano, como candidato, ese aire de prestigio, de fuerza, de suficiencia y un si es no es de temibilidad que es necesario tener para imponerse y sujetar el corazón voluble y tímido de las multitudes. Al menos Chocano tenía elementos bastantes de historia y de leyenda para el bluff democrático.

El poeta candidato, según tenemos entendido, lanzó un manifiesto a sus conciudadanos. El manifiesto del candidato presidencial siempre fue algo cuajado de promesas seductoras a los votantes. Santos Chocano, por salirse de la senda trillada, o porque su aberración lo lleve a creer que en ello va la felicidad de la nación, ofreció, ¿qué diréis?, ofreció una "dictadura organizada", de tipo ambiguo, entre la tiranía estrada-cabrereana y la autocracia porfiriana. En la historia de los candidatos presidenciales de América —pensamos— jamás se había visto mayor franqueza o mayor cinismo.

El pueblo peruano, que ama su libertad y que, en vez de amenguarla, quiere hacer más efectivas en sus instituciones las conquistas de la democracia, desechó, con un gesto de altivo desdén, el singular "presente" que le ofrecía don José Santos Chocano. Con ese manifiesto estrambótico, Chocano mató en germen su candidatura y se mató a sí mismo como político. En adelante, quiénes le consideraron como un desorientado; quiénes como un anacrónico en ideología política; quiénes como un inadaptado a la realidad sociológica de su medio y de su tiempo. También habrá quienes no vean en su tiranía organizada más que una simple "blague" de candidato que se sabe o se siente un poco de mentirijillas. Mas nosotros no creemos que el poeta trate de hacer humorismo a costa de su reputación, y hasta de su tranquilidad. Chocano, al ofrecer la "dictadura organizada", al pedir "el buen tirano" que quería Renán, habla en serio a sus conciudadanos. Sobre la mente de este poeta pesa la sugestión de la tiranía estrada-cabrereana, bajo la cual vivió tantos años. Su convivencia con el tirano engendró en él, por imitación, por sugestión, por contagio, ese gusto profundo de la tiranía que él desarrolla con delectación en sus manifiestos y conferencias.

El caso de Chocano es un poco análogo al del filósofo inglés Tomás Carlyle. "A medida que Carlyle se hacía viejo —escribe Travelland— abandonaba el ideal democrático para echarse en brazos de una filosofía aristocrática". De joven, según el mismo Travelland, Carlyle tendió a las generosas doctrinas del idealismo democrático; pero cuando, ya viejo, la dispepsia lo hizo caer en una horrible misantropía, se dio a ensalzar la "fuerza", a endiosar al "héroe", al que su libro Los Héroes dio los últimos retoques y colocó por encima de los pueblos y las naciones.

El filósofo de Sartor Resartus comenzó a gustar la doctrina de la fuerza en sus estudios sobre la personalidad de Oliverio Cromwell. Cromwell le abrió el camino de Los Héroes; en Cromwell aprendió el atormentado filósofo ese culto de los superhombres que tan en boga ha puesto la posteridad.

Santos Chocano, como el filósofo sajón, amó la libertad y la democracia en su juventud, y padeció por ellas las durezas del cautiverio. Hoy, en el declinar de la edad, aquejado de intensa diátesis y de misantropía, se convierte en el paladín de la "dictadura organizada" y clama por el reinado del hombre "necesario y providencial". Sólo que él, por haber nacido en América, no comenzó a gustar la doctrina de la fuerza en el estudio de una personalidad como Oliverio Cromwell, sino en el contacto, en el convivio con un tiranuelo mestizo de los trópicos, que, más que un dictador de corte clásico, fue, en sus aspectos morales, una reviviscencia del cacique precolombino.

La dictadura organizada de Chocano es obvio, no es un ideal, no puede serlo, sino un retroceso, un paso hacia atrás en la evolución política de la humanidad. Ella vale tanto como predicar la monarquía absoluta, el derecho divino, en esta época en que ya los derechos del hombre que proclamó la Revolución Francesa se quedan muy atrás en la marcha reivindicadora y ambiciosa de nuestras inquietas democracias. Una ilusión de progreso, el espejismo de la multiplicación de la riqueza o, para sintetizarlo mejor, una ilusión de bienestar y de confort, que a veces se aviva con la nostalgia de las munificencias de un tirano desvanecido, hace que en nuestro tiempo y en nuestra América todavía haya hombres inteligentes que proclamen, como medida salvadora, el retorno de las dictaduras del pasado, del peligro de las cuales, por desgracia, no nos hemos librado por completo todavía.

El mejor argumento contra los que, desde el fondo de su corazón, claman por el resurgimiento de esos regímenes antiliberales y antidemocráticos, sería hacer una evaluación de todas las tiranías que ha calentado el sol de América, desde la de Juan Manuel Rosas en la Argentina hasta la de Juan Vicente Gómez en Venezuela, y ver si en el balance de las mismas la suma de bienes eternos que dejaron es compensatoria, en alguna medida, de los males, de las profundas lacras morales que inocularon en el organismo de los pueblos y naciones que tuvieron bajo su tutela.

Está demostrado, por el contrario, que las dictaduras, fuera de su ficticia y oropelesca grandeza, no dejaron ningún bien moral duradero y ninguna virtud ética fecunda a los hombres que pacientemente las sufrieron. Está demostrado que el absolutismo, la tiranía, castraron a los pueblos, corrompieron a las naciones y dejaron tras ellas un ambiente mefítico, irrespirable. Si el ideal político humano es hacer hombres libres, la dictadura siempre hizo esclavos y siervos. "La dictadura —dice García Calderón en su libro *Les Démocraties Latines de l'Amérique*—, lejos de ser una fábrica de hombres libres, ha dado a los grupos humanos la uniformidad y el servilismo". Tal hizo, entre otras, la dictadura de Estrada Cabrera en Guatemala, la misma que hoy presenta como un paradigma a la juventud peruana el poeta José Santos Chocano.

México, enero de 1923.

(Revista de Revistas —Núm. 662—, 1923).

LA NUEVA LÍRICA DE SANTOS CHOCANO

(Especial para Revista de Revistas)

Si se me preguntara cuál es el acontecimiento literario del día en nuestra América de lengua española, ésta sería mi respuesta: la transformación que a nuestra vista ha comenzado a producirse en la lírica del poeta José Santos Chocano, el cantor de Alma América, que ayer, cual inca de sensualidad bravía, se embriagaba con perfumes y efluvios de nuestro trópico americano.

Parecía el poeta nacido para cantar la pampa salvaje de la América. En sus versos amplios y soberbios, se agrandaban y magnificaban las tierras vírgenes. Era el hijo del Sol que sólo tenía retinas para la majestad imponente de la selva, para el esplendor paradisíaco de la flora, para el asombro místico de la fauna.

Para ser el cantor de América, Chocano necesitaba permanecer libre de toda atadura estética. Nada más contrario al epopéyico acento de este gran poeta, de este homérida retardado, que aquel esfumado tono del GRIS y la NUANCE, que aquella música a la sordina aconsejados en el prontuario estético del jefe de la escuela decadentista, y cuya síntesis puede verse en estos versos:

Rien de plus cher que la chanson grise

où l'indécis et l'imprécis se joint,

car nous voulons la nuance encore,

pas la couleur, rien que la nuance.

Pero nuestro poeta supo dar de mano instintivamente a esa Arte poética asfixiante de la CHANSON GRISE y de LA NUANCE IMPRÉCIS. Otros aedas de América, desdeñando su boscaje, olvidando su alma semiindígena, se dedicaron a copiar las actitudes del alma decadente de las viejas razas finiseculares. ¡Qué de gestos simiescos entonces! Era de ver a nuestros poetas charrúas, a los descendientes genuinos de Netzahualcóyotl, aquejados de aquello que Jules Lemaître llamó "la dulce demencia de Verlaine" o suspirando desde sus chozas por muertas Bizancios y Trianones imposibles.

Sólo Santos Chocano se mantuvo rebelde, pasando altivamente, por entre la horda servil, el penacho de su individualismo poético. De este poeta podemos decir que era muy grande y muy bravío para caber dentro de los moldes de las urbanizadas escuelas reinantes. A lo largo de la historia de las letras humanas, encontramos el paradigma de estos cantores inmensos y cíclicos que escapan a las catalogaciones efímeras de las modas. Y he aquí, en nuestro sentir, el mayor elogio que se puede discernir a estos creadores libres de belleza: el que no se han dejado imponer la librea gregaria y mediocrizante de ninguna escuela o cenáculo.

Chocano, al desdeñar los "ágapes" de las sectas en boga, cumplía una misión de predestinado: la América inviolada de los conquistadores, la tierra de fábula cuyo encanto mirífico no soñara la fantasía de Hesíodo, necesitaba un revelador. Vino Santos Chocano. Vino no a reproducir fotográficamente con la palabra, como piensan los que todavía creen en un arte objetivo, sino a animar, a crear con imágenes, la poesía de un mundo todavía inédito. Tal es su obra, y hasta aquí su mayor gloria.

ALMA AMÉRICA es como la Ilíada de nuestra naturaleza americana. No necesitaba el autor escribir otros libros para ganarse una vivaz eternidad en nuestros anales literarios. Pero, sin embargo, vistas las cosas desde cierto punto de mira, había una deficiencia, un vacío en el orbe poético del aeda incaico. Era el poeta de la América, el revelador de una tierra de prodigio y maravilla, pero no era el poeta humano y universal, el "poeta ejemplar" que diría un crítico hispanoamericano, como lo habría sido al plasmar en el verso, en vez del paisaje de América, su propio e íntimo estremecimiento.

Era la suya, ciertamente, una poesía de visiones, de desmesuradas visiones objetivas. Había en ella, sino una parnasiana impasibilidad, algo que al leerla nos dejaba como un deslumbramiento de retinas, sin conturbarnos el ánima. Le faltaba, a las veces, tibieza, emoción, ese temblor de humanidad que acerca a los poetas a nosotros, hasta convertirlos en nuestros hermanos. Le faltaba, para decirlo en una palabra, eso que Shakespeare llamaba con una frase única: "La tibia leche de la ternura humana" (esto con perdón del maestro Eça de Queiroz, que dijo: "la tibia leche de la bondad humana").

Pero ¡oh sorpresa!, algo ha venido en estos días a demostrarnos que este gran poeta no estaba definitivo, si por tal entendemos un poeta de quien ya no se esperan nuevas modalidades o avatares líricos. ¿Qué? ¿No habéis leído sus recientes poemas La orgullosa piedad y Mañana, dados al público en una de nuestras revistas citadinas?

En estos poemas, os lo aseguro, el poeta está ya bastante lejano de aquella poesía lujuriante y espléndidamente geográfica que le conquistara el título un poco vago de "poeta de América". Ésta, la de la última hora, es una poesía de recogimiento, de vida interior, en la cual se paladean ya los licores acidulados de la melancolía. El poeta de América se ha cansado ya, indudablemente, de la pompa y las galas de su "india virgen". Acaso, como Huysmans, ha encontrado que la naturaleza "no es más que un monótono almacén de árboles y praderas, una banal agencia de montañas y de mares".

Por eso lo vemos hoy apartar los ojos de estas cosas, de este no-yo "esplinético" y desesperante, para volverlos hacia el absconso paisaje de la propia alma. ¿Bajo qué influjos misteriosos este poeta primitivo y cosmogónico ha vuelto los ojos a sí mismo, para darnos el nuevo y acaso inesperado presente de esa poesía de honda palpitación cordial y humana? Lo sabemos y lo diremos a riesgo de pecar de indiscretos: es bajo el influjo del dolor que nuestro poeta, nuestro épico poeta americano, ha comenzado a transformarse.

El dolor, ¿quién no lo sabe?, ha venido siempre a dar a los poetas ese sabor de humanidad que los universaliza en el espacio y los eterniza, actualizándolos, en el tiempo. Ahí está, entre otros, el ejemplo de Rubén. El dolor, "el erizamiento tembloroso ante el doble misterio del amor y de la muerte", llevaron al panida desde las frivolerías de La sonatina hasta aquella poesía de grave, de temeroso y profundo recogimiento que se ve en sus postreros poemas. ¡Qué inmenso recorrido, a la verdad, desde la Gaita galaica de "Los alados y rítmicos pies" hasta La Cartuja, que es ya un canto De profundis!

No podemos esquematizar aquí la evolución de la nueva lírica de José Santos Chocano. No sabemos hasta dónde llegará el poeta en su nuevo camino. ¿Se detendrá en esa poesía brava y orgullosamente melancólica de La orgullosa piedad o llegará, como Darío, a la amargura ante la vida y el pavorante misterio? ¿Abordará, como Nervo, el frío yermo del ascetismo? No lo sabemos... Pero sí sabemos que, quiéranlo o no, y aunque él nos diga todavía que el paisaje es todo, este poeta máximo que se humaniza ya no se apacentará en lo externo, no tornará a los antiguos y abandonados cauces...

Y que no haya lamentos por ello. Renovarse, crearse a sí mismo, cual las divinidades indostánicas, es virtud de todo grande apolónida.

Guatemala, marzo de 1920.

(Revista de Revistas —México, 8 de agosto de 1920—, Núm. 535).

SALUDO A MANUEL UGARTE

Tenemos este ilustre huésped. Pensad que entre nosotros es esto un acontecimiento extraordinario. Acostumbrados estamos a ver la llegada del extranjero que viene a enriquecerse, del amarillo de Hong-Kong, del musulmán sórdido; pero no estamos acostumbrados a ver la llegada del hombre mental, del apóstol o del propagandista. Los Altamira, los Blasco Ibáñez, van a México, van a la pampa argentina, pero no vienen a Honduras, quizá porque teman morir bajo la flecha envenenada del aborigen violento.

Tal vez no tengan razón. Creo que ya pasó el período en que, en algunas repúblicas hispanoamericanas, se hacía del extranjero, de blanco dolicocéfalo, un tasajo suculento. Hoy, una relativa cultura, una relativa civilización pueden hacernos respetar la vida de los extranjeros ilustres que nos honren con su visita.

Manuel Ugarte dirá, cuando rememore su excursión por la América Hispana, que Honduras está a un paso de la barbarie, pero que hay en este país un puñado de jóvenes representativos con alguna altivez en el corazón y el espíritu abierto a los ideales grandes. Dirá que este es un país hormigueante de políticos, de caudillos hambreados, de facinerosos sin ley y sin Dios, pero contará al mismo tiempo que hay una generación nueva, amplia de espíritu, vivificada y sana, que no irá, como las anteriores, a despedazar criminalmente la República en los ridículos zafarranchos que ha dado en llamar revoluciones. Dirá que Honduras tiene incultos sus campos, que carece de ferrocarriles, de fábricas, que en sus caminos se va al trote mesurado del bíblico burro; pero también hará notar que se levanta una juventud enérgica y optimista, que cree en los ideales y tiene en el porvenir una fe viva.

Manuel Ugarte viene de Europa. Ha vivido en París diez y seis años y ha publicado muchos libros. Libros de arte y libros de combate. No es un simple meditativo, un ideólogo que vive en su belvedere mental construyendo caprichosas teorías; es un hombre de acción, de audacia serena, de fuerza tranquila, tallado en los más legítimos bloques emersonianos. El hombre de acción, más que el literato, constituye para nosotros la faz más seductora de su personalidad.

En este momento sólo vemos al propagandista osado que deja la civilización para venirse a predicar a las semibárbaras multitudes de América la unión de pueblos de la misma raza y la resistencia ante los avances del formidable anglosajón; deja París, la mágica y esplendorosa ciudad, para venirse a esta América, a esta pobre América Latina, que un espíritu malo tiene hoy afligida y convulsionada; a México, donde el monstruo de la guerra civil se come el progreso de treinta años de paz; a Centro América, donde se vive medrosamente, hablando en voz baja y como preparando ya la cerviz para el yugo del conquistador.

¡Salve, Manuel Ugarte! ¡Salve, ilustre argentino, paladín de veinte Repúblicas, que llevas en el brazo la fortaleza del Cid y en el alma el sublime ideal de Don Quijote!

12 de marzo de 1912.

El Nuevo Tiempo, No. 283.

MARK TWAIN

Ha muerto en Nueva York Mark Twain, escritor de fama mundial, poco conocido entre nosotros. Ha muerto el Rey de la sátira, el Príncipe del buen humor. Su risa, que se había paseado triunfalmente hasta por las silenciosas ciudades de la indolente Asia, ya no resonará más en el mundo. Pero quedan sus libros, queda en ellos una sólida condensación de su sátira y todo el buen humor de su espíritu extraño.

Los que sufran hastío o sean atormentados por ingrato spleen, hallarán en Mark Twain, si no un consuelo, la enseñanza de que la vida debe tomarse como una simple broma, y que es inútil, estéril, torturarse ante ciertos problemas o empeñarse en ver el triste cuadro del dolor humano, pintado tan sombríamente por algunos filósofos que, más que observadores serenos, han sido pobres hipocondríacos, atacados de la más cruel misantropía.

Los libros de Mark Twain no han venido a Honduras. Ha llegado aquí solamente el eco de su nombre, la resonancia de su fama. No es extraño que tal cosa suceda. Nosotros estamos en Babia, viviendo en pleno siglo veinte. Nuestro medio ambiente de cultura es nulo. El libro, ese poderoso conductor del pensamiento moderno, aún no ha hecho su entrada a esta dichosa tierra.

Como los pueblos más rezagados en la evolución social contemporánea, vivimos sumidos en una ignorancia feliz, en una placidez primitiva, pensando santamente que en el resto del mundo todo pasa así como en esta bendita heredad que plugo darnos al Destino. Somos cándidos, terriblemente cándidos. Estamos llenos, en literatura, en política, en todo, de un platonismo infantil y necio. Lo que otros pueblos dejaron de decir hace siglos, lo estamos repitiendo con ardor nosotros ahora; lo que se pensó hace muchas décadas constituye en la actualidad el pensamiento nuevo, avanzado de nuestra generación; tomamos por verdades vivas y actuantes lo que no es sino vieja arqueología del espíritu humano.

Mark Twain, según la noticia que da el cable, deja una fortuna de un millón de dólares a su hija única. Esto prueba que en aquella colosal nación, contra lo que sucede en otros países, los grandes productores intelectuales amasan recias fortunas a golpes de pluma. Mark Twain amasó la suya a golpe de sátira.

Días hace que estamos tentados a decir algo sobre la literatura que ya comienza a florecer en los Estados Unidos. Esta sería ocasión propicia, tratándose de un escritor americano, pero escribimos, no como se escribe cuando se quiere aliviar la llenura de la mente, sino para un periódico que saldrá dentro de breves horas, mientras el cajista forma y la máquina resuena con impaciencia febril. Día vendrá en que podremos satisfacer nuestro deseo.

Digamos ahora solamente que el desarrollo artístico del pueblo americano tiene que corresponder por fuerza a su prodigioso desenvolvimiento económico. Tras esa vasta producción industrial que hoy asombra al mundo entero, vendrá, tarde o temprano, una enorme producción intelectual que asombrará a los pueblos futuros; de modo que llegará un día en que se podrá decir de la literatura americana lo que en cierta ocasión, lleno de amor nacional, dijo Lord Macaulay de la literatura inglesa: que contaba obras iguales a las más bellas de las legadas por la culta Grecia.

Tegucigalpa, 1910.

(La Prensa —1910—, No. 909).

TEODORO ROOSEVELT

Oíd lo que dice el cable: "Nueva York, 6.—Los clubs republicanos han fletado veinte vapores para ir a encontrar a Roosevelt, al desembarcar éste aquí. Encabezarán la procesión que se verificará en su honor los individuos que pertenecieron al batallón de los rough riders".

Está para llegar, pues, a su tierra, los Estados Unidos, Teodoro Roosevelt, el terrible cazador de fieras en los bosques del África Central.

Viene cargado de cueros, cargado con los despojos de sus resonantes cacerías. Viene satisfecho, orgulloso, como buen anglosajón.

Teodoro Roosevelt es un legítimo representante de su raza, es el tipo del hombre enérgico y fuerte, que une en su naturaleza el vigor físico al vigor mental. De aquí nace esa brutal necesidad de acción que siente el ex-Presidente.

Cuando ya no puede, como jefe de su país, desplegar su fuerza y poner en juego su astucia; cuando ya no le es posible seguir a saltos de mata por los campos internacionales, no se queda tranquilo en las dulzuras del home, añorando su pasado, ni se marcha a Europa a disfrutar una fortuna, como lo hubiera hecho cualquier ex-Presidente hispanoamericano, sino que se va lejos, al centro del África, a devorar osos y leones.

¡Ah, Tartarín de Tarascón, con qué ojos de codicia y de envidia no hubieras visto al cazador sajón llegar, escoltado por veinte vapores, a la gran ciudad de Nueva York, soberbio y radiante, con una nave cargada de leonadas pieles, tú, infeliz Tartarín, que no hiciste más que cazar la propia gorra y quitar la vida a un apacible burro argelino!

No penséis que el grande hombre americano sólo sabe gobernar pueblos y cazar tigres. Sabe hacer bien muchas cosas.

Puede coger una pluma y redactar un periódico; coger un hacha y talar un bosque; domar las rebeldías de un potro y, en fragorosa carrera, enlazar un toro en plena campiña.

Es un jayán con vigorosa inteligencia.

Tegucigalpa, 1910.

(La Prensa —abril de 1910—, No. 986).

ANATOLE FRANCE Y LOS JÓVENES

Acabo de leer en una revista parisiense un responso a Anatole France. Es un responso, algo como una danza deliciosamente sacrílega y macabra, en torno del cadáver del autor de Yocasta y El Gato Flaco, ejecutada por algunos noveles escritores de París, hostiles al celebrado anciano.

No me sorprende ese responso. Ya sabía yo que las izquierdas literarias de Francia, que los jóvenes escritores de la postguerra, renegaban de los viejos maestros de antes de la conflagración, y que el más execrado de todos ellos era ese Anatolio Thibault, alias Anatole France, que una crítica sin ponderación y sin justeza ha clasificado entre los genios literarios (sic) de todos los tiempos. Ya sabíamos que en una encuesta de la Revue Hebdomadaire sobre quiénes habían sido los maestros más influyentes de las nuevas generaciones, Paul Bourget, Maurice Barrés, Charles Maurras y otros de mayor cuantía le arrebataron los sufragios al maestro sin discípulos de la Villa Saïd.

Sabemos que Marcel Prévost y otros llegaron a combatir a France en ese reducto de la sintaxis, que dicen que era el secreto de su delicioso estilo, encontrándole atentados contra la gramática, contra el hipérbaton y la construcción.

Anatole France estaba olvidado en Europa y América. Tan olvidado, en América sobre todo, que muchos nos preguntábamos un mes antes de su muerte si todavía existía el señor de Bergeret. Este olvido de la persona es el símbolo del olvido del escritor. Anatole France era ya una momia literaria. Tenía el valor de las momias. Siempre hay lord Carnarvon. Él, con su extrema vejez y sus libros de una intolerable perfección académica, encajaba muy bien en medio de las varioladas antiguallas de la Villa Saïd.

La muerte vino. Sobre su cadáver se han escuchado las voces más discordantes. Los reporteros y ciertos escritores tradicionalistas no han encontrado adjetivos suficientemente apologéticos para derramarlos sobre esos despojos; las juventudes heterodoxas o vanguardistas han denigrado ese cadáver con una grandeza y una insensibilidad moral de semidioses o de superhombres.

El responso de Philippe Soupault, de Joseph Delteil y de Paul Éluard es algo que nos está diciendo cuánto había bajado France en la estimación de la juventud literaria de Francia. ¡Ah, vanidad estúpida de la gloria humana! ¿De qué le sirvió a François Anatole Thibault haber escrito Los dioses tienen sed y La isla de los pingüinos, si a la hora de su muerte, cuando aún no bien se hubiera enfriado su cadáver, un joven escritor de talento se debía acercar a su catafalco para decir a grandes voces: "Es un vaso... vacío. El cacharro pudo, por un instante, halagar la retina, pero no podría llegar hasta las entrañas del hombre... A tal perfección de forma le falta profundidad y jugo"?

Estas palabras son de Joseph Delteil. ¿No encierran ellas acaso la síntesis más acertada del arte del señor de Bergeret? He aquí el secreto del odio y del menosprecio de esos jóvenes escritores de la postguerra hacia Anatole France.

La gran guerra, digámoslo ante todo, fue fatal para el arte de Anatole France. Mejor se hubiera muerto antes o en los días de esa guerra. Después de esa tragedia se comprende que ya no iban a tener aceptación la ironía y el frívolo diletantismo de este escritor. La guerra había dejado un rictus amargo y doloroso en las almas. Había dejado un desequilibrio, una asimetría temperamental que no se avenían con la compostura y el sabio ordenamiento clásico del señor de Bergeret.

El estilo de France, hecho de ritmo y de gracia, tenía que ser insoportable para los que regresaban de las trincheras con un temblor esquiliano en la médula. Los que venían de la enorme tragedia no querían sonrisas maliciosas ni amables escepticismos. Tampoco querían el romanticismo de bibelot de un Pierre Loti, ni la psicología de titiritero de un Paul Bourget. Querían pathos, calofrío humano, abismo, extravagancia, profundidad, desgarramiento de entrañas. En Anatole France sólo encontraron la vulgar tragedia de Maniquí de mimbre y la bellaquería sin grandeza de ese Sócrates de Quai Malaquais que se llama el abate Jerónimo de Coignard.

En cuanto al estilo, ya lo hemos dicho, France escribía con demasiada euritmia. Su perfección clásica, que recordaba al siglo

XVIII, no podía menos que ser vista con desconfianza por los escritores a quienes hacía sangrar un ansia renovadora. El clasicismo, ya se sabe, es para las épocas de reposo y de serenidad. Anatole Thibault, después de la gran tragedia, resultaba démodé.

La guerra había alterado el alma contemporánea, mejor sería decir, creado una nueva alma, no en los viejos, sino en los jóvenes, cuyos espíritus se abrieron en medio del horror del cataclismo. Para éstos, ya no deberían ser el equilibrio, la cordura y la serenidad de los viejos maestros, sino más bien esa vesania que no reconoce normas y que debía traducirse bien pronto, dentro del campo estético, en la manera de sentir, de pensar, de escribir.

La guerra mató lo que quedaba de sentimentalismo, de claro de luna en la literatura. Mató también el stendhalismo. Lewis es incapaz de subir por la escalera de Julián Sorel. Los Pincengrain, en sus acoplamientos adúlteros o incestuosos, obedecen no más al juego mecánico y expeditivo del instinto. Algo de esto hemos dicho en otra parte.

En la manera de pensar la realidad se rompen los antiguos moldes y, como una nueva cerebración, unas virginales retinas vienen a enfocar y a considerar esa realidad. Había una lógica, producto de gimnasias y experiencias milenarias, que estructuraba la mente del europeo de avant la guerre; la postguerra trajo esa inquietud, sobre todo en Francia, de los jóvenes que se desembarazan o tratan de desembarazarse de esa cordura, de esa razón pura y razón práctica, herencia de los siglos, y cuyo gran celestino fue el asceta de Königsberg.

Esto era como clamar por la libertad y la contingencia sin límites. Libertad interior, contingencia interior. Libertad infinita para amasar un nuevo orbe en el orden de la emoción, de la sensación y de la acepción. Lo que se ha visto y aún se ve nos está diciendo que todavía son posibles muchos fiat lux, o mejor, génesis que no soñaron los precursores.

Anatole France fue relegado al olvido por las izquierdas y las vanguardias. También lo fueron Paul Bourget, Pierre Loti, Maurice Barrés y otros tantos. Todos ellos son escritores burgueses anteriores a 1914. Esta palabra burgués, en las letras, connota ahora un menosprecio y una condenación. Burgués es todo lo mediocre, lo plano, lo que carece de originalidad, de fuerza, de grandeza. También lo que carece de generosidad.

Pero Anatole France no sólo ha sido olvidado por la juventud de Francia. También por la juventud literaria de América Hispana. La gran guerra removió entre nosotros muchas vísceras. Nadie podrá negar que hay entre nuestros jóvenes una vesania iconoclasta, un deseo irrefrenable, dionisíaco (que se nos perdone este vocablo sospechoso), de acabar con lo ordenado y lo perfecto en todas las manifestaciones del arte.

Repugnan los estilos cadenciosos y prosaicos, así como repugnan esas estatuas de mármol, circunspectas y decorosas, que se yerguen sobre sus zócalos en un eterno ensimismamiento. Se quisiera que una racha de profunda neurosis viniese a conturbar y a hacer perder el equilibrio a la mano de esos escritores. Se quisiera darles un puntapié a las estatuas, para que echasen a andar y en el movimiento perdiesen la sosa perfección de sus líneas.

Anatole France ha muerto para cierta generación literaria. Esa misma generación que ayer lo leyó, que lo admiró, hoy encuentra inocente su ironía y detestable su escritura, cuya cadencia ya sólo puede interesar a los oídos de los burgueses.

Sin embargo, el señor de Bergeret deberá a su insigne mediocridad ese viaje al Panteón que ya le deparan unos cuantos viejos plumíferos oficiales, ortodoxos y anquilosados.

Sentido de profunda sagacidad estética tuvo el Presidente Calles cuando, en París, al mandar una corona al catafalco del difunto de la Villa Saïd, aclaró que aquella corona no iba dirigida al escritor, sino al socialista, al amigo de los humildes. Con la muerte de Anatole Thibault quienes tuvieron una pérdida irreparable fueron la Internacional de Moscú y los desheredados de París...

(Revista Lux —mayo de 1925—, Núm. 48).

LICHO

Aquel día, al amanecer, Juan encaminó sus pasos hacia la taberna del viejo Pedro. Como siempre, su andar era lento, fatigoso, difícil, y llevaba pintada una gran alegría en el semblante, esa alegría enferma, olorosa a alcohol, que ilumina el rostro del borracho cuando se acerca la pócima del olvido...

La taberna estaba situada en uno de los barrios más asquerosos de la ciudad. Todo tenía allí, en efecto, una cara de dolorosa miseria; de todas las cosas parecía emanar un hálito lamentable de pobreza. Casas sucias y destartaladas, obreros de rostros de piedra, con facha de mendicantes, perros sarnosos desgarrando el aire con sus gritos gemebundos, rebaños de galopines, en cuyas faces prematuramente cetrinas veíanse ya los signos terribles de la degeneración.

Tras el ruido producido por el rechinar de una deslustrada puerta, levantóse una oleada de voces discordantes y brutales.

—¡Hola, Licho! —exclamó uno—. Hacías falta, hermano. Sin ti no podemos estar alegres.

—Sí, sí. Licho es la alegría misma —repuso otro—. La liberalidad hecha carne.

—Y la bondad.

—¡Viva Licho!

Entre tanto Juan, llamado Licho por aquella cáfila de malandrines, se sonreía con una sonrisa en que se adivinaba aguardiente, que se bebió en seguida a grandes tragos, yendo a sentarse en un ángulo de la taberna, macilento y los ojos impregnados de dolorosa melancolía; la melancolía de los buenos tiene no sé qué de profundamente desgarrador.

¡Ah! Licho era un mortal desgraciadísimo. Había vivido soltero hasta los cuarenta años. Durante ese tiempo, su existencia se deslizó apaciblemente, sin grandes episodios, en la monotonía de una vida rústica consagrada al cultivo de la tierra y a la administración de la hacienda de una tía suya, muerta hacía ya algunos años.

Pero he aquí que un día, viéndose solo, vacío, sintiendo que se acercaba ya la triste vejez con su acompañamiento de arrugas y de canas, pensó en el calor y en las ternuras de la mujer amada, en las frescas gracias de un rubio niño, y se decidió a tomar estado contra la opinión de algunos amigos que le aconsejaban el celibato.

Se casó, en efecto, al poco tiempo de haber tomado su resolución. La esposa era una mujercita de rostro de bacante, apetitosa, con dos ojos de pantera y de carnes floridas, pero lamentable moralmente.

Hija de una mujer perdida, dada al alcohol y de una liviandad reprochable; educada en un medio insano saturado de las más peligrosas perversiones, era incapaz de hacer feliz a aquel hombre que, huyendo del crudo invierno, se había acogido lleno a ella candorosamente, lleno de fe, famélico de amor.

Aunque visitaba los templos con obstinada frecuencia y todas las noches, antes de acostarse, oraba largamente ante un Crucifijo colocado sobre una mesa, en un nicho de ébano, en las arcillas de su corazón no podían germinar los divinos trigos del divino sembrador. Era egoísta, era mezquina. Su vida no estaba ilustrada con hermosos votos de abnegación y de caridad.

Malvina poseía, sin embargo, una clara inteligencia. Era aguda, ingeniosa, y algunas veces sus ojos penetrantes la hacían ver muchas cosas generalmente ocultas para el común de las mujeres. Como de cuando en cuando se daba buenos atracones de novelas, su conversación, sobre ser fluida e insinuante, hallábase esmaltada de un hechizo singular, al que contribuía en gran parte su voz argentada, llena de peregrinas modulaciones.

Esas mismas novelas habían venido a despertar en ella los tristes gérmenes de la herencia. En ellas había encontrado cosas bellas, encantadoras, que la atraían irresistiblemente, sobre todo el adulterio, que ejercía en su espíritu malsano una seducción alucinante. ¡Ah, cuántas veces, leyendo esos idilios pecaminosos en que naufraga la honra de un marido, no se sonreía satánicamente y arrojaba sobre Licho, sobre el buen Licho, una de esas miradas compasivas y burlonas, duras como el hierro, amargas como la hiel! Sí, se sonreía... se sonreía.

Licho, con su espíritu miope, era incapaz de observar lo que en tales momentos pasaba por el alma complicada de Malvina. Pero a pesar de ser un sencillote, muy luego pudo comprender que en el corazón de su mujer no había para él ni una migaja de cariño. ¿Qué? ¿No se lo decían acaso aquella glacialidad de sus caricias, aquel tono acre, despectivo que a lo mejor saltaba en sus palabras?

Por esto, sin duda, se entregó a una vida de crápula a los cuatro meses de casado.

Era un hombre tímido, sentimental, impresionable, con muy exiguas dosis de voluntad. Un simple suceso, el acontecimiento más insignificante lo perturbaba medularmente, le removía hasta las entrañas, y en las situaciones críticas permanecía indeciso, vacilante, no pudiendo tomar jamás una resolución.

En la bebida encontró, pues, el miserable, un medio de hacer más llevadera su existencia dolorida. Al principio, libaba en la sombra, clandestinamente, guardándose muchísimo de no precipitarse en el abismo de la borrachera.

Mas luego, arrastrado por el deseo de obtener el efecto que buscaba, comenzó a traspasar las fronteras que él mismo se había trazado, y entonces desaparecieron las vergüenzas de los primeros días.

Ahora tragaba de firme, escanciaba vasos y vasos, en plena luz, en una sórdida taberna, confundido en una asamblea de vagabundos, olorosos a sudor y a cebolla. Su fortuna, que no era la fortuna de Creso, desaparecía, indudablemente, en las barrigas de aquellos, barrigas anchas, profundas, insaciables como el tonel de las Danaides.

II

Después de haber permanecido largas horas en la taberna, Juan se dirigió a su casa bien borracho, azotando aquí una pared, vomitando allá un diluvio de frases anquilóticas, acaso exhaustas de sentido.

—Es la ocasión —decía—. Arremeteremos con coraje... En acecho, en acecho, que la gloria nos espera... Sus brazos como las sierpes... ¡Ja, ja, ja!

Así iba balbuceando el infeliz, cuando notó que se hallaba en la puerta de su casa. Impelido por no sé qué fuerza extraña, empujó con brutalidad y se introdujo a prisa en el interior de la habitación; pero al dirigir la mirada a un cuarto contiguo, repleto de espesa sombra, vio pasar raudamente un cuerpo blanco de mujer desnuda, y no pudo reprimir un grito salvaje, horrible, retrocediendo con el rostro descompuesto al mismo tiempo que sus ojos se anegaban en lágrimas y de sus labios temblorosos brotaba este nombre:

—¡Malvina!

(Revista Honduras Rotaria, junio de 1944, No. 15).

LA MUERTE DE BOELKE

La noticia de su muerte casi conmueve profundamente. Hubiéramos querido ver a este héroe sobrevivirse en el cielo de Francia a sus maravillosas proezas. Hubiéramos querido verlo retornar a su cara tierra de Alemania, indemne y victorioso. ¿Por qué la muerte ha tronchado en plena leyenda a ese héroe de fábula? ¿Por qué el hado celoso y vigilante ha venido a paralizar en su camino a aquel hombre en el cual ya se esbozaba el semidiós?

¡Cuarenta aviones vencidos, bajados a tierra, por aquel estupendo nauta de los cielos!

¿No es esto algo que desconcierta, que sobrepasa, que está fuera del alcance posible de nuestras limitadas acciones humanas? Sí, ese aviador germano que acaba de sucumbir ha excedido, ha rebasado al hombre, o quizá mejor, es el ejemplo viviente y dinámico del semidiós alado emergiendo del hombre. Divino y viejo dualismo de nuestro ser, de que nos habla a través de las edades la inmóvil y dúplice esfinge.

El hombre alado fluyendo del cuerpo pesado de la bestia es, en verdad, el símbolo que mejor ha traducido hasta hoy nuestro inquietante y secular enigma.

Llevamos un semidiós en las entrañas. En el fondo de nuestra humanidad opaca y rastrera, hay algo que es hermano de lo divino. Pero para presentir esa suerte de Dios que aprisiona nuestra carne mortal y cotidiana, necesitamos que haya horas supremas en que salga a la superficie ese superhombre inconocido.

Es necesario que en las grandes crisis humanas el hombre se sobrepuje y dé de sí mismo, de su potencia, todo lo que es capaz de dar.

Necesitamos, para tener la medida de nuestra propia humanidad, del concurso del héroe, del héroe que nos exalta, nos magnifica y nos recuerda que en nuestra arcilla humana hay algo que es más que eso todavía.

Boelke fue uno de esos héroes. Boelke no sólo fue un bravo soldado, un capitán a quien sólo pudo vencer un fatal destino, sino uno de esos raros ejemplares que en medio de las bajas amarguras nos consuelan y nos enorgullecen de ser hombres.

(Revista Germinal —octubre de 1917—, Núm. 14).

LA REPÚBLICA DE PORTUGAL

El mundo acaba de presenciar uno de esos acontecimientos extraordinarios que de tarde en tarde se repiten en la vida de los pueblos: la Revolución de Portugal. En el breve espacio de algunas horas un levantamiento popular, secundado por el ejército y la marina, dio en el suelo con Manuel II, último vástago de la Casa de Braganza, y que a esta hora llora la pérdida de su reino en tierras extranjeras.

Fue una tempestad desencadenada por las masas populares contra el viejo y podrido edificio de la monarquía lusitana, que hoy es un montón de ruinas, un hacinamiento de escombros, sobre los cuales han levantado los vencedores, ebrios de júbilo y de orgullo, un nuevo edificio, el edificio de la República, cuya erección se anunció al mundo con hueca resonancia. El último rey de Portugal, un mozo tímido y de escasas energías, hállase hoy bajo la protección de los reyes de Inglaterra, sin esperanzas de recobrar el trono, amenazado por una penuria indigna y con la nostalgia de un reino que le arrebataron prematuramente de las débiles manos.

Hemos dicho que sobre los escombros de la demolida monarquía han construido los revolucionarios portugueses el palacio de la República; no es ya, pues, un rey el amo de la nación, sino un Presidente, elegido por los pueblos; y en adelante no será el nombre de Dios el que brillará a la cabeza de los decretos, sino el nombre de la República, con sus flamantes atributos. Muy cierto es todo esto; muy cierto que Manuel II yace lejos de Portugal, sin cetro y sin corona, y que Teófilo Braga, llamándose Presidente, ocupa ahora el lugar del destronado monarca.

Mas he aquí a una dolorosa realidad presente demostrándonos que están en pie los males que se creyó destruir al romper con unos cuantos hachazos furiosos la envejecida monarquía. La prensa mundial se ocupa en estos momentos de la situación de Portugal. Os describiré a rasgos amplios esa situación, que debe desconsolar aun a los espíritus más optimistas.

Portugal apenas tiene algo más de seis millones de habitantes, en un territorio exiguo, muy inferior al de España, Francia, Alemania y otras potencias; su producción manufacturera no vale gran cosa; su desarrollo industrial es, por consiguiente, de poca significación; aún no ha penetrado allá la máquina, ese poderoso transformador de los pueblos modernos; su agricultura se encuentra atrasadísima en sus procedimientos; una deuda exterior de ochocientos millones gravita sobre sus hombros; el ochenta por ciento de su población es analfabeta, y un fatídico anarquismo se ocupa en estos momentos de reparación, de embarazar la obra de los hombres del Gobierno, que son los mismos de la revolución.

A ese mismo anarquismo se debe la desmoralización del Ejército, que es un ejército indisciplinado, peligroso, compuesto de una caterva de mercenarios, tan viles como los mercenarios de profesión. El levantamiento reciente en la isla de Macaco es la prueba más elocuente de lo que dejamos dicho. La desmoralización corroe a toda la masa de la nación. A esta hora el cable anuncia una huelga general que no es posible prever hasta dónde llegará.

Un escritor republicano portugués, comentando el estado actual de las cosas de su país, dice lo siguiente: "El creador de la bomba es el anarquismo, y el anarquista es, por consiguiente, el fundador de la República portuguesa. Los regimientos levantados no fueron conducidos por sus oficiales contra la monarquía; estaban simplemente corrompidos por los revolucionarios. Aquello no fue sino obra de anarquía. ¿Se puede confiar en que los anarquistas que realizaron esa obra se detengan ahora por respeto a la República?".

Eso es. Los anarquistas hicieron la República y son ellos los que ahora están matando a cuchilladas. Hay en esto una lógica inflexible y terrible. Esas palabras, expresadas por un hombre que ha observado de cerca los hechos, nos están diciendo que la revolución de Portugal, cuyo epílogo fue el establecimiento de la República, acaso no haya obedecido a esas evoluciones naturales y fatales que se operan en el desarrollo de las sociedades; que no fue como la Revolución de Francia en 1789, ni como la de Inglaterra bajo Cromwell, sino una reacción anárquica y brutal, un movimiento epiléptico de muchedumbres embrutecidas, azuzadas por bandoleros políticos, faltos de horizonte, de honradez y de ideal sano.

Los hombres que hoy están al frente de los destinos de la nación portuguesa son tan ineptos y quizá tan desmoralizados como los de la monarquía. La miseria, el hambre que aguijaba al hombre de los bajos fondos sociales no se ha calmado con el nuevo régimen, y el malestar interno, profundo, que bajo Manuel II y sus antecesores parecía insoportable, se traduce ahora en huelgas interminables, en escándalos inauditos, que tienen hoy a ese pobre país vacilante, inseguro, como en vísperas de una irremediable caída, de un cataclismo definitivo.

Y hay razón; se explica perfectamente que las cosas continúen como antes. La República de Portugal, cuyo aparecimiento saludó ostentosamente el mundo entero, parece hecha con los mismos materiales podridos de la monarquía. Ha habido simplemente cambio de nombres, de fórmulas, nada más. Fermenta el mismo fondo, existe intacta la vieja sedimentación. Se va por el mismo camino, por la misma pendiente —pendiente fatal— en la cual se precipitan ahora unos cuantos soñadores, exaltados y cándidos.

En suma: la República de Portugal no ha mejorado las condiciones de la vida en el seno de la nación, así como el advenimiento de los jóvenes turcos no ha curado las hondas lacerías del Imperio Otomano. Portugal en República seguirá como Portugal en monarquía. Se verán nuevas dilapidaciones, los hombres de hogaño seguirán siendo tan incapaces para el gobierno como los de antaño, el pueblo no dejará de morirse de hambre, la deuda, esa deuda de ochocientos millones, crecerá de día en día, y al fin y al cabo, la nación de Manuel el Afortunado, que antes fue un poderoso reino, dueño de inmensas colonias, quedará reducido a su propio territorio, a una republiquita de cuarto orden, a una nacioncilla traída y llevada, fluctuando eternamente entre los caprichos y veleidades de las grandes potencias.

EL PEQUEÑO JAPÓN

Trae el cable de ayer la noticia de que el Japón está para engullirse la Corea. Esto se esperaba desde hace tiempo. Esa nación de hombrecillos de baja estatura y ojos circunflejos no es hoy (esto lo sabe bien Rusia) lo que era hace unos cuarenta años. Aquel Nipón de los quitasoles y de los palacios de papel ha pasado a ser una pura leyenda de los viajeros. El Nipón de hoy es un Nipón de hierro, orgulloso con sus fuertes de hierro, con sus locomotoras de hierro, con sus enormes buques de hierro. No penséis ya en el Nipón de los palanquines y de los crisantemos. Si Loti resucitara y volviera al Imperio del Sol Levante, sufriría de seguro una amarga decepción.

El Japón de que hoy nos habla el cable es una nación poderosa, que ya se atreve a arrugar el ceño y enseñar el puño a los pueblos occidentales, de los cuales no sólo se ha asimilado la civilización, sino también sus apetitos imperialistas. Hoy quiere comerse a la Corea, mañana querrá comerse a la China, y no es remoto que andando el tiempo quiera echarse sobre el Asia entera. Pero esto le costará. Le costará porque los blancos le saldrán al paso disputándole la presa. Le saldrá Inglaterra, que es hoy, entre las naciones conquistadoras, la más temible y osada en eso de tragarse pueblos y territorios.

El cable que trae tal noticia viene de San Petersburgo. Fijaos en que no es Inglaterra, ni Francia, ni Alemania quienes dan el aviso. Es Rusia, la rival celosa. El oso moscovita ve con dolor a su adversario alargar la mano sobre un territorio en que él ha fijado por tanto tiempo sus ojos codiciosos. Pero no hay remedio. El Japón que venció en Puerto Arturo tiene derecho de sacar fruto de su victoria. Este es el derecho de la fuerza bruta, por el cual Inglaterra se ha apoderado de la India y otras naciones europeas dilaceran actualmente la parte septentrional del África. El derecho no lo pueden invocar bien los pueblos débiles porque no tienen ejércitos, ni acorazados, ni pesadas artillerías, que son las cosas que hoy lo garantizan, y no las platónicas declaraciones de un tratado de Derecho Internacional.

Rusia, en mi concepto, si llegara a organizarse, cumpliría pronto los destinos que le predijo Napoleón Bonaparte. Rusia tiene madera para un poderoso Estado, protoplasma de sobra para constituir una gran nación; pero hoy, así como se encuentra, es un pueblo anorgánico, una masa informe, trabajada por el nihilismo; un gigante, pero un gigante sin cabeza, un coloso cuyo brazo está paralizado por falta de un cerebro que le ponga en acción. La causa de tal estado, la causa principal al menos, es la influencia nihilista. León Tolstói, con su prédica anacrónica, ha hecho más daño al país de Pedro que las balas de los japoneses en Manchuria.

El pequeño Japón, como decían antes en tono despectivo los redactores del "Novoe Vremya", quiere puertos para su comercio, tierras para sus industrias, más campo para su actividad. Su mayor empeño hoy es sacarle a su victoria todo el jugo posible. Las guerras modernas, al contrario de las antiguas, tienen fines prácticos, no son guerras de puro lujo. Las matanzas de hoy son matanzas económicas, comerciales. Ya no se va al campo de batalla a defender una quimera mística, ni por fútiles puntillos de honor, sino a disputarse tierras y mercados.

Nadie hubiera dicho, unos cincuenta años ha, que el pequeño Japón, tras un marasmo secular, iba a despertarse con todos los bríos de una nación conquistadora. Por ahora, imposible es decir hasta dónde va a llegar ese pueblo, ni lo que le sucederá en la fiera lucha de concurrencia que para desplazarse tiene que sostener con las belicosas naciones occidentales.

("La Prensa" —mayo de 1910—, No. 1017).

LA CATÁSTROFE DEL TITANIC

"Hubo mucho orden en el momento trágico: los hombres de toda posición social cedieron sus puestos a las mujeres y a los niños, y resignados esperaron tranquilamente una muerte inevitable".
(Cable de New York).

Acaba de tener lugar, en los mares septentrionales, una de esas tragedias espantosas que conmueven hasta a los espíritus más indiferentes. Un enorme transatlántico, cargado de seres humanos, ha chocado con un témpano de hielo, tras de lo cual ha venido el hundimiento definitivo. Una vez más el mar, traidor siempre, ha tomado la revancha, se ha vengado del hombre dominador y conquistador, engulléndose centenares de vidas, en la más espeluznante de las catástrofes.

Una vez más, la naturaleza austera, mala e indomable, se ha rebelado contra el hombre, ha dejado caer sobre él su zarpa terrible, despachurrando en breves minutos, en la desolación del océano, más de mil existencias que, —felices o desgraciadas—, llevaban en el corazón el anhelo de vivir y en el alma la esperanza radiosa del porvenir.

Siempre he pensado que un naufragio debe ser una de las cosas más horribles. Más horrible que el incendio, más horrible que la peste, más horrible que el hambre, mil veces más horrible que la guerra, donde los hombres, acuchillados, llenos de balas, forman verdaderas montañas de carne y de huesos. Se puede escapar huyendo del fuego; la peste se combate victoriosamente; el hambre se evita con una civilización más productiva y previsora; la guerra, a pesar de las negras predicciones de los pesimistas, se atempera cada día más, y es probable que, tras algunos siglos de evolución moral, sólo sea para los hombres un recuerdo que les llene de horror y de vergüenza. Pero de un naufragio raras veces se escapa. Rodeadas del mar ilimitado, las tripulaciones angustiadas perecen en lucha inútil con la ola sombría.

Entonces se ven las más complejas escenas. Los capitanes, transfigurados por el sacrificio, grandiosos, epopéyicos, permanecen en su puesto, dan órdenes, serenos como héroes antiguos, y, cuando llega el momento fatal, mueren con verdadera dignidad de hombres; otros se disputan, con ferocidad animal, las deleznables barquillas de salvamento; en el aire, en el espacio mudo, se elevan, se pierden las plegarias de los náufragos, los ayes angustiosos de las mujeres, los gritos de los niños que se asen desesperadamente a los cuellos de las madres. Y por encima de todo esto, el heroísmo de los hombres que, pudiendo salvarse, apoderándose de los botes, los dejan a los seres débiles —las mujeres y los niños—, y se sumergen resignados en el lúgubre fondo del océano.

El cable de ayer nos dice que los hombres del Titanic, en el momento trágico, cedieron sus puestos a las mujeres y a los niños y resignados esperaron una muerte inevitable. Como seres humanos, solidarios con la humanidad entera, debemos sentirnos satisfechos, felicitarnos de ese ejemplo de moralidad sublime dado por los tripulantes y pasajeros del buque que acaba de hundirse para siempre, ejemplo que, por otra parte, da en tierra con las afirmaciones de los filósofos utilitarios, quienes, despojando al hombre de toda nobleza, ven en él solamente un vertebrado egoísta, chato de corazón, sacudido siempre por los más bajos apetitos e incapaz de elevarse jamás por encima de la oscura animalidad.

¿Qué dirían Hobbes, Bentham y casi todos los moralistas ingleses de la conducta de los hombres del Titanic? ¿Qué dirán esos filosofastros grasientos que viven denigrando a la especie y que niegan el progreso moral del mundo?

Me siento profundamente emocionado. La lectura del cablegrama donde se encuentran las frases que he puesto de epígrafe me ha producido un secreto enternecimiento, y el gesto del capitán Smith, en el momento supremo, me hace recordar, por lo épico, a aquel conde de Fierce que en Los civilizados de Farrère, de pie sobre el puente de su nave de guerra, espera tranquilo el instante de morir carbonizado.

(El Nuevo Tiempo —abril de 1912—, No. 316).

CARTA ABIERTA

Tegucigalpa, Dbre. 9 de 1912.
Sr. Director de El Nuevo Tiempo.
Presente.

El Cronista del sábado trae el segundo artículo de la serie que contra mí piensa publicar don Gustavo Alemán Bolaños, en desquite del articulillo que un momento de buen humor escribí sobre él cuando se largó de esta capital.

Esos dos artículos que lleva publicados El Cronista y los que enseguida vendrán prueban el escozor profundo que produjeron en el alma de Alemán Bolaños los pocos renglones que le dediqué en El Nuevo Tiempo, renglones que —en vez de enojarse por ellos— debería agradecérmelos el reportero masayense.

Declaro de una vez por todas que no perderé más mi tiempo en chichisbeos literarios con el señor Bolaños, por la sola y única razón de que mi dignidad intelectual no me permite descender a codearme con plumíferos acéfalos que no llevan en el meollo un miligramo de mentalidad.

Debo advertir sí que el encono de Bolaños no sólo tiene por causa el artículo que sobre él publiqué, sino también el profundo y merecido desprecio intelectual con que lo tratamos durante su feliz estancia en esta hospitalaria ciudad. Como él lo dice en su segundo artículo, en el comedor del hotel Ambos Mundos, yo, por voluptuosidad interior, ejercitaba contra él diariamente las más aceradas ironías —ironías de las cuales no se defendía porque no podía, y porque no es lo mismo vérselas vis a vis con un sabio (como diría el mismo Bolaños) que contarle al público, en el lenguaje de mozo de cordel, los pequeños chismes del arroyo, v. gr.: que aquí ladró un perro, que allá el sol salió con gabán y que más allá una teja, desprendida de un alero, le rompió el bautismo al señor X; pues ésta y no otra es la aptitud de Bolaños, quien tiene la desgracia de no medirse, de no pesarse en sus balanzas interiores, para llegar a comprender que el talento, el talento del escritor —doble don de vidente y de creador— es cosa bien distinta de esa facilidad de manceba literaturizada que tiene el periodista de Nicaragua para producir artículos y crónicas.

Los dos artículos de Bolaños, por otra parte, han venido a confirmarme lo que ya sabía, es decir, que el señor Adán Canales, Director de El Cronista, me guarda un concentrado rencor por aquellas famosas dosis de miel que le hice apurar hace poco. Sé que el señor Canales, incapaz de escribir por sí dos aceptables renglones, está dispuesto a no perder ocasión de vengarse de mis pasados ataques, acogiendo con beneplácito todo lo que contra mí lleven a su periódico. Está bien; pero tenga presente el señor Director de El Cronista que, a pesar de mis deseos de no gastar energías en contiendas sin fruto, no tengo todavía la paciencia ni la mansedumbre de Jesucristo para recibir hasta el fin los ultrajes del sayón.

Con muestras de alta consideración, quedo del señor Director de El Nuevo Tiempo muy Atto. y seguro servidor.

SALATIEL ROSALES.

(El Nuevo Tiempo —1912—, No. 513).

EL ORIGEN DEL HOMBRE

En mis mocedades llegué a interesarme por el origen del hombre. El origen nuestro, que Haeckel considera como uno de los grandes enigmas, uno de los "Siete enigmas" del Universo, es un problema que siempre nos angustiará. A mí me gustaba el Dios del Génesis. ¡Qué dios portentoso y magnífico aquel, creando un mundo perfecto en siete días! ¡Qué mago aquel, sacando en un instante de la nada a las estrellas y plasmando al hombre en el barro!

Siempre he reprochado a la natura la lentitud y la imperfección de su trabajo. El desesperante rutinarismo de que tanto se quejaba Des Esseintes. El hombre, padre del motor, es un dios más miraculoso. No ha necesitado inmensos períodos de evolución para crear un Buick o un Farman. El caballo ya se siente de más sobre la tierra. Las águilas ven con envidia a Ponce de León.

Más tarde fue Darwin. Este señor hizo un viaje alrededor del mundo para demostrar que las especies se transforman y que el hombre viene del mono. "Según Darwin —nos decía campanudamente nuestro profesor de ciencias naturales— el hombre procede del mono". Darwin destronó a la Biblia. Un indomable rencor hacia la humanidad lo llevó a darnos por origen el Pithecanthropus erectus.

Sólo que el antepasado ese es casi mítico. Del Pithecanthropus sólo se han encontrado en la isla de Java un casquete craneano y un fémur. Pienso que los discípulos del naturalista inglés nos han tomado el pelo al afirmarnos que ese casquete y ese fémur son el "eslabón perdido". Así son todas las reconstrucciones de la paleontología, ciencia ésta la más mentirosa y farsante de cuantas existen.

Me indigesté de darwinismo. The Man's Origin llegó a ser mi libro de cabecera. Yo, que no me hubiera sacado el primer premio en un certamen de belleza física masculina, llegué a sentir una perversa delectación leyendo tal libro.

Pero no me limité a mantener en silencio mis nuevas adquisiciones científicas. ¡Qué va! A grande orquesta, en La Gaceta de mi ciudad natal, afirmé doctoralmente que el hombre procedía del mono. Más que expresar una convicción (nunca he querido tener convicciones), quería yo "épater" a los burgueses. Los burgueses no sólo se epataron, sino que se indignaron. Aquello era un ataque a la nobleza (sic) de nuestro origen.

A la defensa de la fantasía bíblica salió un jesuita tudesco, el padre Agustín Hombach, que había estudiado en la Universidad de Bonn. Yo recogí el guante y me lancé a la polémica. Tenía entonces veinte años y ya me creía un sabio. Estaba muy lejos —y quizá lo esté todavía— de conocer la profunda verdad contenida en el aforismo socrático. Pero mi contrincante, a pesar de ser jesuita y de haber estudiado en Bonn, no las tenía todas consigo. Su saber estaba lleno de lagunas, su dialéctica cojeaba lamentablemente, y pronto pude darme cuenta de que aquel Aquiles tenía algunos "talones" vulnerables.

El triunfo me lo dio este principio de la filosofía monista, tan en boga entonces: que la embriogenia (historia del embrión) es una recapitulación abreviada y acelerada de la filogenia (historia de la raza). Después, desenvolviendo esa tesis, afirmaba yo que el embrión humano, en su evolución, iba reproduciendo en esbozo y pasajeramente las formas o estadios evolutivos por que había atravesado en su desenvolvimiento filogenético. Según esa afirmación de la embriogenia monista, el embrión humano, en el claustro materno, asumía en un período ya un poco avanzado de su desarrollo la forma de un lagarto; más tarde se parecía a un perro; más tarde todavía, a un cuadrumano, y así hasta llegar a la forma definitiva.

Mi contendor, desconcertado por aquella sorpresa inesperada, por toda refutación afirmó que él había observado varios embriones en la Universidad de Bonn y que nunca había visto tal prodigio. Yo, humilde y oscuro estudiante universitario en una capital de provincia, tuve que respaldarme en la autoridad de Ernesto Haeckel, para que se me creyera y no se me tomase por un mistificador.

¿Pretendo acaso presentar como irrefutable demostración del origen simio del hombre el argumento que acabo de citar? No. Ese principio era hijo del prejuicio darwiniano que consideraba al hombre como producto de la evolución total de todas las especies.

El hombre era el capitel de la columna... Sólo Darwin, observador paciente y minucioso, pero sin pizca de imaginación, pudo incurrir en semejante error al formular su teoría, según la cual en nuestra dilatada evolución filogenética habíamos tenido por antepasados al primate, al caballo, al lagarto, al pez; en una palabra, a todas las especies de la escala zoológica. Hasta el árbol y la esponja habían sido antepasados nuestros, según Darwin.

Yo pregunto: ¿cómo es posible que un hombre de ciencia, que un naturalista de la talla de Carlos Darwin, haya concebido tan monstruoso disparate, que rechaza el simple buen sentido?

Está demostrado, por el contrario, que el hombre sólo puede ser producto de una evolución parcial. La vida primordial, aparecida sobre la tierra en la forma de una célula, se desenvolvió siguiendo infinitos caminos o radios de evolución, hasta llegar a las innumerables formas que actualmente habitan el planeta.

Por uno de esos caminos o radios, la vida llegó —mejor dicho, ha llegado— al águila que en el escudo mexicano está estrangulando a la serpiente; por otro, a Joe Méndez, el mono del Jardín Zoológico que contribuyó a la derrota de Mr. Bryan; por otro... a este servidor de ustedes, que no tiene la pretensión de provenir de un dios...

Pero si el hombre no procede de las especies llamadas inferiores, es indudable que, a la luz de esa teoría de la evolución, lo ligan fuertes lazos de consanguinidad con todos los animales, y no sólo con los animales, con todas las cosas del Gran Todo. Los animales y las cosas son nuestros hermanos. Francisco de Asís lo sabía, y por eso decía el "hermano lobo" y la "hermana agua". El lobo era su hermano, porque él, santo de la Umbría, y el lobo de Gubbio, feroz alimaña de los bosques, procedían de una misma fuente, de un idéntico protoplasma.

El agua también es nuestra hermana, porque ella, como nosotros, no es otra cosa que el resultado de una feliz combinación del oxígeno, el hidrógeno y el carbono... Sí, hermanos nuestros son esa sabandija que despachurramos en el sendero; ese sapo, incomprendido músico del pantano, que a la hora crepuscular, en los días de invierno, celebra con su mejor scherzo la eclosión de la primera estrella.

(Revista Lux —noviembre de 1925—, No. 75).

UNA CARTA DESDE MÉXICO (A FROYLÁN TURCIOS)

México, D.F., 22 de septiembre de 1925.

Señor don Froylán Turcios. Tegucigalpa.

Querido amigo:

Le dirijo esta postal, no para romper el hielo —como se dice— sino para cerrar el largo paréntesis de silencio habido entre nosotros. Deseo que estas breves frases sean como un mensaje de mi cordialidad.

Hace como dos años tenía la íntima satisfacción de recibir algunas cartas suyas. Después supe de sus bellos gestos en los días de la ocupación de esa ciudad por los marinos norteamericanos. Crea Ud. que los que nunca dejamos de preocuparnos por el incierto destino de nuestra patria nos sentimos reconfortados. Sólo lamentamos que su actitud, digna de un hombre libre, no fuese secundada por todos nuestros elementos sociales más representativos. ¿Qué, acaso los hondureños ya sólo tenemos virilidad para degollarnos como cafres en esas malhadadas revoluciones?

He visto que Ud. publica una revista de nombre Ariel. Debe ser selecta e interesante, como obra suya. Usted es uno de los poquísimos hondureños que con su labor de cultura prestigian a nuestro país en el extranjero. Si no es muy oneroso para las finanzas de su revista, le agradecería enviármela, ofreciéndole corresponderle en alguna forma adecuada.

Ordéneme en lo que guste y reciba un abrazo de su compañero y amigo.

SALATIEL ROSALES.

Redacción de El Demócrata,
29 de Humboldt, 15, México, D.F.

(Revista Ariel —15 de enero de 1926—, Núm. 15).

LA ÚLTIMA CARTA QUE RECIBIMOS DE SALATIEL ROSALES

Chapultepec Heights, México, D.F., 29 de agosto de 1926.

Señor don Froylán Turcios.
Tegucigalpa.
Querido amigo:

Me es grato dirigirle la presente para renovarle mis saludos y mis recuerdos.

Hace días que no tengo noticias de Ud. Ni recibo sus estimables cartas ni me llega su interesante Revista Ariel. ¿Es acaso que ya lo hicieron enmudecer otra vez?

Con Heliodoro Valle estuvimos comiendo juntos hace algunos días y lo recordamos cariñosamente.

Actualmente me encuentro enfermo. Le escribo de la Casa de Salud del Periodista, sanatorio mexicano situado en las afueras de México, a donde ingresé hace como seis días. Mi estado no es quizá de mucha seriedad, pero requiere algún cuidado. Ingresé muy mal al sanatorio, y ya estoy un poco mejor, aunque no como fuera mi deseo. No me he de morir antes de volver a estrechar a mis viejos amigos.

Y su salud, ¿cómo va, amigo Froylán? Hubo un tiempo en que Ud. buscó las maravillosas aguas de Contrexéville. Ojalá ya no tenga necesidad de más aguas que las del Jutiapa.

Cuídese mucho, mándeme papeles de la tierruca y crea siempre en la devoción de su compañero que le desea bienestar y felicidad.

SALATIEL ROSALES.

P. D.—Tengo en Olancho a mi señora madre, doña Carlota Galeas v. de Rosales. Vive en San Esteban, distrito de Agalta. Hace días que no tengo noticias de ella. Le he escrito en diversas ocasiones y no he recibido respuesta. Hoy, hondamente preocupado por el inusitado silencio de mi madre, acudo a Ud., buen amigo, en demanda de algún informe sobre la autora de mis días. Le quedaré reconocido en alto grado[2]. S. ROSALES.

---

[2] Inmediatamente después de leer esta carta nos dirigimos a doña Carlota Galeas v. de Rosales, residente en San Esteban, en solicitud de los informes que nuestro amigo Salatiel deseaba; pero hasta hoy no hemos recibido contestación alguna. (Revista Ariel —octubre de 1926—, Núm. 33).

RESPUESTA DE FROYLÁN TUCIOS A SALATIEL ROSALES

Signo aleve de nefasto infortunio marcó, desde sus primeros años, la frente de Salatiel Rosales.

Contábame —en tardes melancólicas propicias a las confidencias— lamentables detalles de su infancia sin alegrías, de su adolescencia oscura, de su juventud sin ilusiones.

Un mortal amargor, una desolación sin esperanza, colmaron de tinieblas su horizonte en la edad del amor fragante y del sueño feliz.

Su inteligencia singular, apta para la comprensión de las más complejas filosofías; su espíritu armonioso, tendiendo hacia las resplandecientes quimeras, debatíanse, en trágico duelo, dentro de la ingrata forma que los contuvo.

De aquí su carácter tímido y hermético, su tedio tenaz, su pesimismo doloroso, su inconformidad con la vida. Fue un atormentado sin consuelo, árido de emociones, que se consumió en la hoguera de su propio cerebro y de su propia desdicha.

—Los hombres de pensamiento —me dijo un día, con un temblor en la voz— debiéramos semejarnos a los dioses en la estructura corporal. La fealdad pertenece a los tontos. La ley de las compensaciones, que mide en su balanza lo feo y lo bello para construir nuestra personalidad, es una ley sin estética en su absoluta imperfección. Los grandes pensadores y los grandes poetas, los más altos tipos de humanidad, deberían tener la belleza de Apolo.

—Más bello que Apolo fue Byron, y más bello que Byron fue Novalis, el joven divino, poetas maravillosos y hombres desventurados.

—Casos de excepción entre cien mil...

—Eso le probará que no es la hermosura de la forma que lo encierra, sino el propio espíritu fascinante, lo que da felicidad y gloria a los hombres superiores.

Muere en la generosa tierra de Anáhuac, lejos del nativo huerto balsámico. Manos queridas, frías por el dolor, no cerraron sus ojos, ni la voz maternal serenó su corazón en el solemne instante de la fuga del alma...

Pensó. Sufrió. Pasó. Una sombra más en la región de los fantasmas.

FROYLÁN TURCIOS.

FRASES POR LA MUERTE DE SALATIEL ROSALES

Muy sentidas palabras dedica El Marino por la muerte de Salatiel Rosales, q.e.p.d. Hemos lamentado y estamos lamentando la muerte de ese escritor, de ese publicista hondureño que supo honrar a su país, que deseó para él suerte y ventura.

Lo conocimos en Tegucigalpa, en la época que recuerda el licenciado Castillo, días en que Rosales era estudiante. Pero nuestra verdadera amistad con él data desde La Ceiba, cuando sus campañas nacionalistas de El Mar Caribe. Allí se compenetró el uno con el otro, puede decirse. Y está como una prueba nuestra actitud cuando la inicua expulsión de que fue víctima ese periodista.

Entonces, también, se puso a prueba la hidalguía del director de El Marino, auxiliando eficazmente al expulso, aun con peligro de molestias de los del poder público. Castillo y el licenciado Melara prestaron su ayuda a Salatiel Rosales, y ello ha de estimarse como una muestra de civilidad, como un culto para la amistad.

Plácenos que se reproduzca a continuación lo que ha dicho acerca de Rosales uno de los mejores periódicos de México, Excélsior, a raíz de su muerte:

"Murió el periodista señor don Salatiel Rosales. El Sindicato de Redactores invita a sus colegas a conducir hoy el cadáver. —El distinguido escritor centroamericano, licenciado don Salatiel Rosales, falleció ayer en la Casa de Salud del Periodista. Su muerte ha venido a conmover profundamente a sus amigos y compañeros de periodismo, ya que el licenciado Rosales fue en Centroamérica un alto exponente de la cultura nueva y aquí en México se había comenzado a labrar una posición distinguida.

El cadáver del señor Rosales será sepultado hoy a las 15 y 30 horas, y el carro fúnebre saldrá de la Agencia de Inhumaciones Alcázar, de la calle de Humboldt, número 30, de esta capital. El Sindicato de Redactores y Empleados de la Prensa del Distrito Federal invita a todos sus miembros, así como a la colonia centroamericana, a los funerales del infortunado escritor. En el acto de la inhumación de sus restos hará uso de la palabra uno de sus amigos íntimos.

Era el señor Rosales un escritor de combate de los más destacados en la prensa de Centroamérica. Durante algún tiempo redactó el diario El Nuevo Tiempo, que dirigía en Tegucigalpa el gran poeta Froylán Turcios, llegando a ocupar la Subsecretaría de Relaciones Exteriores en la administración del doctor Bertrand; más tarde fue editorialista de El Correo Alemán, en Guatemala, habiendo sido uno de los periodistas que inició con sus actividades la revolución que derrocó a Estrada Cabrera. Vino a México en dos ocasiones, y en ambas fue colaborador inteligente de El Demócrata y de El Heraldo de México, distinguiéndose por la valentía de sus opiniones y la recia cultura que lo adornaba. Cultivaba el aprecio que le tenían varios de nuestros representativos hombres de letras. Una enfermedad penosísima lo ha llevado al sepulcro cuando tocaba en los 40 años. Su muerte embarga el ánimo de cuantos le trataron".

G. ALEMÁN BOLAÑOS.
(Revista Ariel —Octubre 30 de 1926—, No. 34).

CONTENIDO